Sugar pot

Kaffee, Milch und süße Küsse

Naro Sakuragawa

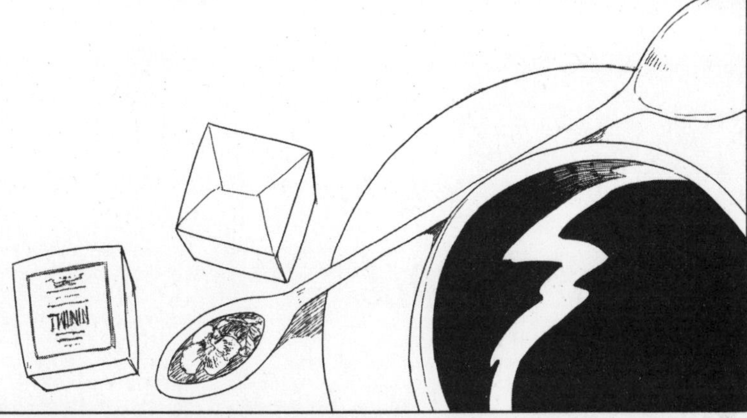

INHALT

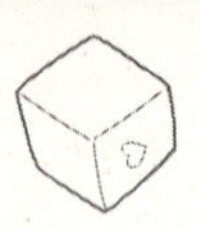

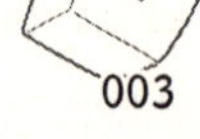

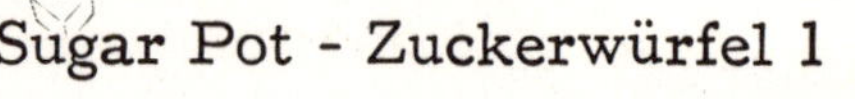

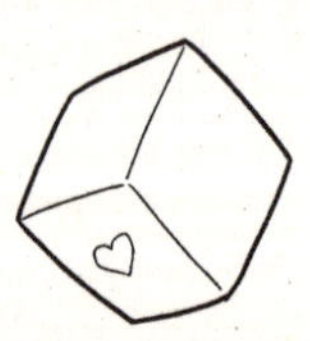

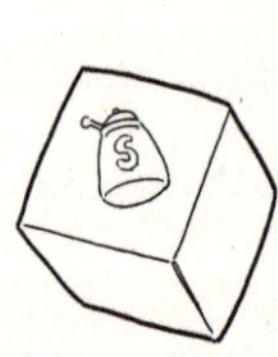

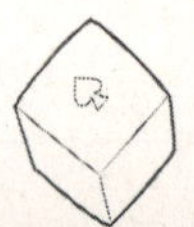

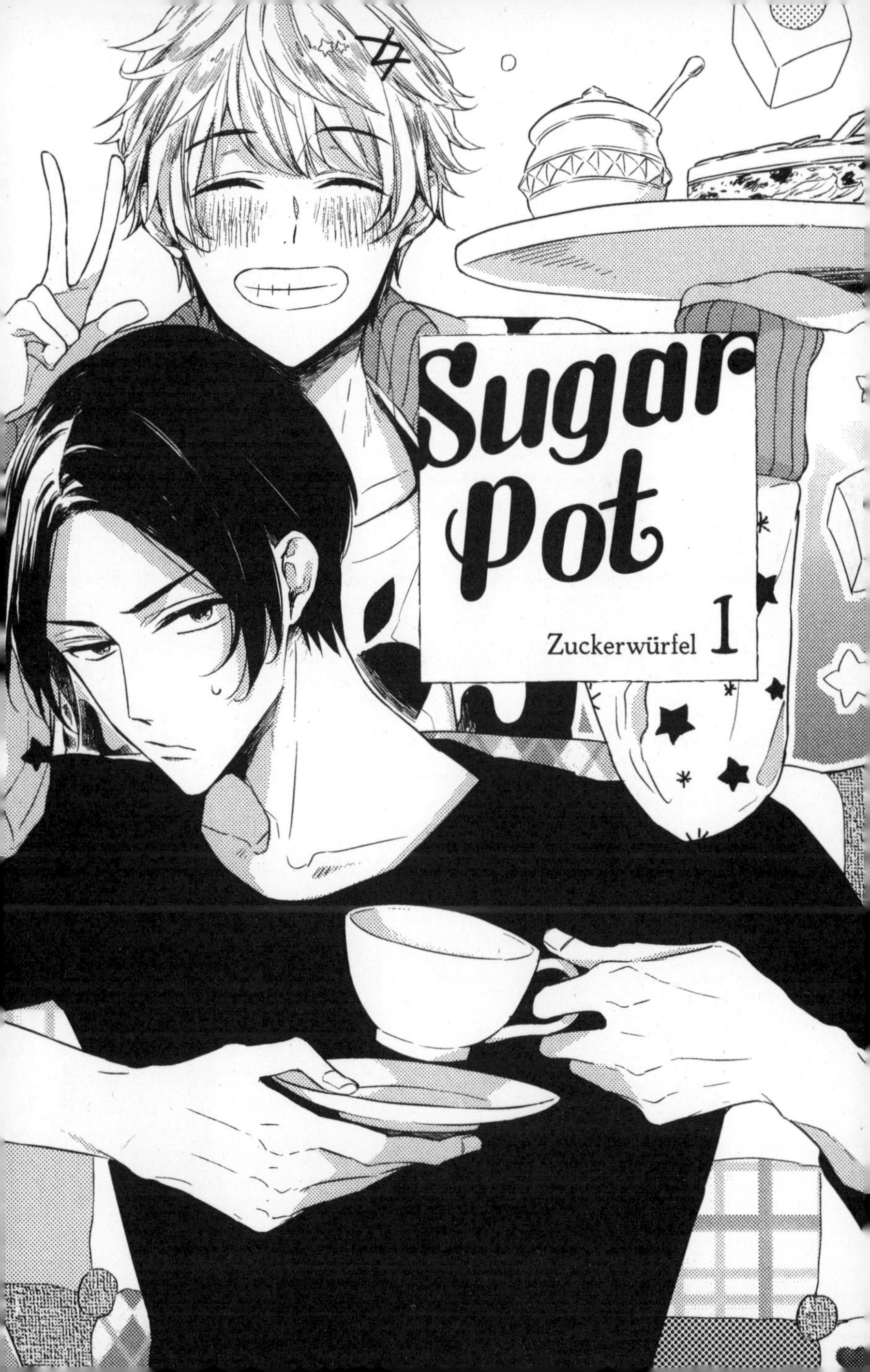
Sugar Pot
1
Zuckerwürfel

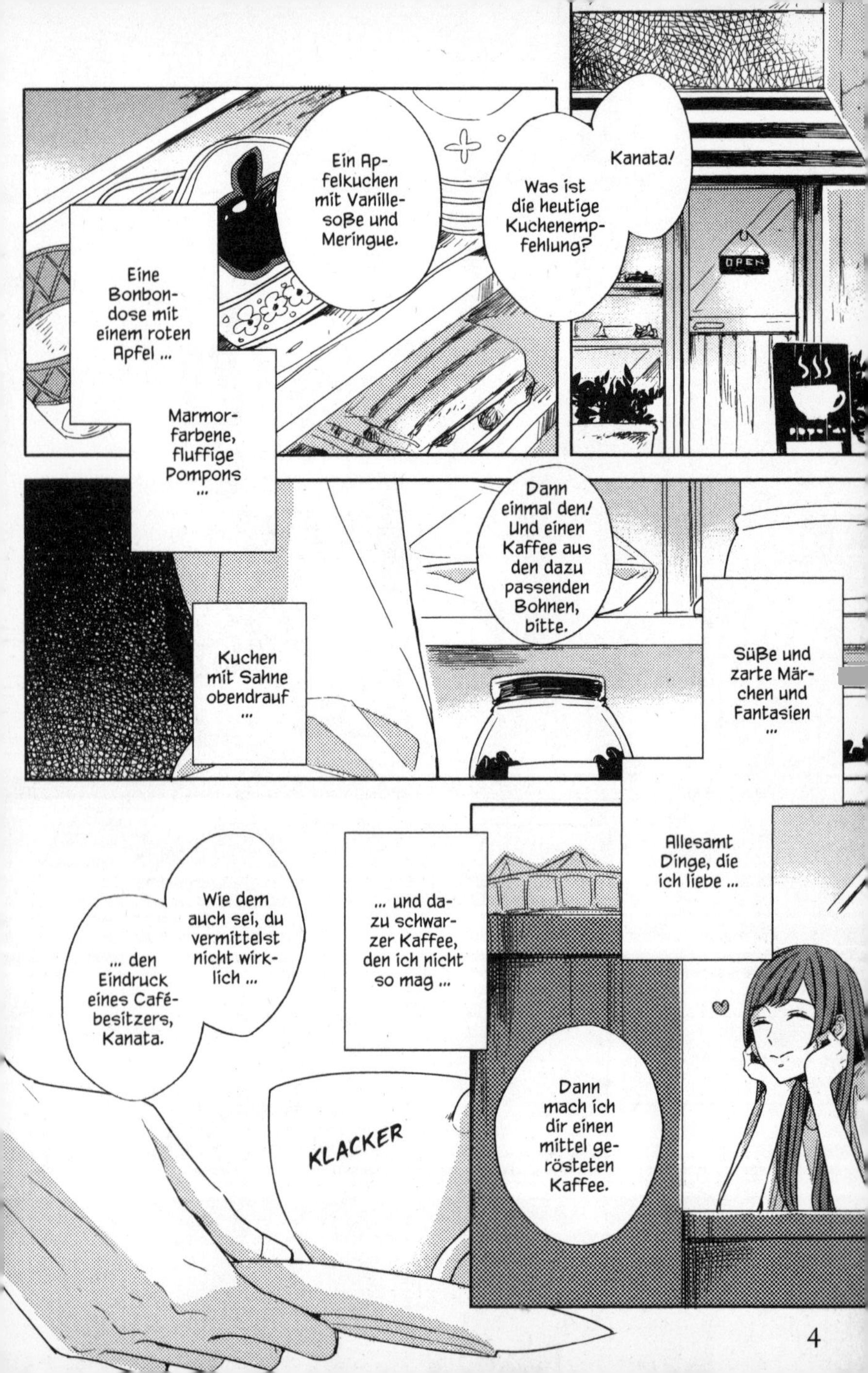
Kanata!
Was ist die heutige Kuchenempfehlung?
Ein Apfelkuchen mit Vanillesoße und Meringue.
OPEN
Eine Bonbondose mit einem roten Apfel ...
Marmorfarbene, fluffige Pompons ...
Dann einmal den! Und einen Kaffee aus den dazu passenden Bohnen, bitte.
Süße und zarte Märchen und Fantasien ...
Kuchen mit Sahne obendrauf ...
Allesamt Dinge, die ich liebe ...
... und dazu schwarzer Kaffee, den ich nicht so mag ...
Dann mach ich dir einen mittel gerösteten Kaffee.
KLACKER
Wie dem auch sei, du vermittelst nicht wirklich ...
... den Eindruck eines Cafébesitzers, Kanata.

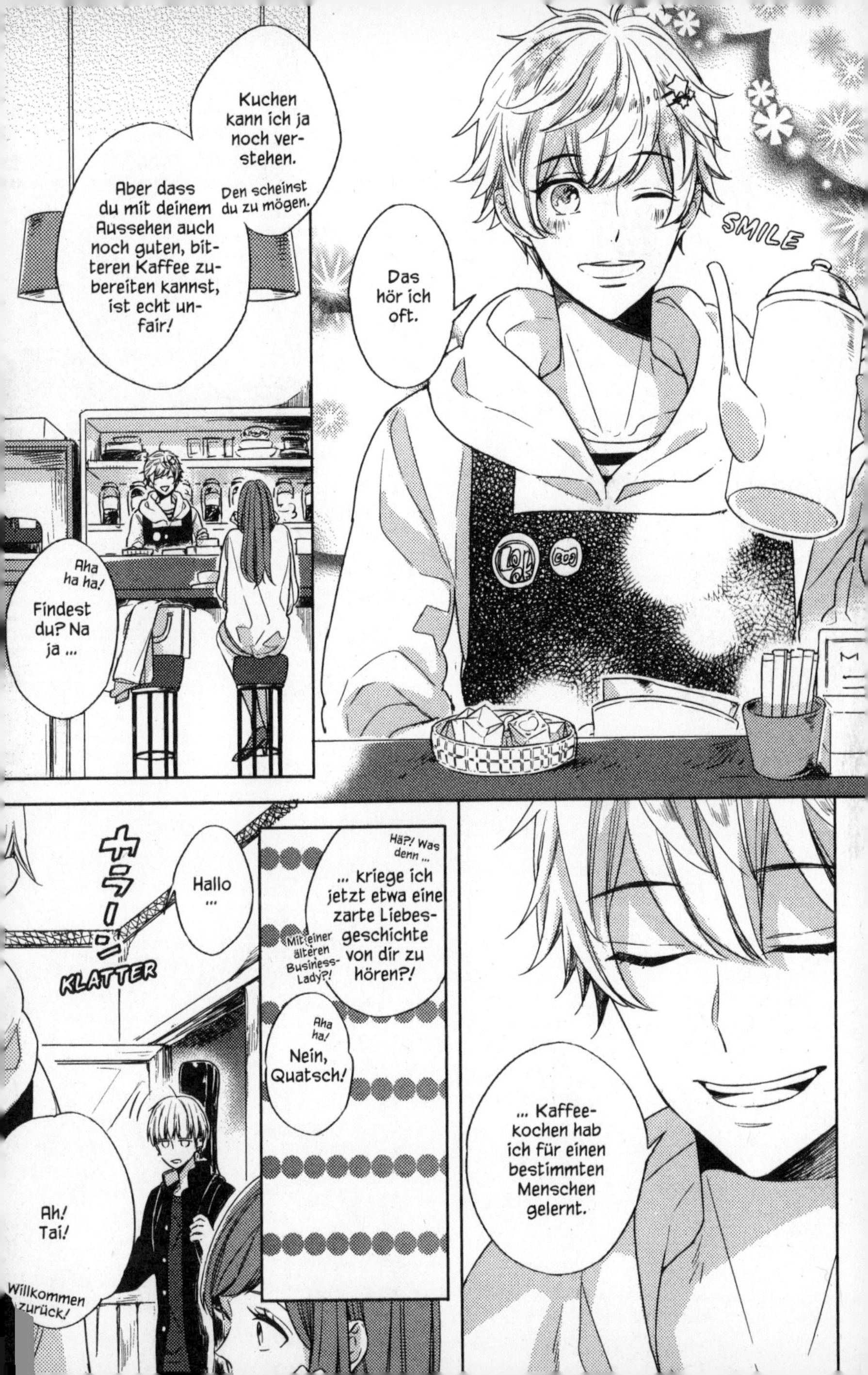

Kuchen kann ich ja noch verstehen.
Den scheinst du zu mögen.
Aber dass du mit deinem Aussehen auch noch guten, bitteren Kaffee zubereiten kannst, ist echt unfair!
Das hör ich oft.
SMILE
Aha ha ha!
Findest du? Na ja ...
... Kaffeekochen hab ich für einen bestimmten Menschen gelernt.
Hä?! Was denn ...
... kriege ich jetzt etwa eine zarte Liebesgeschichte von dir zu hören?!
Mit einer älteren Business-Lady?!
Aha ha!
Nein, Quatsch!
KLATTER
Hallo ...
Ah! Tai!
Willkommen zurück!

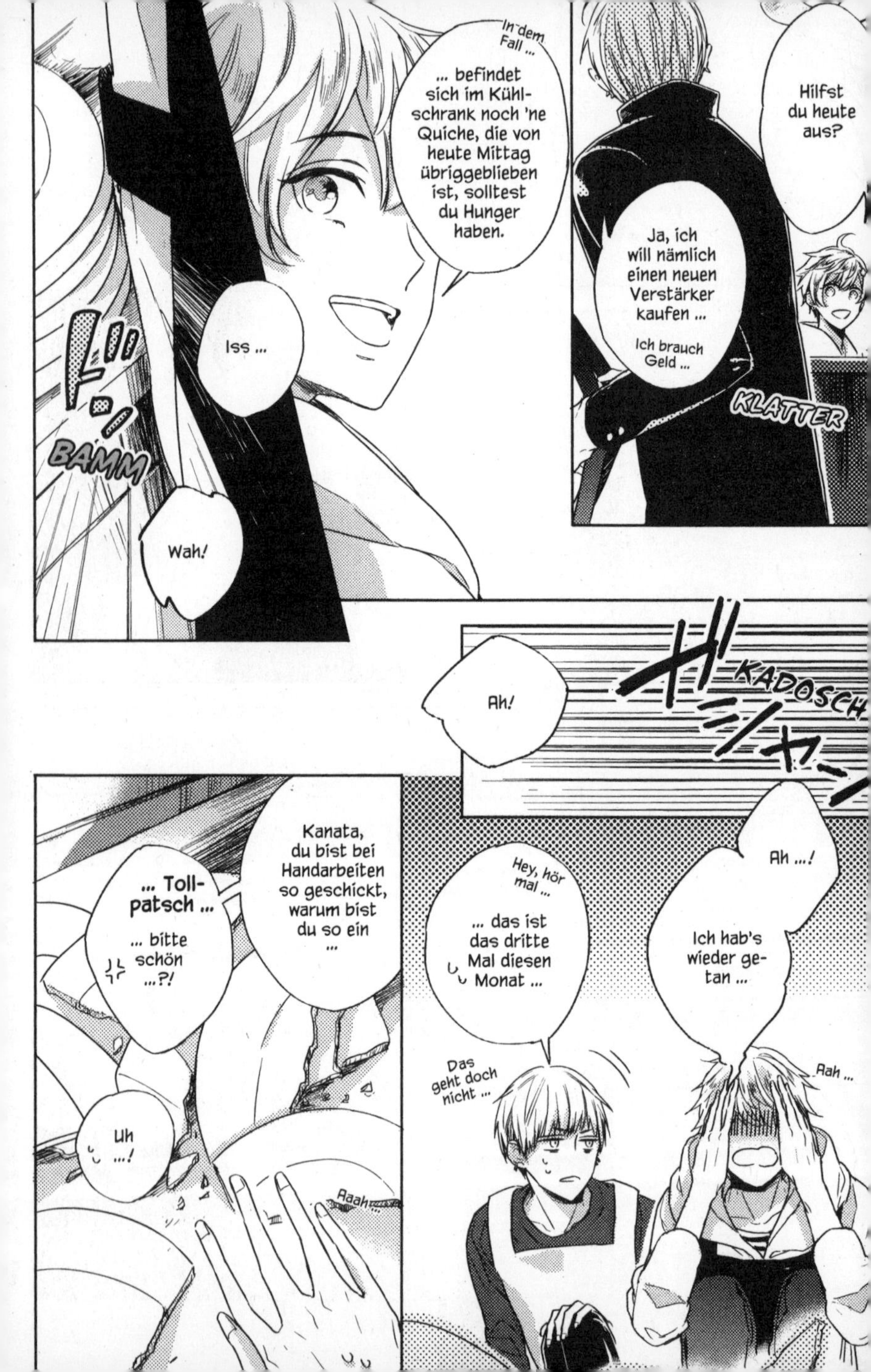
Hilfst du heute aus?
Ja, ich will nämlich einen neuen Verstärker kaufen ...
Ich brauch Geld ...
KLATTER
In dem Fall ...
... befindet sich im Kühlschrank noch 'ne Quiche, die von heute Mittag übriggeblieben ist, solltest du Hunger haben.
Iss ...
BAMM
Wah!
KADOSCH
Ah!
Ah ...!
Ich hab's wieder getan ...
Aah ...
Hey, hör mal ...
... das ist das dritte Mal diesen Monat ...
Das geht doch nicht ...
Kanata, du bist bei Handarbeiten so geschickt, warum bist du so ein ...
... Tollpatsch ...
... bitte schön ...?!
Uh ...!
Aaah ...

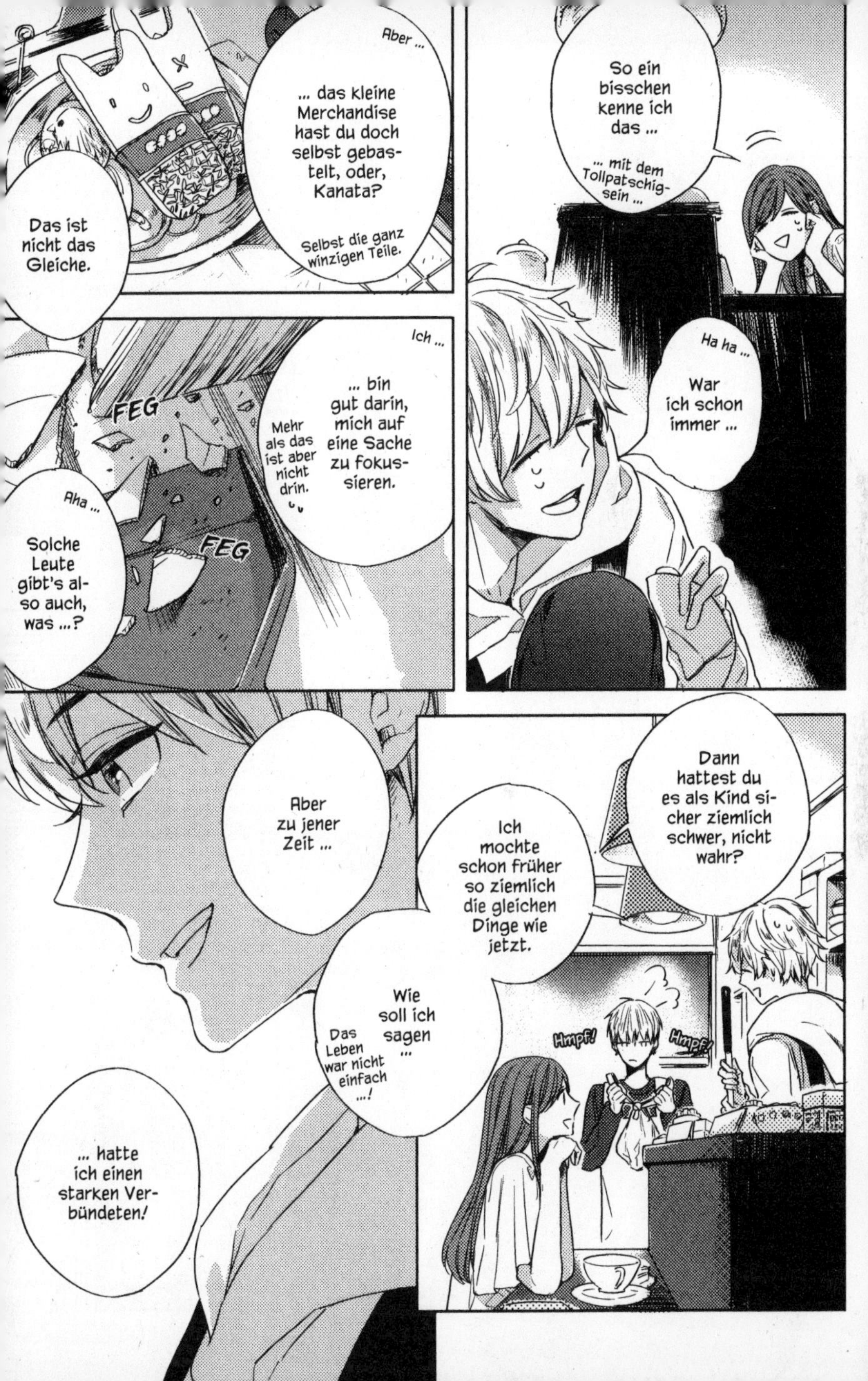
So ein bisschen kenne ich das ...
... mit dem Tollpatschigsein ...
Aber ...
... das kleine Merchandise hast du doch selbst gebastelt, oder, Kanata?
Selbst die ganz winzigen Teile.
Das ist nicht das Gleiche.
Ha ha ...
War ich schon immer ...
Ich ...
... bin gut darin, mich auf eine Sache zu fokussieren.
Mehr als das ist aber nicht drin.
FEG
FEG
Aha ...
Solche Leute gibt's also auch, was ...?
Dann hattest du es als Kind sicher ziemlich schwer, nicht wahr?
Ich mochte schon früher so ziemlich die gleichen Dinge wie jetzt.
Hmpf!
Hmpf!
Aber zu jener Zeit ...
Wie soll ich sagen ...
Das Leben war nicht einfach ...!
... hatte ich einen starken Verbündeten!

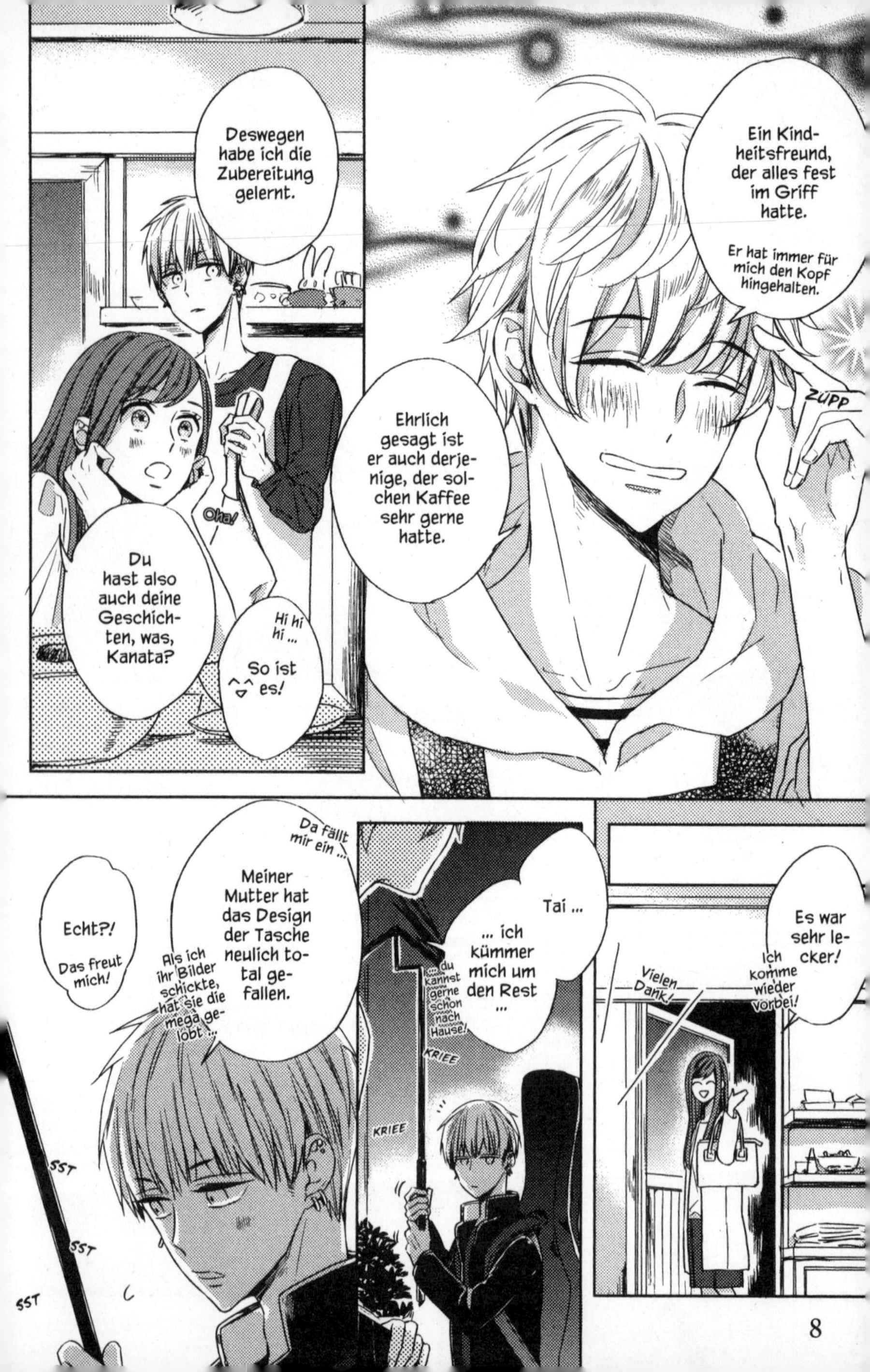
Ein Kindheitsfreund, der alles fest im Griff hatte.
Er hat immer für mich den Kopf hingehalten.
ZUPP
Ehrlich gesagt ist er auch derjenige, der solchen Kaffee sehr gerne hatte.
Deswegen habe ich die Zubereitung gelernt.
Oha!
Du hast also auch deine Geschichten, was, Kanata?
Hi hi hi ...
So ist es!
Es war sehr lecker!
Ich komme wieder vorbei!
Vielen Dank!
Tai ...
... ich kümmer mich um den Rest ...
... du kannst gerne schon nach Hause!
KRIEE
KRIEE
Da fällt mir ein ...
Meiner Mutter hat das Design der Tasche neulich total gefallen.
Als ich ihr Bilder schickte, hat sie die mega gelobt ...
Echt?!
Das freut mich!
SST
SST
SST

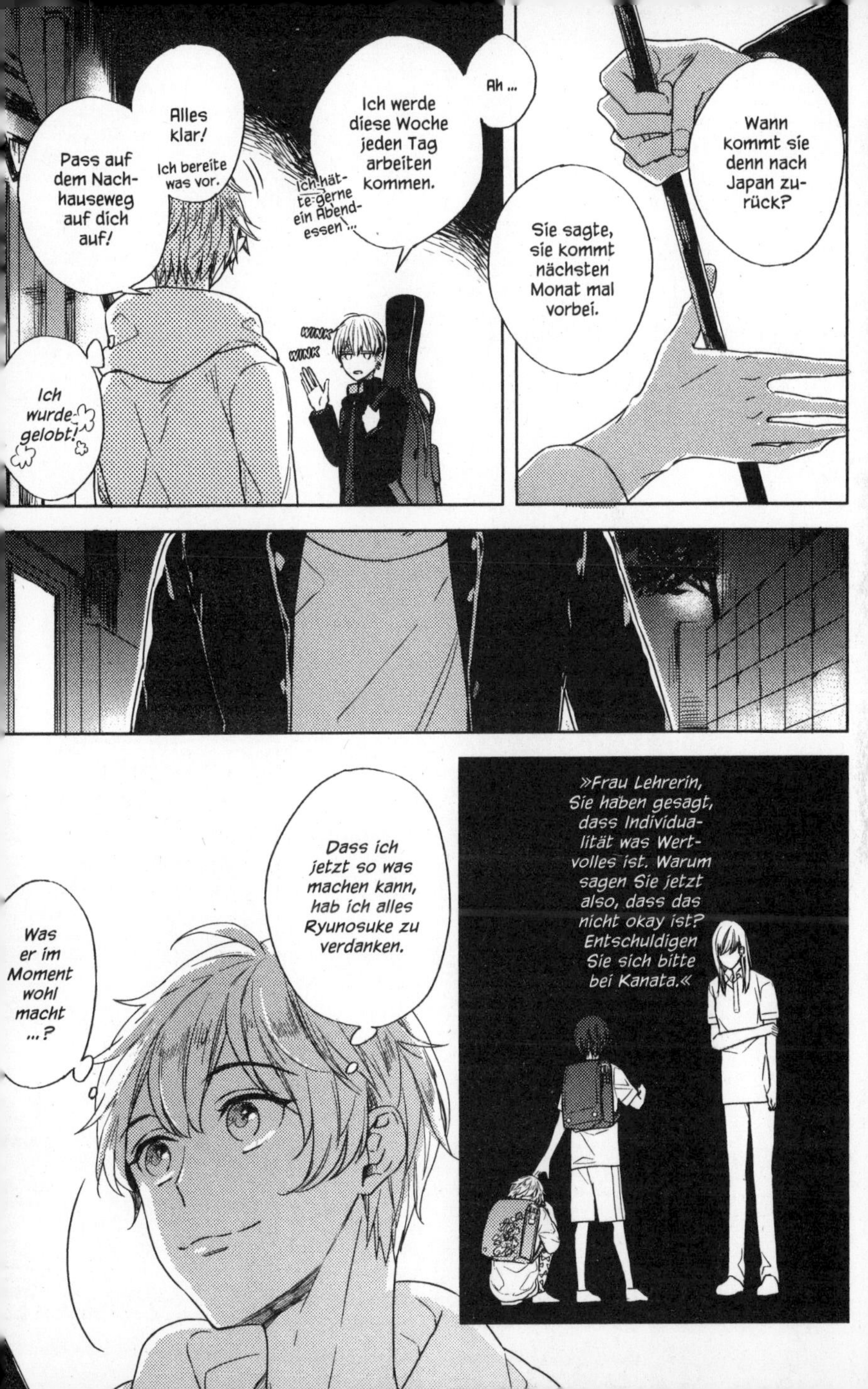
Wann kommt sie denn nach Japan zurück?
Sie sagte, sie kommt nächsten Monat mal vorbei.
Ah ...
Ich werde diese Woche jeden Tag arbeiten kommen.
Ich hätte gerne ein Abendessen ...
Alles klar!
Ich bereite was vor.
Pass auf dem Nachhauseweg auf dich auf!
WINK
WINK
Ich wurde gelobt!
»Frau Lehrerin, Sie haben gesagt, dass Individualität was Wertvolles ist. Warum sagen Sie jetzt also, dass das nicht okay ist? Entschuldigen Sie sich bitte bei Kanata.«
Dass ich jetzt so was machen kann, hab ich alles Ryunosuke zu verdanken.
Was er im Moment wohl macht ...?

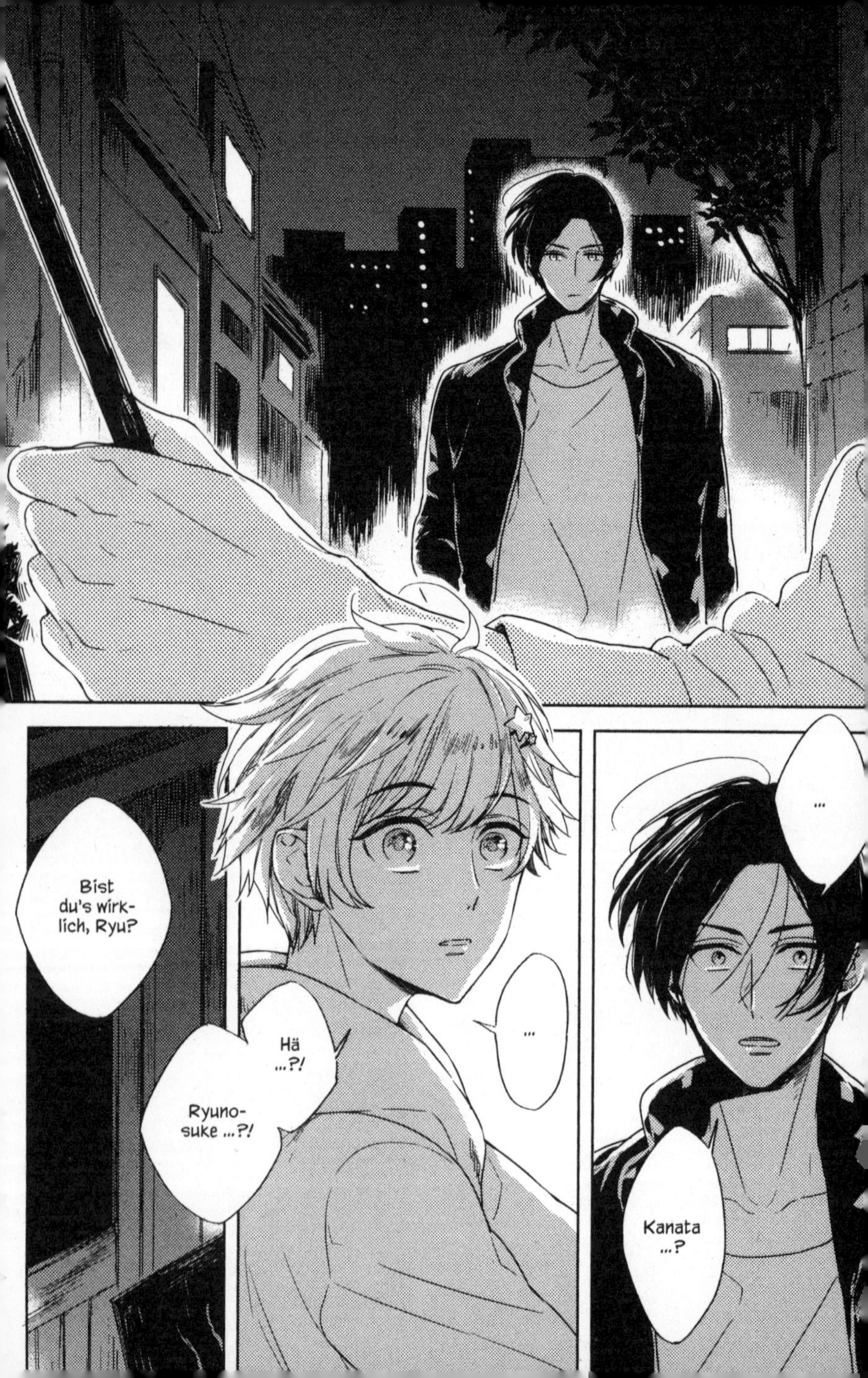
...
Kanata ...?
...
Hä ...?!
Ryunosuke ...?!
Bist du's wirklich, Ryu?

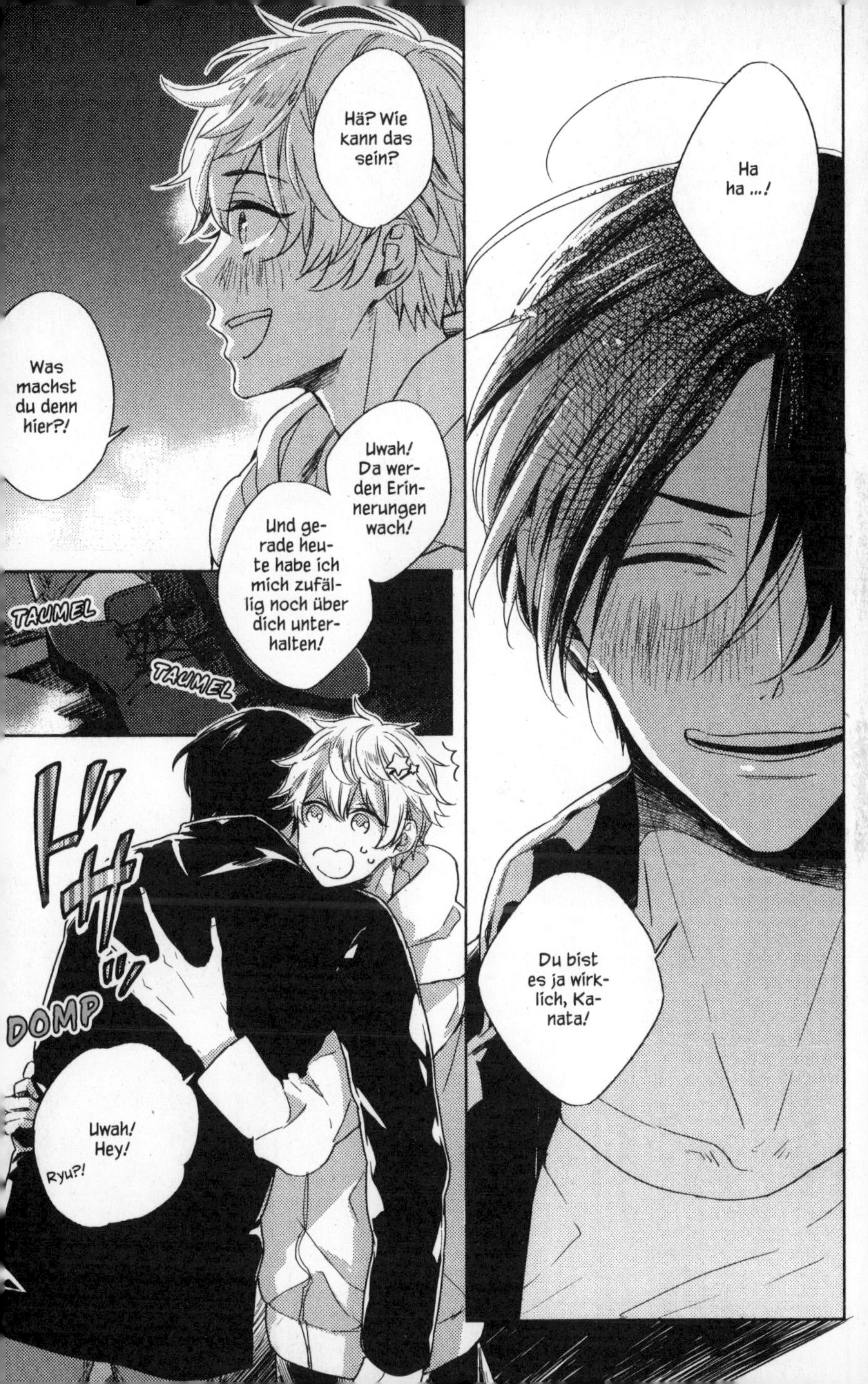
Hä? Wie kann das sein?
Was machst du denn hier?!
Uwah! Da werden Erinnerungen wach!
Und gerade heute habe ich mich zufällig noch über dich unterhalten!
TAUMEL
TAUMEL
DOMP
Uwah! Hey!
Ryu?!
Ha ha ...!
Du bist es ja wirklich, Kanata!

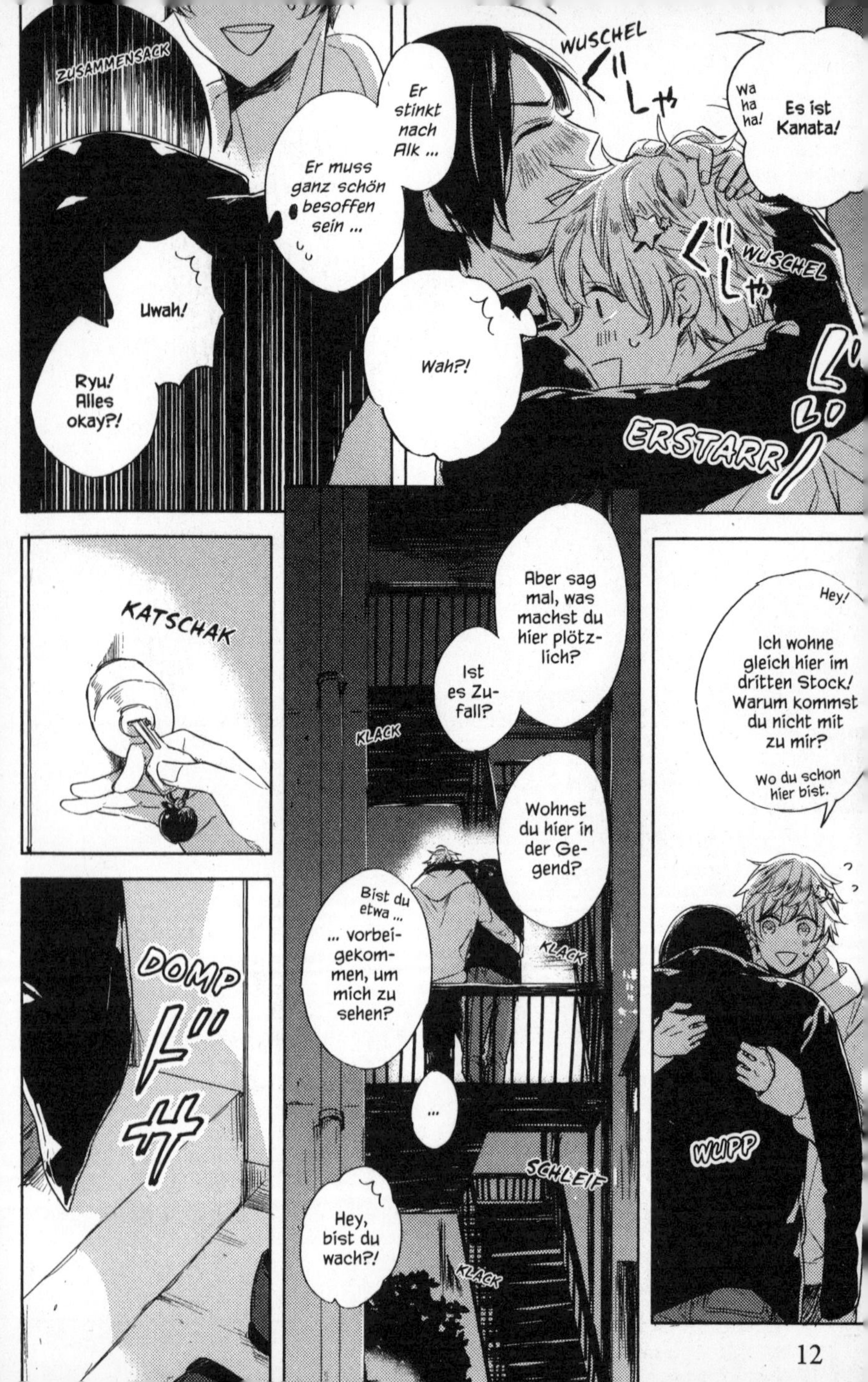
Wa ha ha!
Es ist Kanata!
WUSCHEL
WUSCHEL
Er stinkt nach Alk ...
Er muss ganz schön besoffen sein ...
ERSTARR
Wah?!
ZUSAMMENSACK
Uwah!
Ryu! Alles okay?!
Hey!
Ich wohne gleich hier im dritten Stock! Warum kommst du nicht mit zu mir?
Wo du schon hier bist.
WUPP
Aber sag mal, was machst du hier plötzlich?
Ist es Zufall?
KLACK
Wohnst du hier in der Gegend?
Bist du etwa ...
... vorbeigekommen, um mich zu sehen?
KLACK
...
SCHLEIF
Hey, bist du wach?!
KLACK
KATSCHAK
DOMP

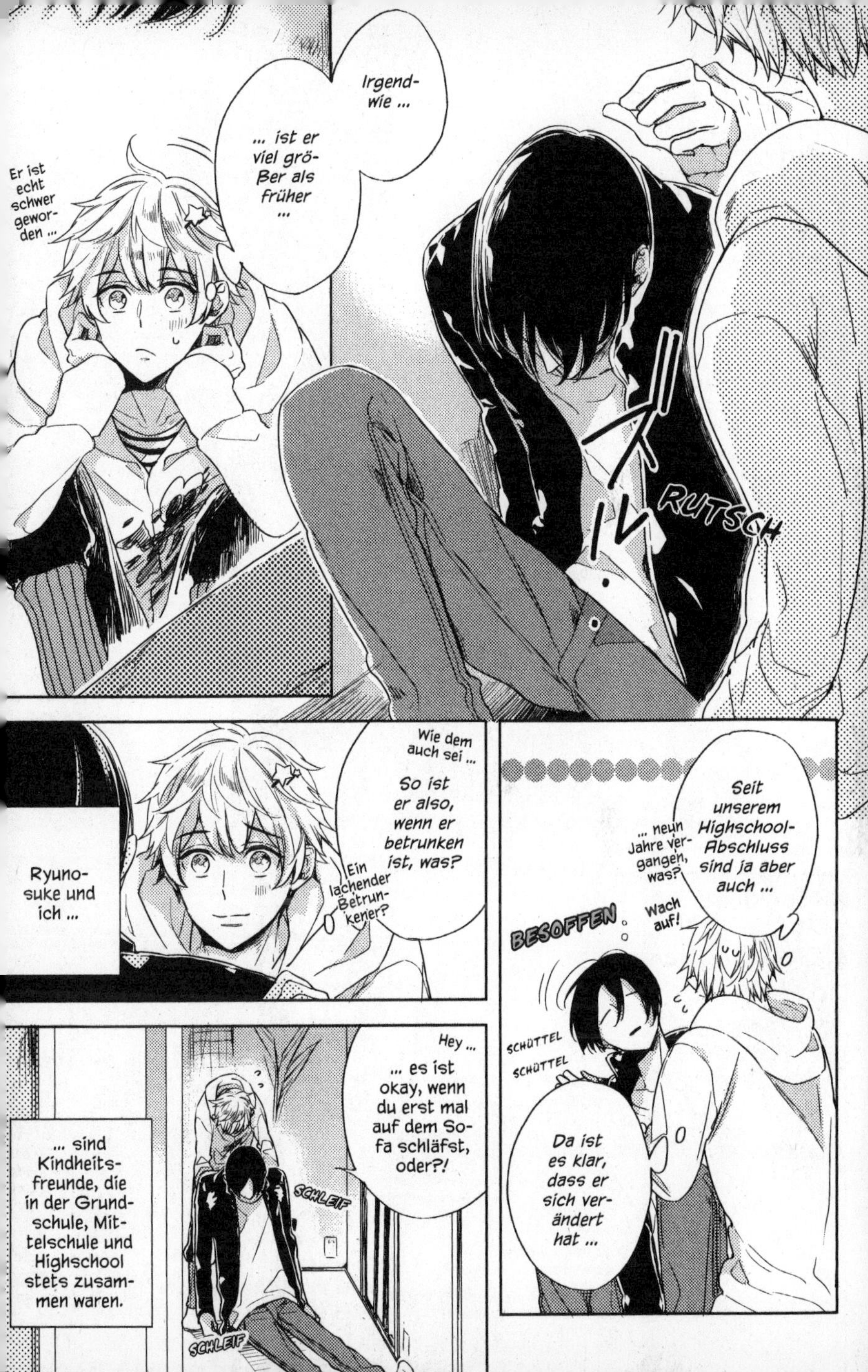
RUTSCH
Irgendwie ...
... ist er viel größer als früher ...
Er ist echt schwer geworden ...
Seit unserem Highschool-Abschluss sind ja aber auch ...
... neun Jahre vergangen, was?
Wach auf!
BESOFFEN
SCHÜTTEL
SCHÜTTEL
Da ist es klar, dass er sich verändert hat ...
Wie dem auch sei ...
So ist er also, wenn er betrunken ist, was?
Ein lachender Betrunkener?
Ryunosuke und ich ...
Hey ...
... es ist okay, wenn du erst mal auf dem Sofa schläfst, oder?!
SCHLEIF
SCHLEIF
... sind Kindheitsfreunde, die in der Grundschule, Mittelschule und Highschool stets zusammen waren.

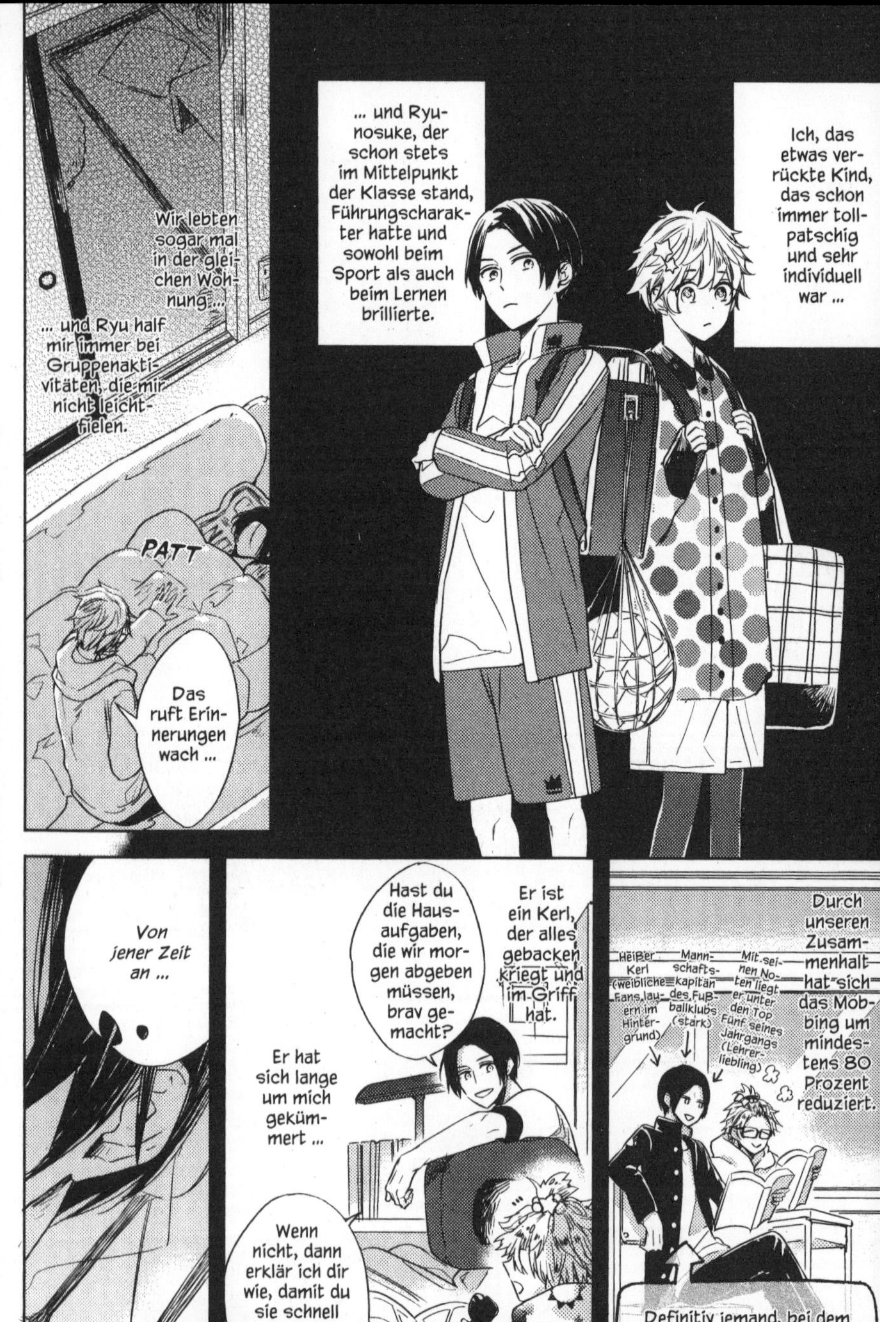
Ich, das etwas verrückte Kind, das schon immer tollpatschig und sehr individuell war ...
... und Ryunosuke, der schon stets im Mittelpunkt der Klasse stand, Führungscharakter hatte und sowohl beim Sport als auch beim Lernen brillierte.
Wir lebten sogar mal in der gleichen Wohnung ...
... und Ryu half mir immer bei Gruppenaktivitäten, die mir nicht leichtfielen.
PATT
Das ruft Erinnerungen wach ...
Durch unseren Zusammenhalt hat sich das Mobbing um mindestens 80 Prozent reduziert.
Mit seinen Noten liegt er unter den Top Fünf seines Jahrgangs (Lehrerliebling)
Mannschaftskapitän des Fußballklubs (stark)
Heißer Kerl (weibliche Fans lauern im Hintergrund)
Definitiv jemand, bei dem man im Nachteil ist, wenn man einen Streit lostritt.
Er ist ein Kerl, der alles gebacken kriegt und im Griff hat.
Hast du die Hausaufgaben, die wir morgen abgeben müssen, brav gemacht?
Er hat sich lange um mich gekümmert ...
Wenn nicht, dann erklär ich dir wie, damit du sie schnell noch fertigkriegen kannst.
Von jener Zeit an ...

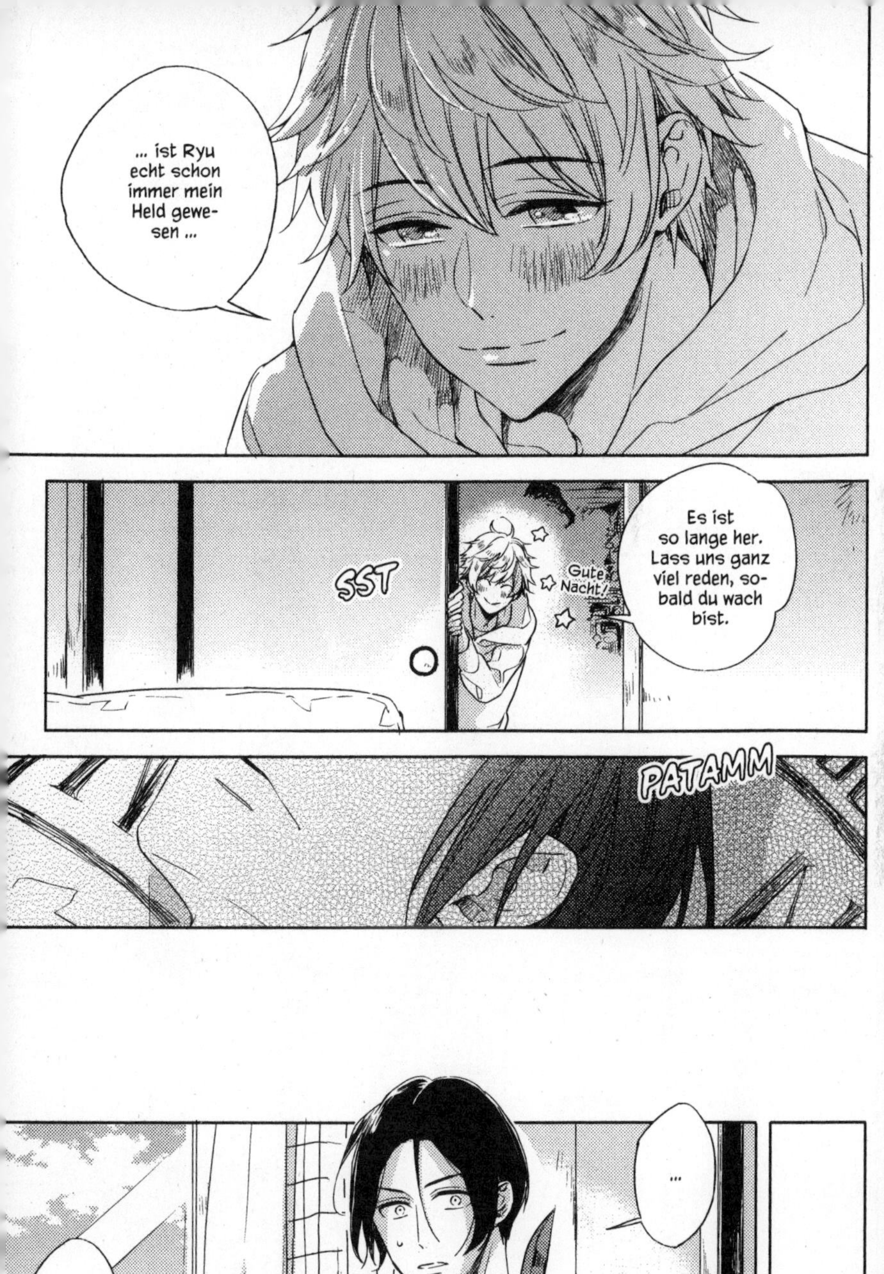
... ist Ryu echt schon immer mein Held gewesen ...
SST
Es ist so lange her. Lass uns ganz viel reden, sobald du wach bist.
Gute Nacht!
PATAMM
...
Hä ...?

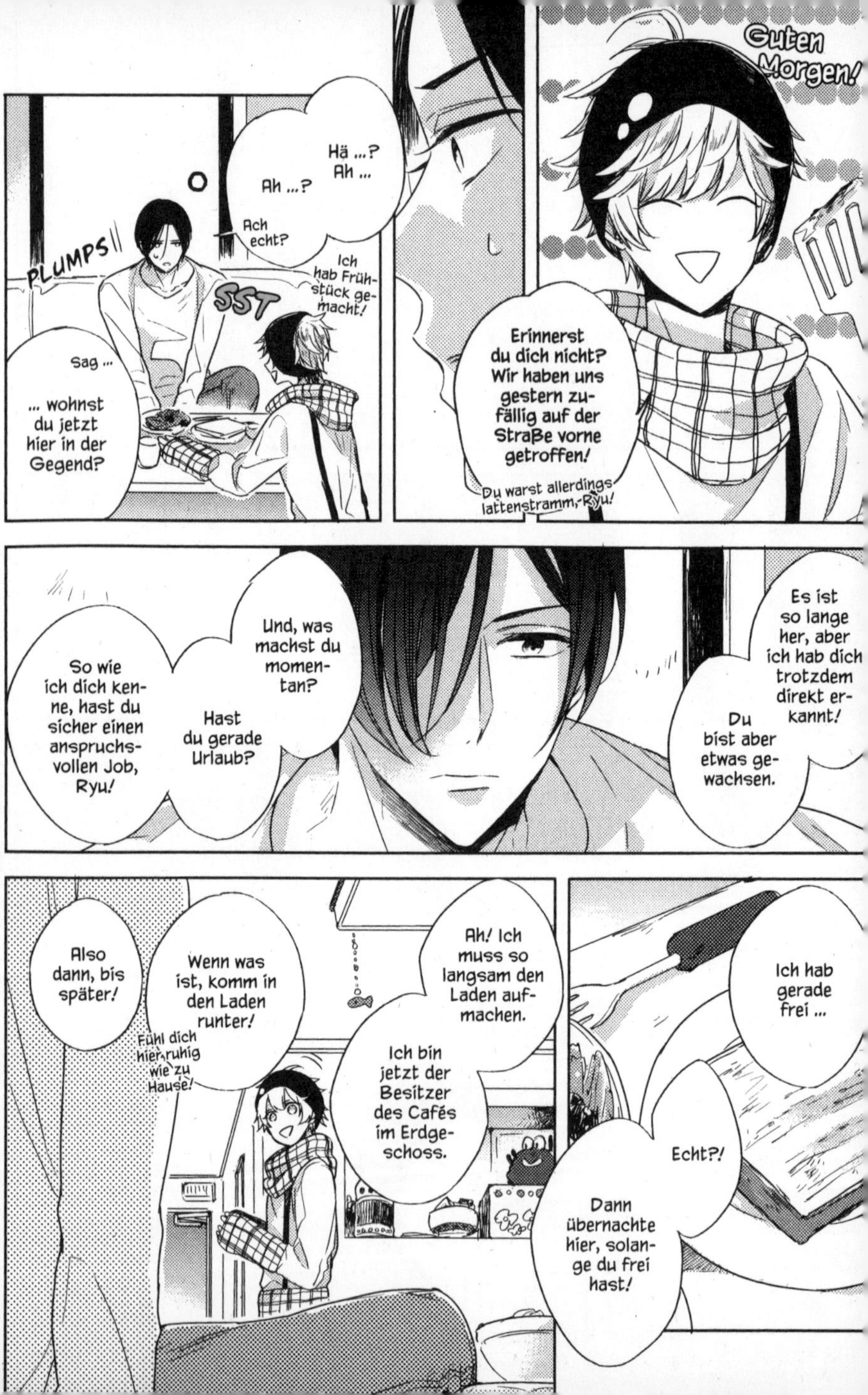

Guten Morgen!
Erinnerst du dich nicht? Wir haben uns gestern zufällig auf der Straße vorne getroffen!
Du warst allerdings lattenstramm, Ryu!
Hä ...? Ah ...
Ah ...?
Ach echt?
Ich hab Frühstück gemacht!
PLUMPS
SST
Sag ...
... wohnst du jetzt hier in der Gegend?
Es ist so lange her, aber ich hab dich trotzdem direkt erkannt!
Du bist aber etwas gewachsen.
Und, was machst du momentan?
Hast du gerade Urlaub?
So wie ich dich kenne, hast du sicher einen anspruchsvollen Job, Ryu!
Ich hab gerade frei ...
Echt?!
Dann übernachte hier, solange du frei hast!
Ah! Ich muss so langsam den Laden aufmachen.
Ich bin jetzt der Besitzer des Cafés im Erdgeschoss.
Wenn was ist, komm in den Laden runter!
Fühl dich hier ruhig wie zu Hause!
Also dann, bis später!

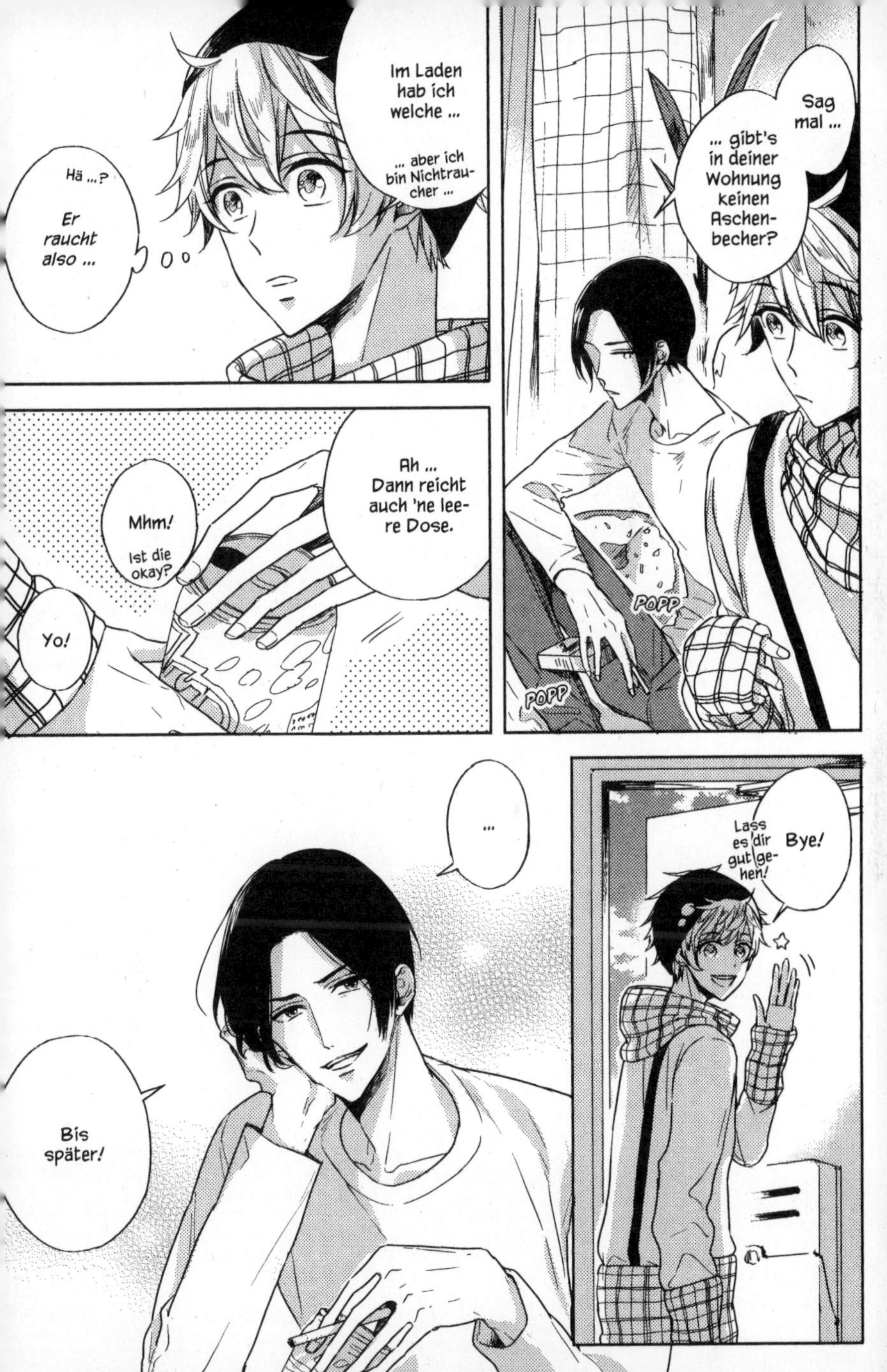

Sag mal ...
... gibt's in deiner Wohnung keinen Aschenbecher?
Im Laden hab ich welche ...
... aber ich bin Nichtraucher ...
Hä ...?
Er raucht also ...
POPP
POPP
Ah ... Dann reicht auch 'ne leere Dose.
Mhm!
Ist die okay?
Yo!
Bye!
Lass es dir gut gehen!
...
Bis später!

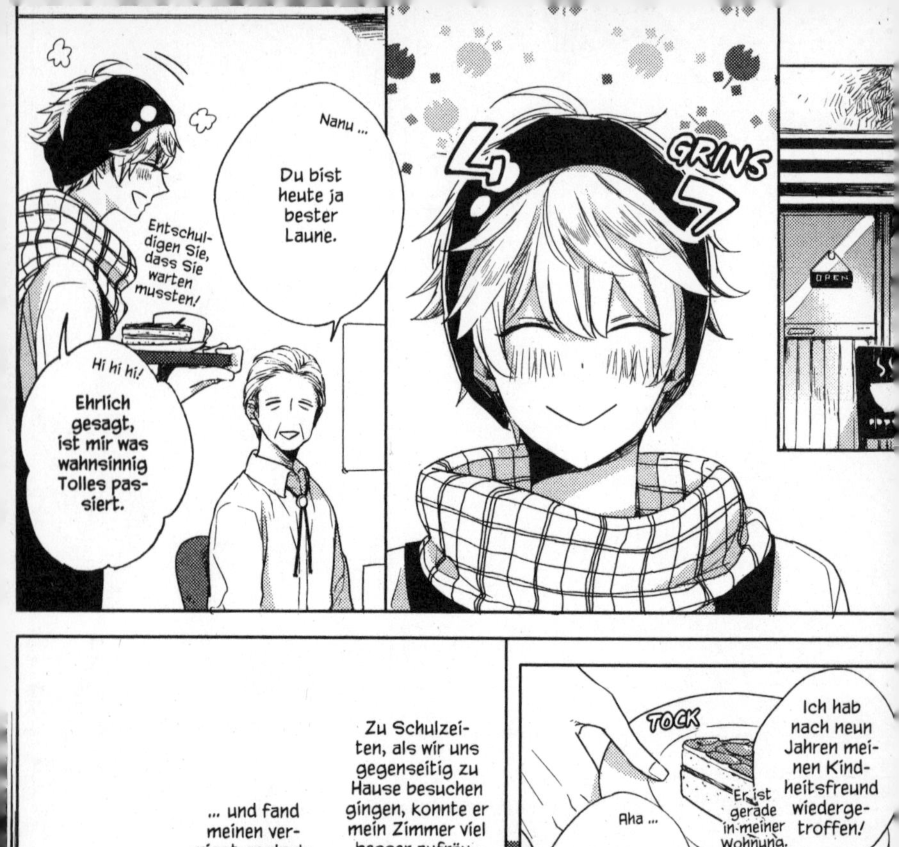

TOCK

Ich hab nach neun Jahren meinen Kindheitsfreund wiedergetroffen!

Er ist gerade in meiner Wohnung.

Aha ... Dein Kindheitsfreund, ja? Wie ist er denn so?

Er ist das komplette Gegenteil von mir! Jemand, der alles fest im Griff hat!

Zu Schulzeiten, als wir uns gegenseitig zu Hause besuchen gingen, konnte er mein Zimmer viel besser aufräumen als ich ...

... und fand meinen vermisst geglaubten Manga für mich wieder ...

Siehst du, da ist er doch.

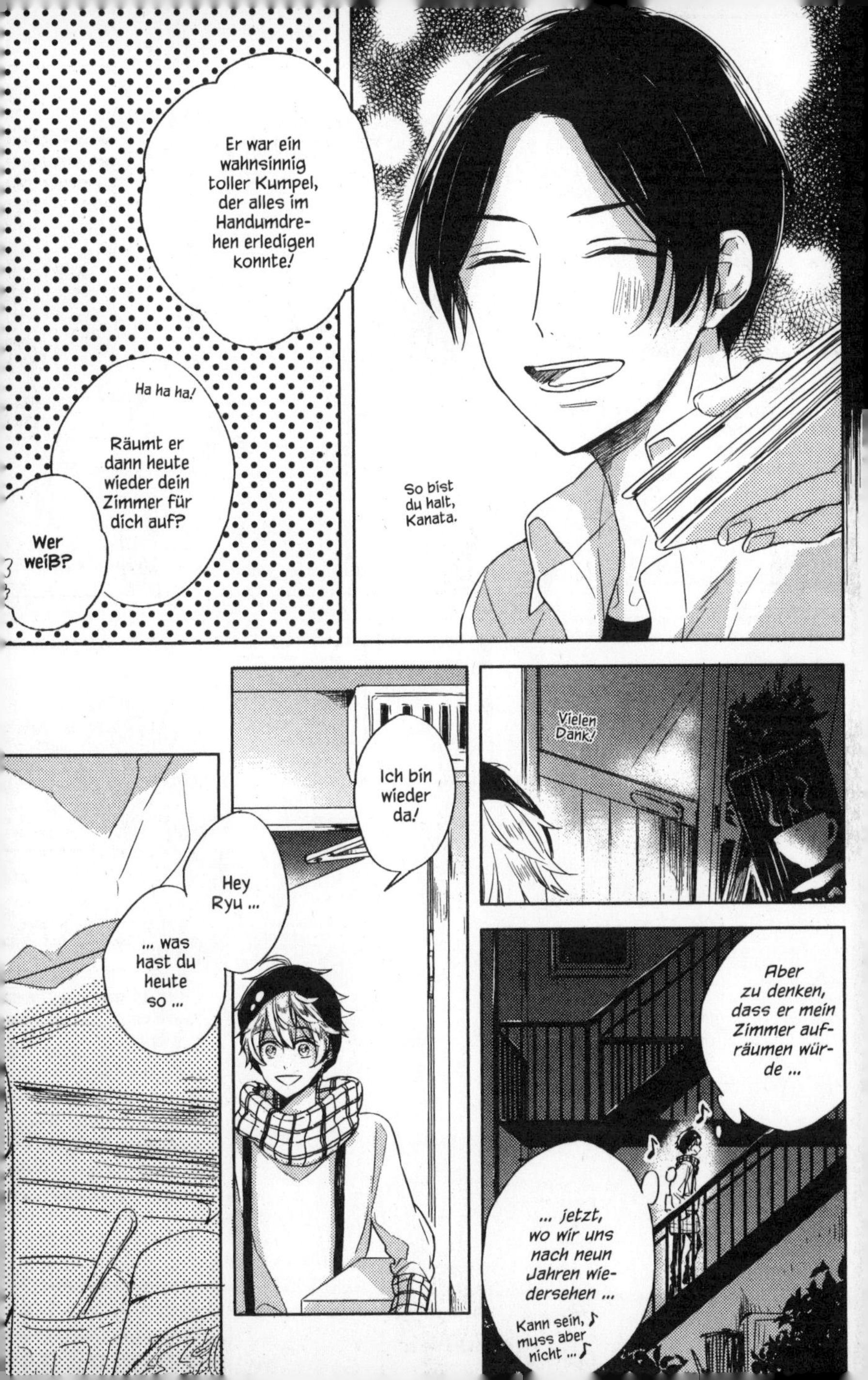

So bist du halt, Kanata.

Er war ein wahnsinnig toller Kumpel, der alles im Handumdrehen erledigen konnte!

Ha ha ha!

Räumt er dann heute wieder dein Zimmer für dich auf?

Wer weiß?

Vielen Dank!

Aber zu denken, dass er mein Zimmer aufräumen würde ...

... jetzt, wo wir uns nach neun Jahren wiedersehen ...

Kann sein, ♪ muss aber nicht ... ♪

Ich bin wieder da!

Hey Ryu ...

... was hast du heute so ...

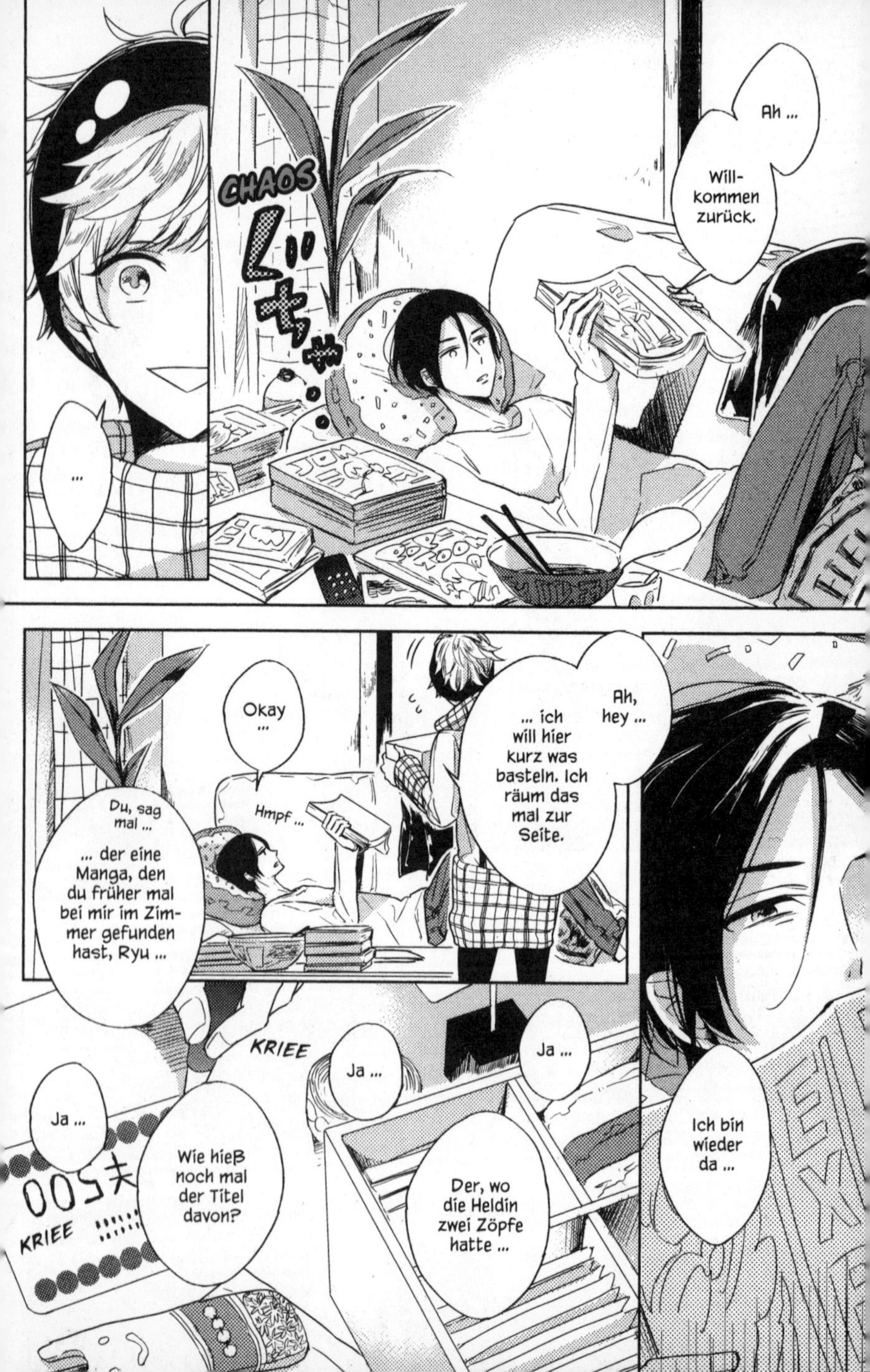
Ah ...
Will-
kommen
zurück.
CHAOS
...
Ah,
hey ...
... ich
will hier
kurz was
basteln. Ich
räum das
mal zur
Seite.
Okay
...
Hmpf ...
Du, sag
mal ...
... der eine
Manga, den
du früher mal
bei mir im Zim-
mer gefunden
hast, Ryu ...
Ich bin
wieder
da ...
Ja ...
Der, wo
die Heldin
zwei Zöpfe
hatte ...
KRIEE
Ja ...
Ja ...
Wie hieß
noch mal
der Titel
davon?
KRIEE

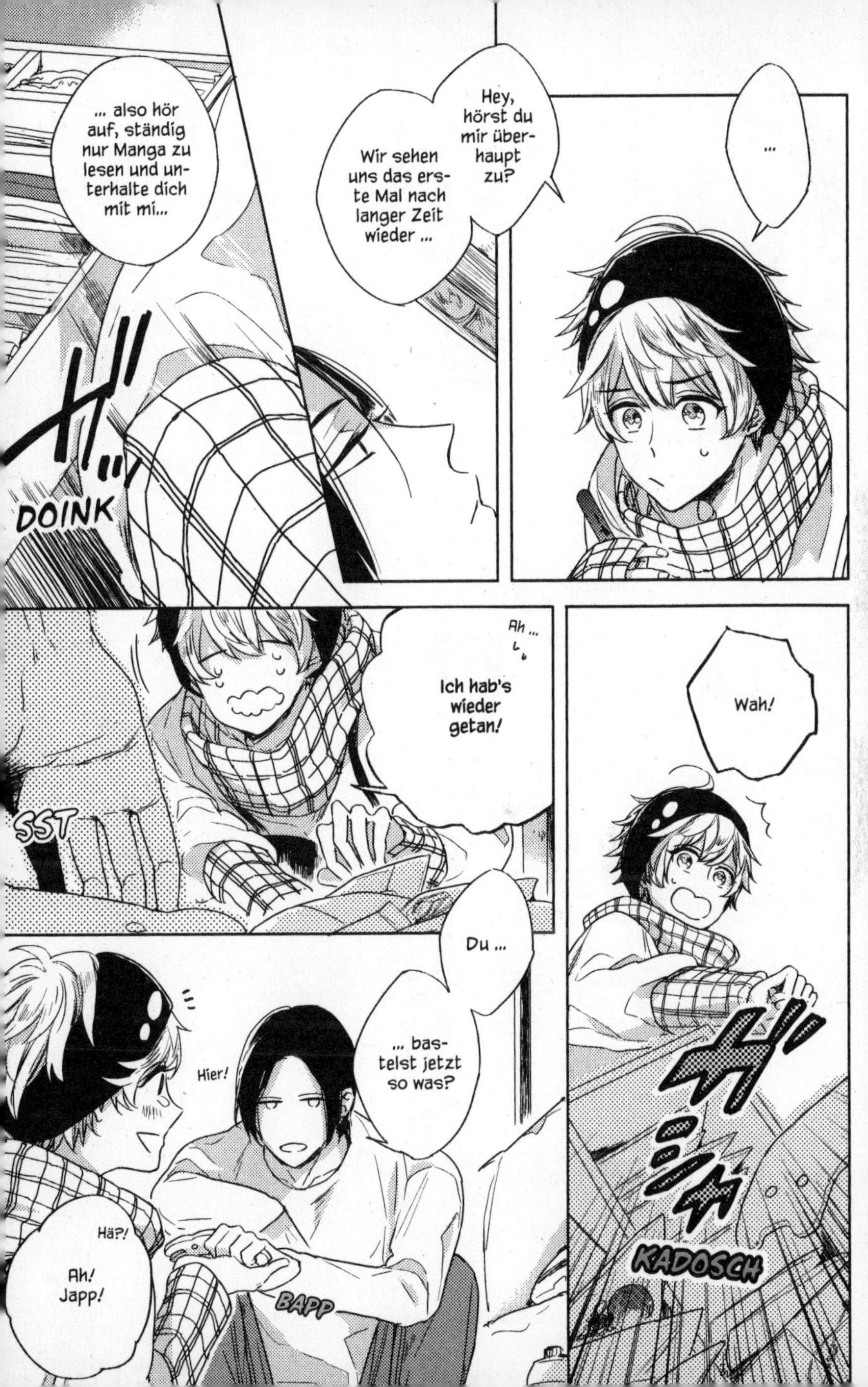
...
Hey, hörst du mir überhaupt zu?
Wir sehen uns das erste Mal nach langer Zeit wieder ...
... also hör auf, ständig nur Manga zu lesen und unterhalte dich mit mi...
DOINK
Wah!
Ah ...
Ich hab's wieder getan!
SST
KADOSCH
Du ...
... bastelst jetzt so was?
Hier!
Hä?!
Ah! Japp!
BAPP

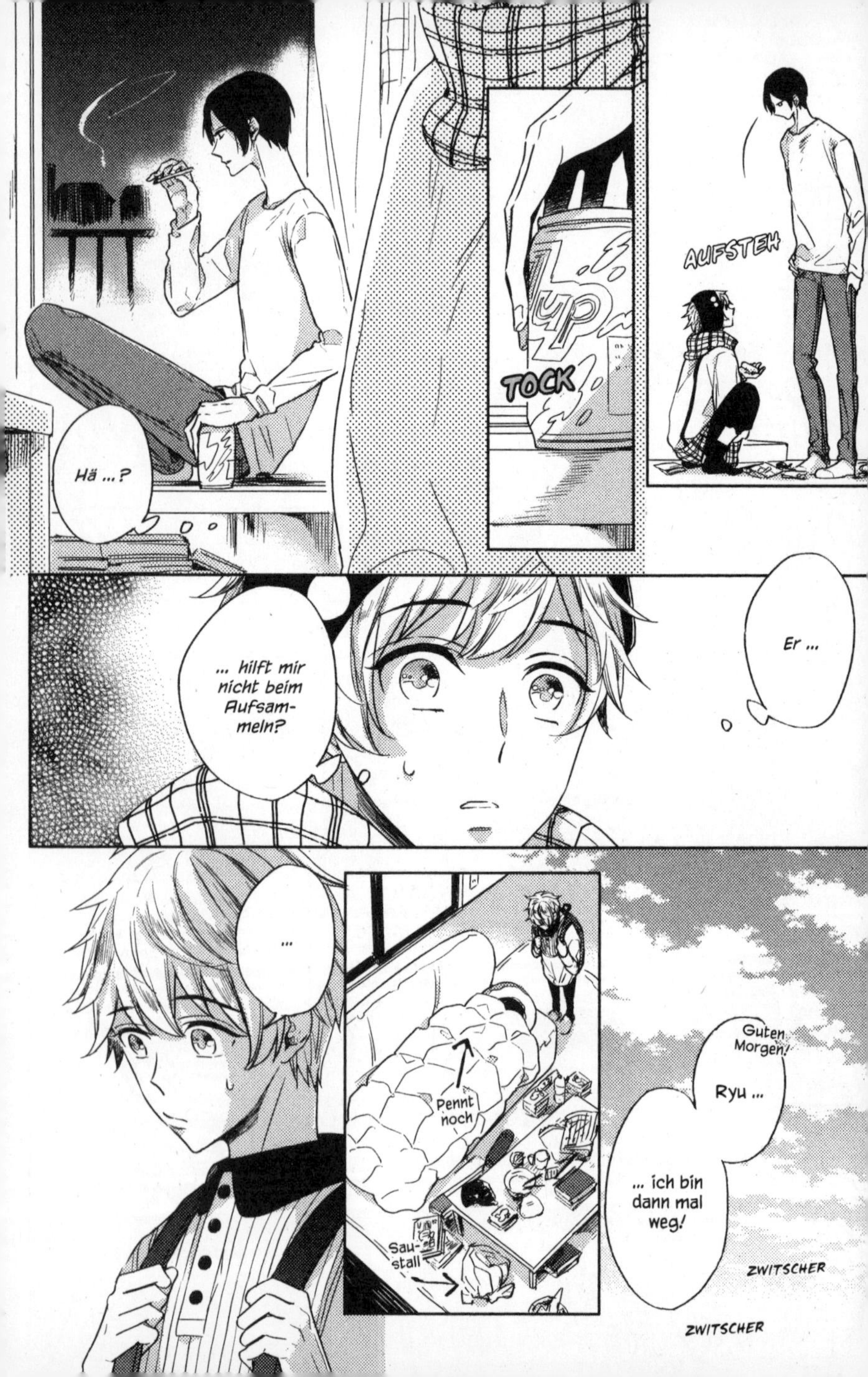
AUFSTEH
TOCK
Hä ...?
Er ...
... hilft mir nicht beim Aufsammeln?
Guten Morgen!
Ryu ...
... ich bin dann mal weg!
ZWITSCHER
ZWITSCHER
Pennt noch
Saustall
...

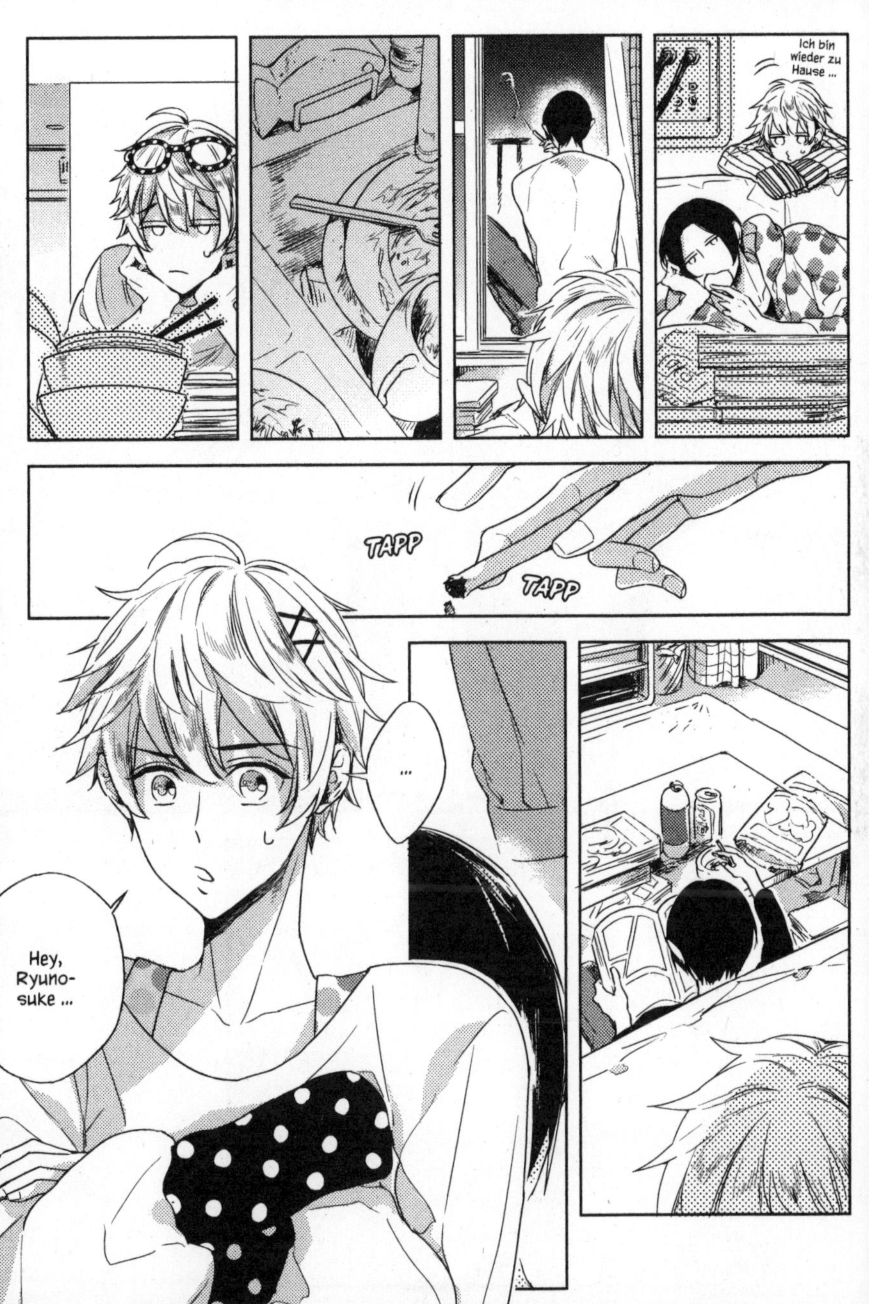

Ich bin wieder zu Hause ...
TAPP
TAPP
...
Hey, Ryunosuke ...

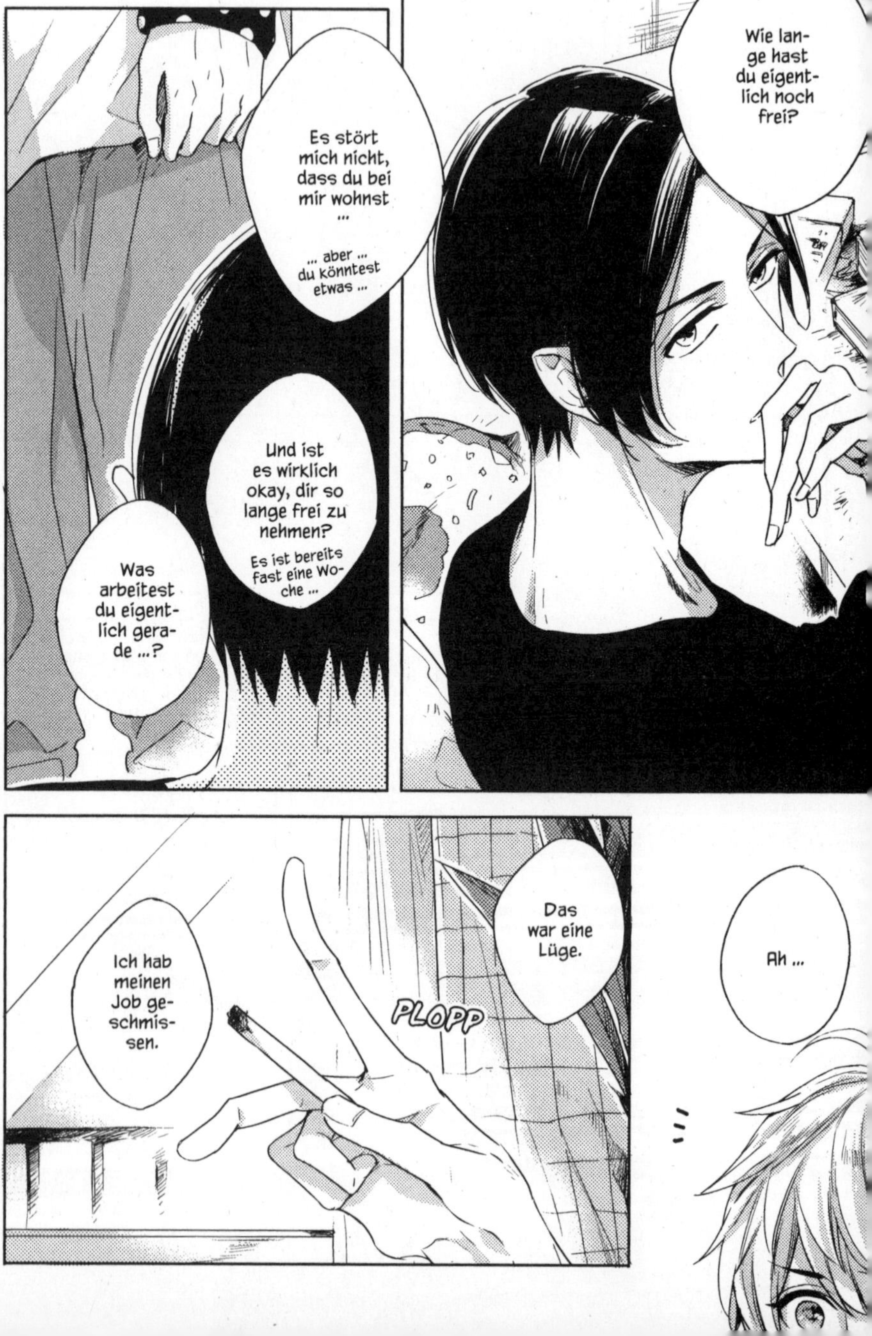

Wie lange hast du eigentlich noch frei?

Es stört mich nicht, dass du bei mir wohnst ...

... aber ... du könntest etwas ...

Und ist es wirklich okay, dir so lange frei zu nehmen?

Es ist bereits fast eine Woche ...

Was arbeitest du eigentlich gerade ...?

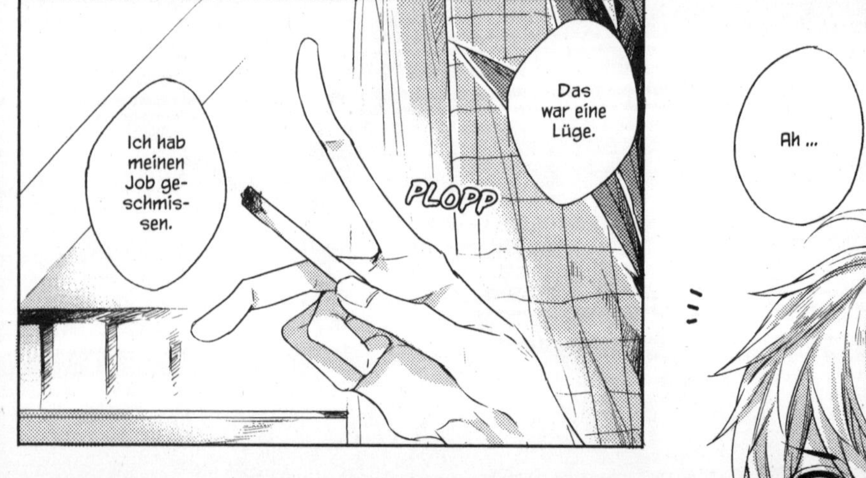

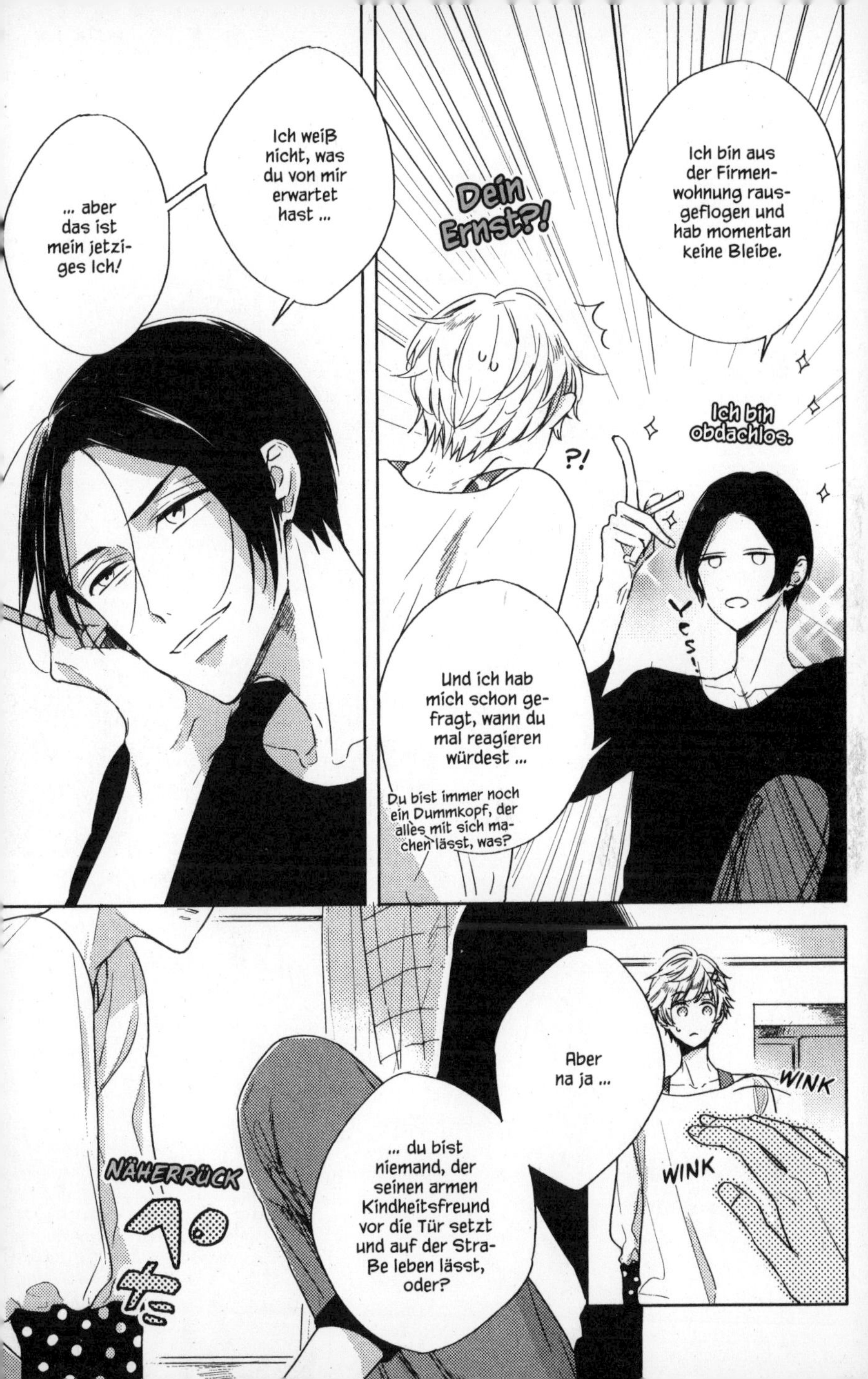
Ich bin aus der Firmenwohnung rausgeflogen und hab momentan keine Bleibe.
Ich bin obdachlos.
Dein Ernst?!
?!
Yes!
Und ich hab mich schon gefragt, wann du mal reagieren würdest ...
Du bist immer noch ein Dummkopf, der alles mit sich machen lässt, was?
Ich weiß nicht, was du von mir erwartet hast ...
... aber das ist mein jetziges Ich!
WINK
WINK
Aber na ja ...
... du bist niemand, der seinen armen Kindheitsfreund vor die Tür setzt und auf der Straße leben lässt, oder?
NÄHERRÜCK

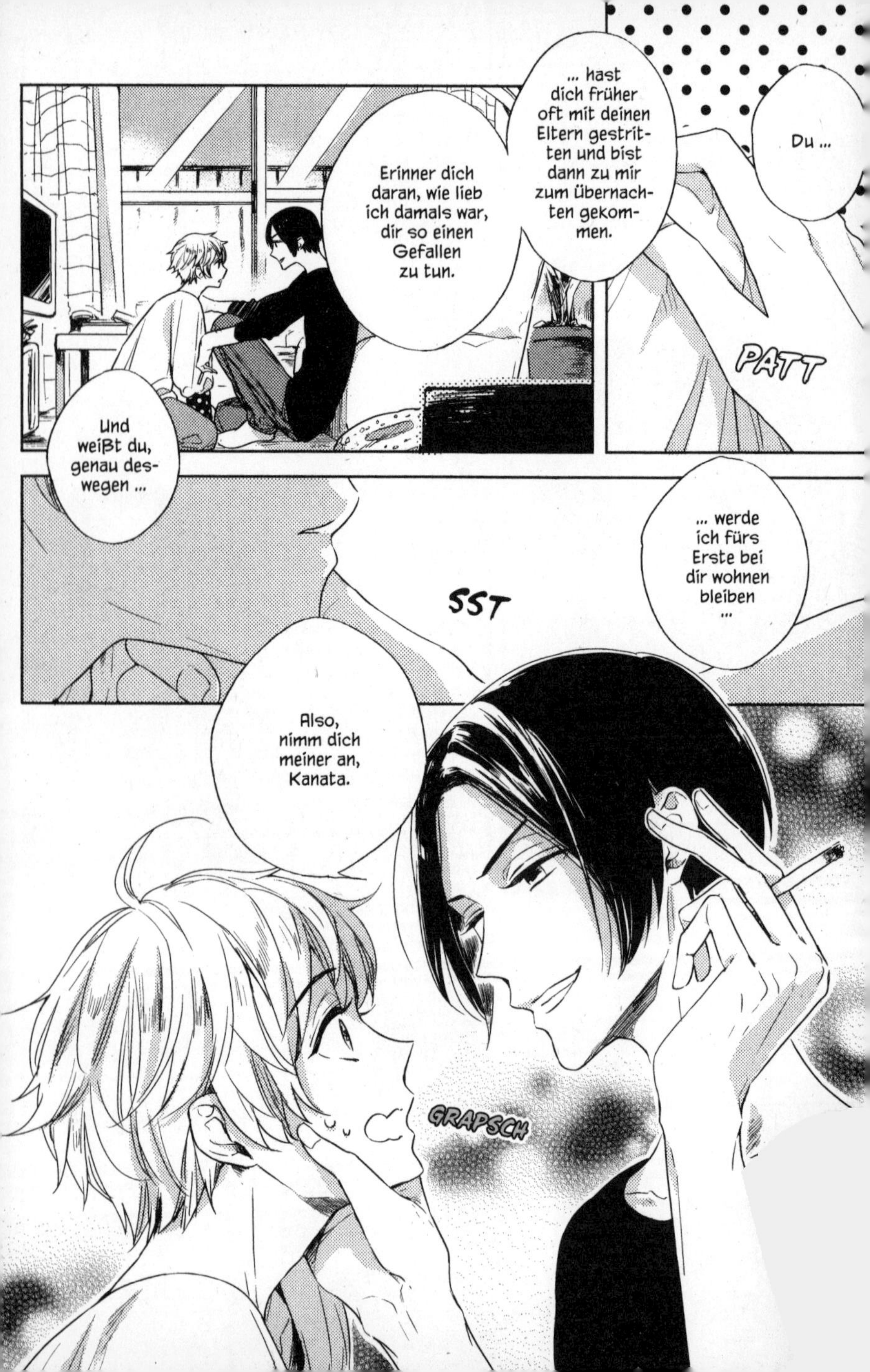
Du ...
PATT
... hast dich früher oft mit deinen Eltern gestritten und bist dann zu mir zum übernachten gekommen.
Erinner dich daran, wie lieb ich damals war, dir so einen Gefallen zu tun.
Und weißt du, genau deswegen ...
... werde ich fürs Erste bei dir wohnen bleiben ...
SST
Also, nimm dich meiner an, Kanata.
GRAPSCH

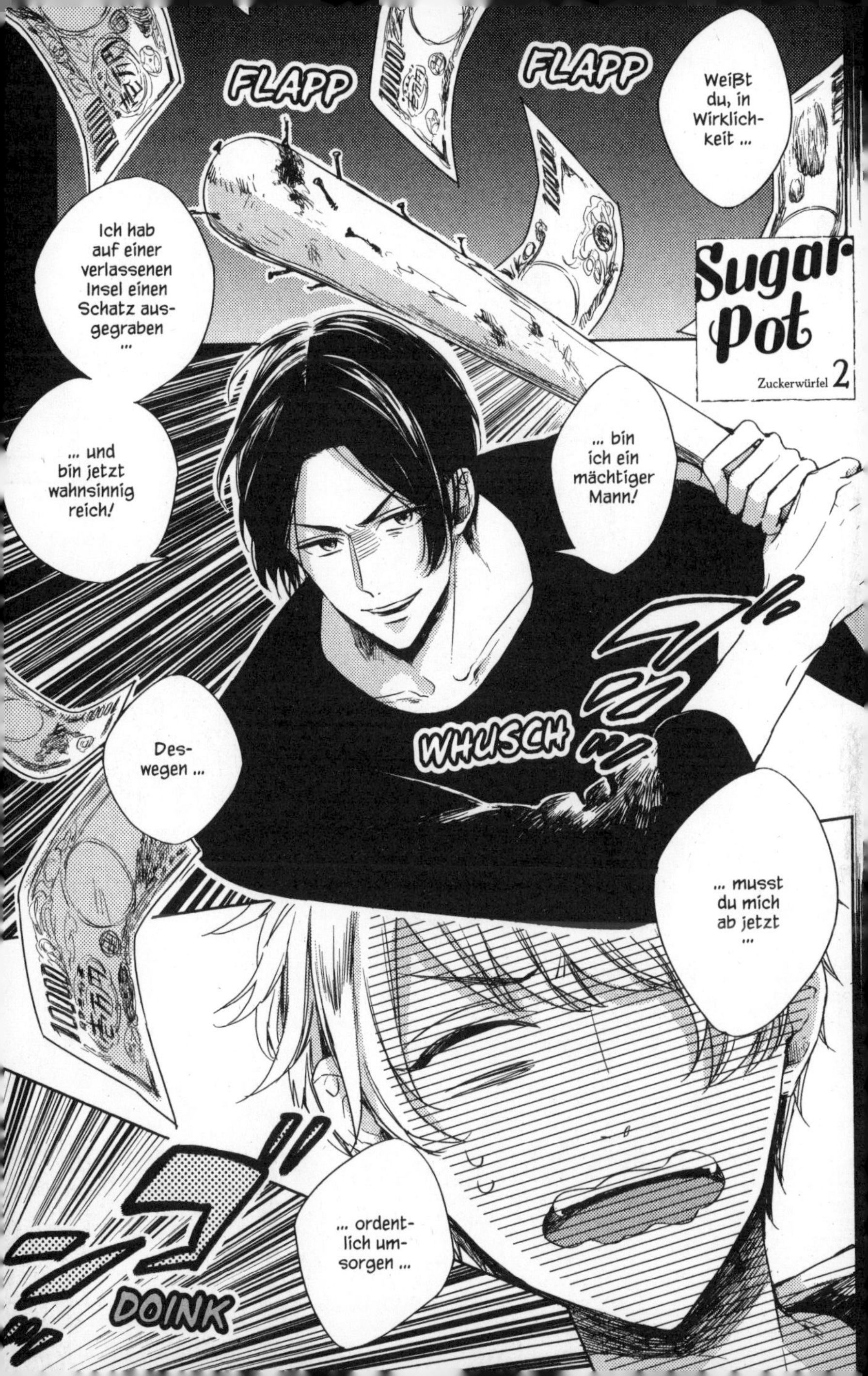
FLAPP
FLAPP
Weißt du, in Wirklichkeit ...
Sugar Pot
Zuckerwürfel 2
Ich hab auf einer verlassenen Insel einen Schatz ausgegraben ...
... und bin jetzt wahnsinnig reich!
... bin ich ein mächtiger Mann!
WHUSCH
Des-wegen ...
... musst du mich ab jetzt ...
... ordentlich umsorgen ...
DOINK

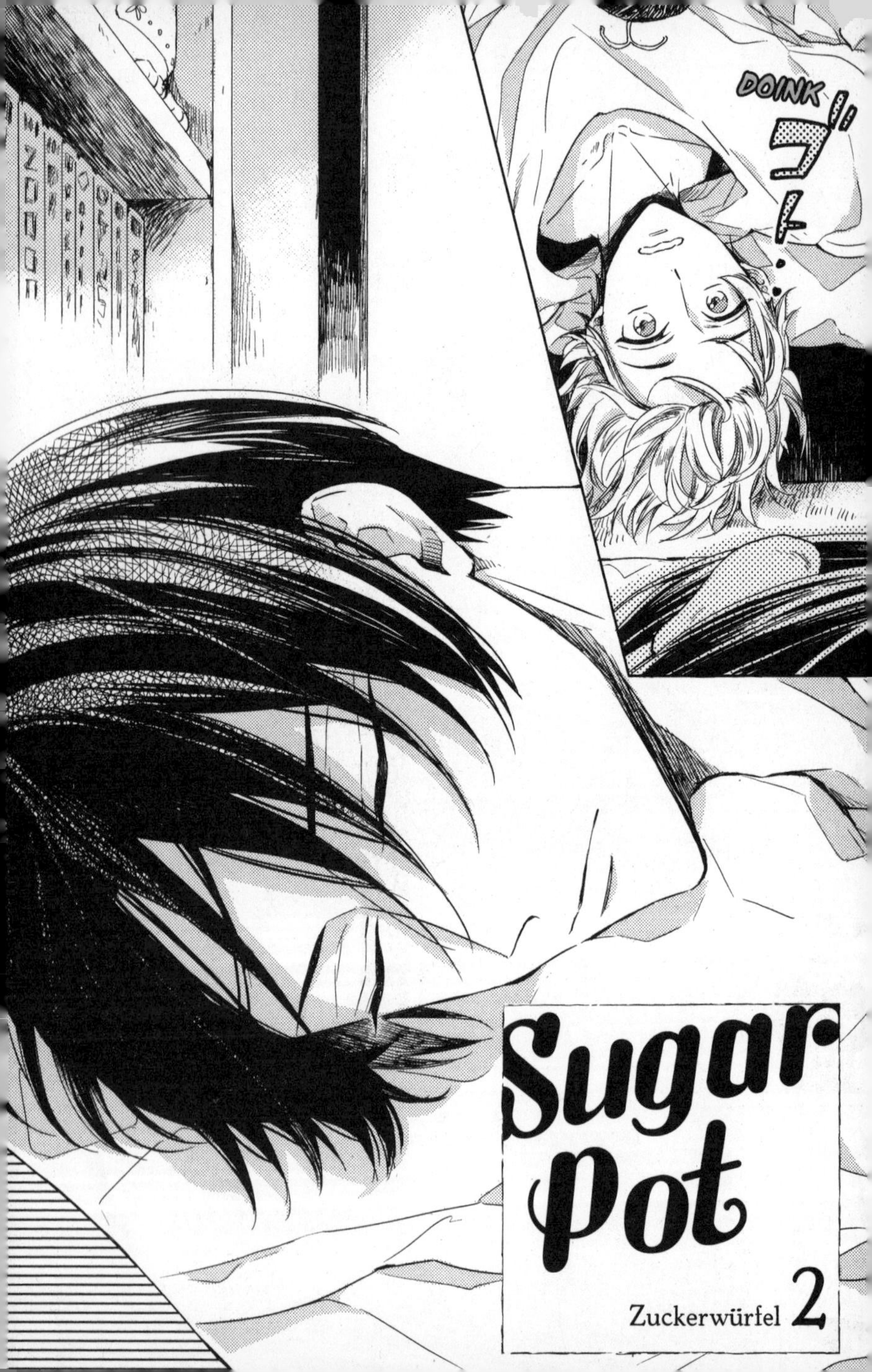
DOINK
Sugar Pot
Zuckerwürfel 2

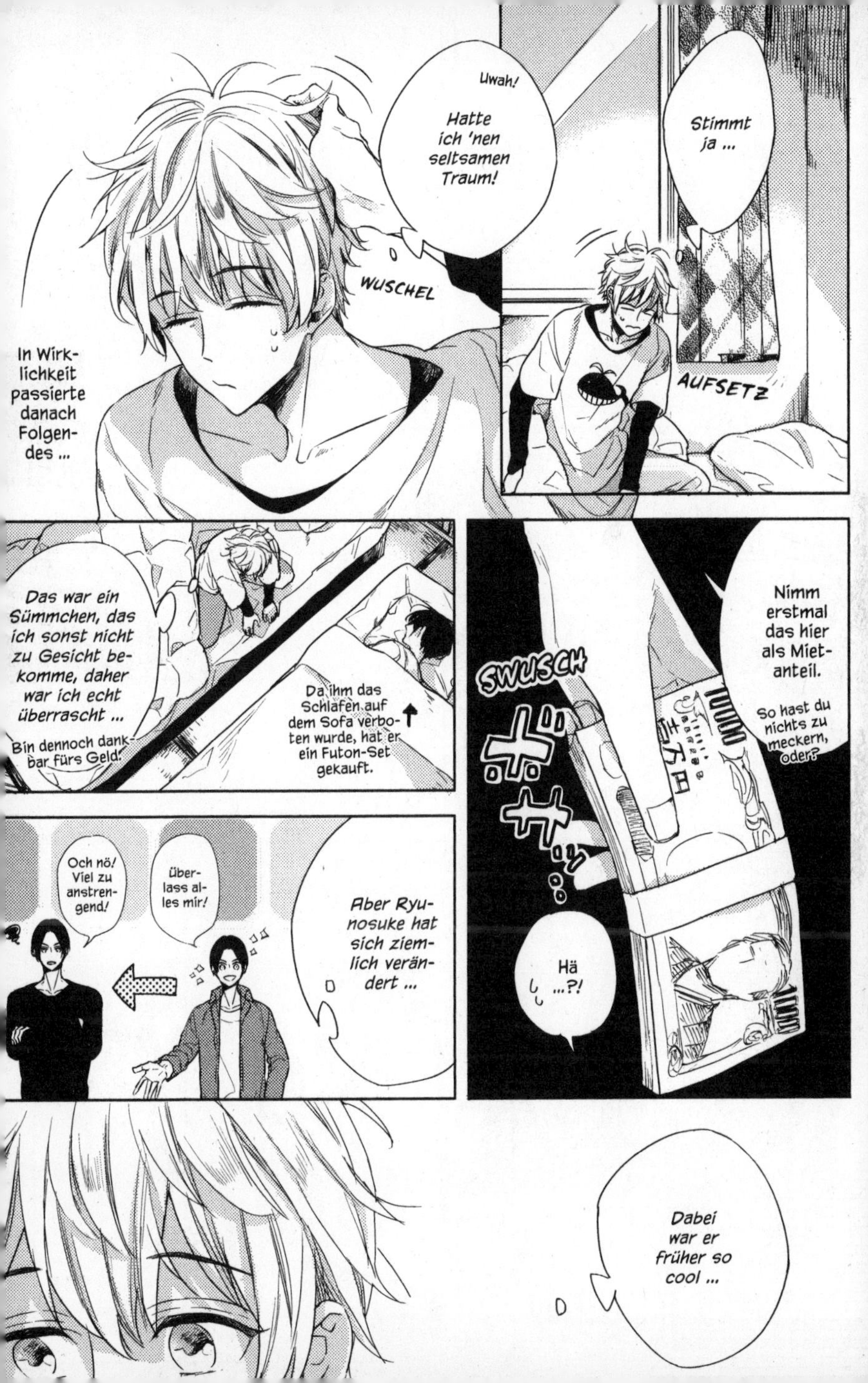
Uwah!
Hatte ich 'nen seltsamen Traum!
WUSCHEL
Stimmt ja ...
AUFSETZ
In Wirklichkeit passierte danach Folgendes ...
Nimm erstmal das hier als Mietanteil.
So hast du nichts zu meckern, oder?
SWUSCH
Hä ...?!
Das war ein Sümmchen, das ich sonst nicht zu Gesicht bekomme, daher war ich echt überrascht ...
Bin dennoch dankbar fürs Geld.
Da ihm das Schlafen auf dem Sofa verboten wurde, hat er ein Futon-Set gekauft.
Aber Ryunosuke hat sich ziemlich verändert ...
Überlass alles mir!
Och nö! Viel zu anstrengend!
Dabei war er früher so cool ...

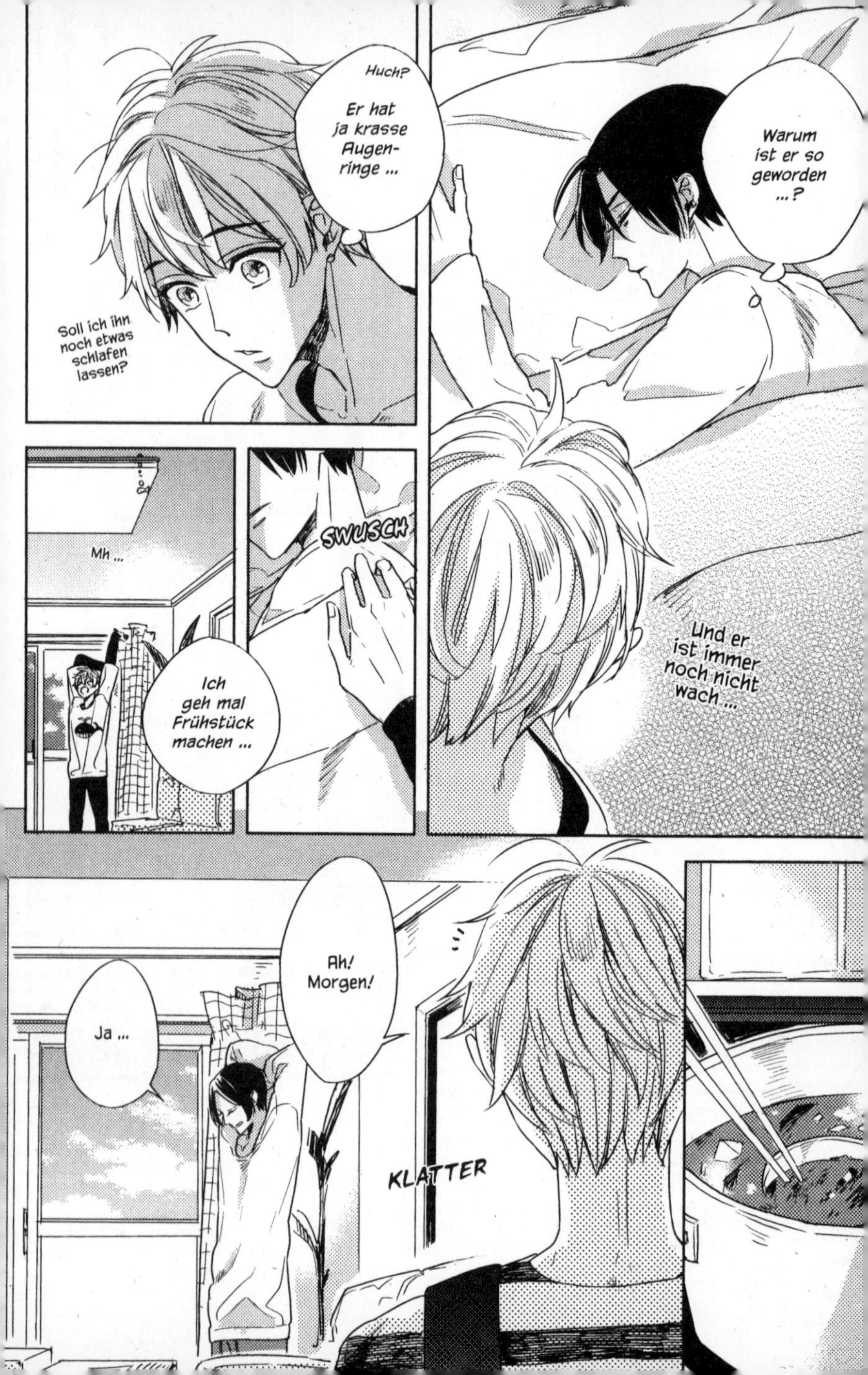
Warum ist er so geworden ...?
Huch?
Er hat ja krasse Augenringe ...
Soll ich ihn noch etwas schlafen lassen?
Und er ist immer noch nicht wach ...
SWUSCH
Ich geh mal Frühstück machen ...
Mh ...
Ah! Morgen!
KLATTER
Ja ...

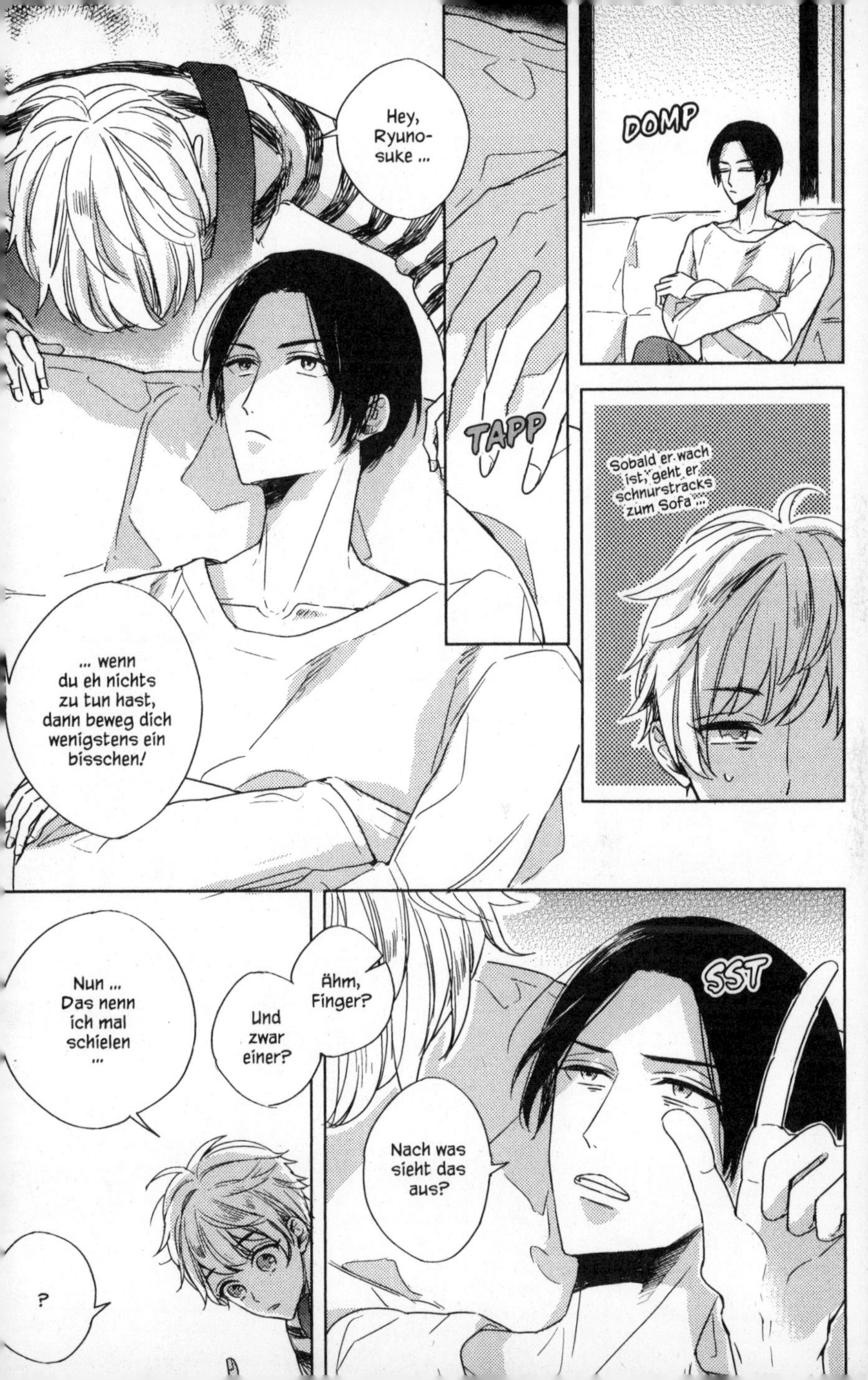
DOMP
Sobald er wach ist, geht er schnurstracks zum Sofa ...
TAPP
Hey, Ryuno-suke ...
... wenn du eh nichts zu tun hast, dann beweg dich wenigstens ein bisschen!
SST
Nach was sieht das aus?
Ähm, Finger?
Und zwar einer?
Nun ... Das nenn ich mal schielen ...
?

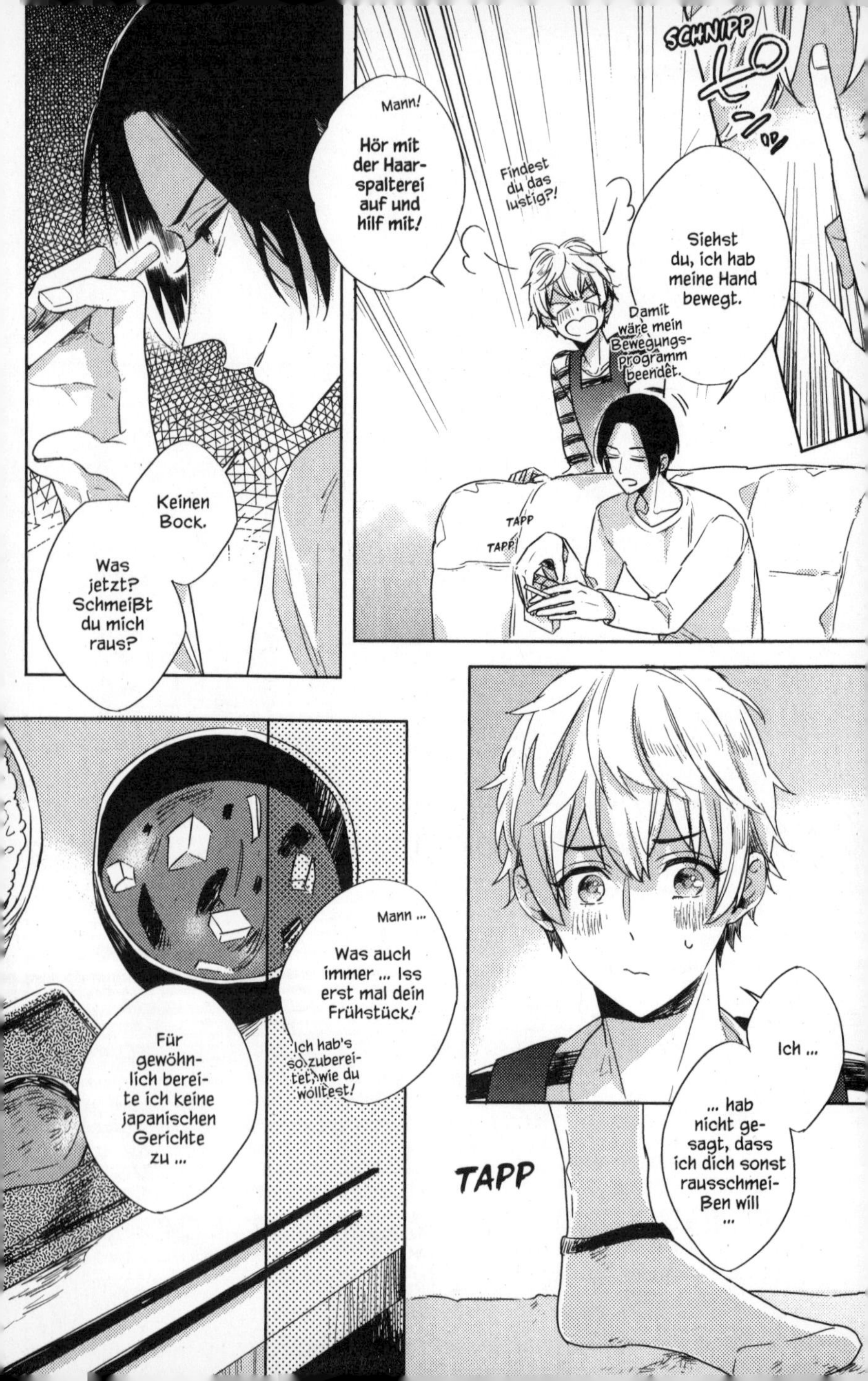
SCHNIPP
Siehst du, ich hab meine Hand bewegt.
Damit wäre mein Bewegungs-programm beendet.
Findest du das lustig?!
Mann!
Hör mit der Haar-spalterei auf und hilf mit!
TAPP
TAPP
Keinen Bock.
Was jetzt? Schmeißt du mich raus?
Ich ...
... hab nicht ge-sagt, dass ich dich sonst rausschmei-ßen will ...
TAPP
Mann ...
Was auch immer ... Iss erst mal dein Frühstück!
Ich hab's so zubereitet, wie du wolltest!
Für gewöhn-lich berei-te ich keine japanischen Gerichte zu ...

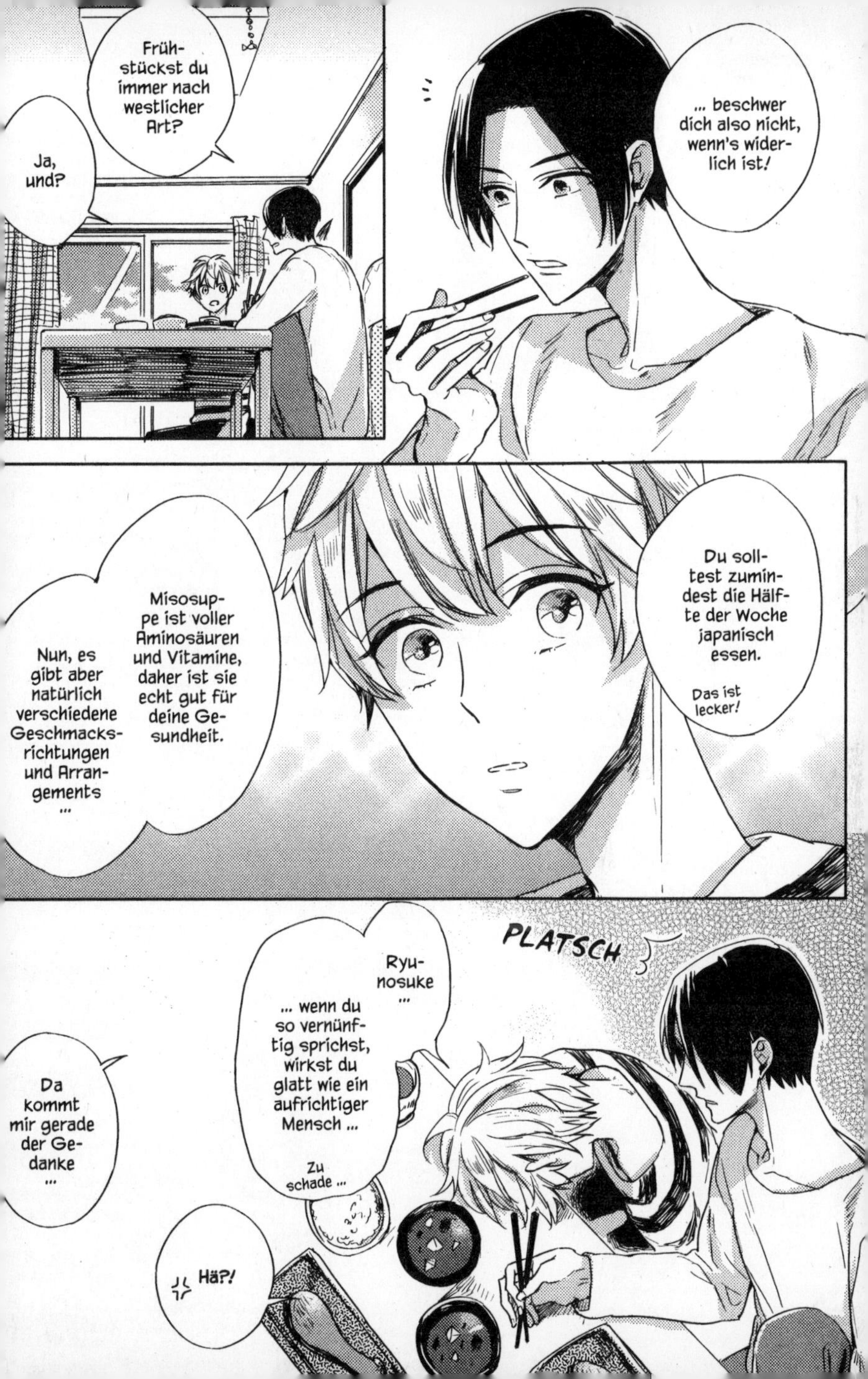
... beschwer dich also nicht, wenn's widerlich ist!
Frühstückst du immer nach westlicher Art?
Ja, und?
Du solltest zumindest die Hälfte der Woche japanisch essen.
Das ist lecker!
Misosuppe ist voller Aminosäuren und Vitamine, daher ist sie echt gut für deine Gesundheit.
Nun, es gibt aber natürlich verschiedene Geschmacksrichtungen und Arrangements ...
PLATSCH
Ryunosuke ...
... wenn du so vernünftig sprichst, wirkst du glatt wie ein aufrichtiger Mensch ...
Zu schade ...
Da kommt mir gerade der Gedanke ...
Hä?!

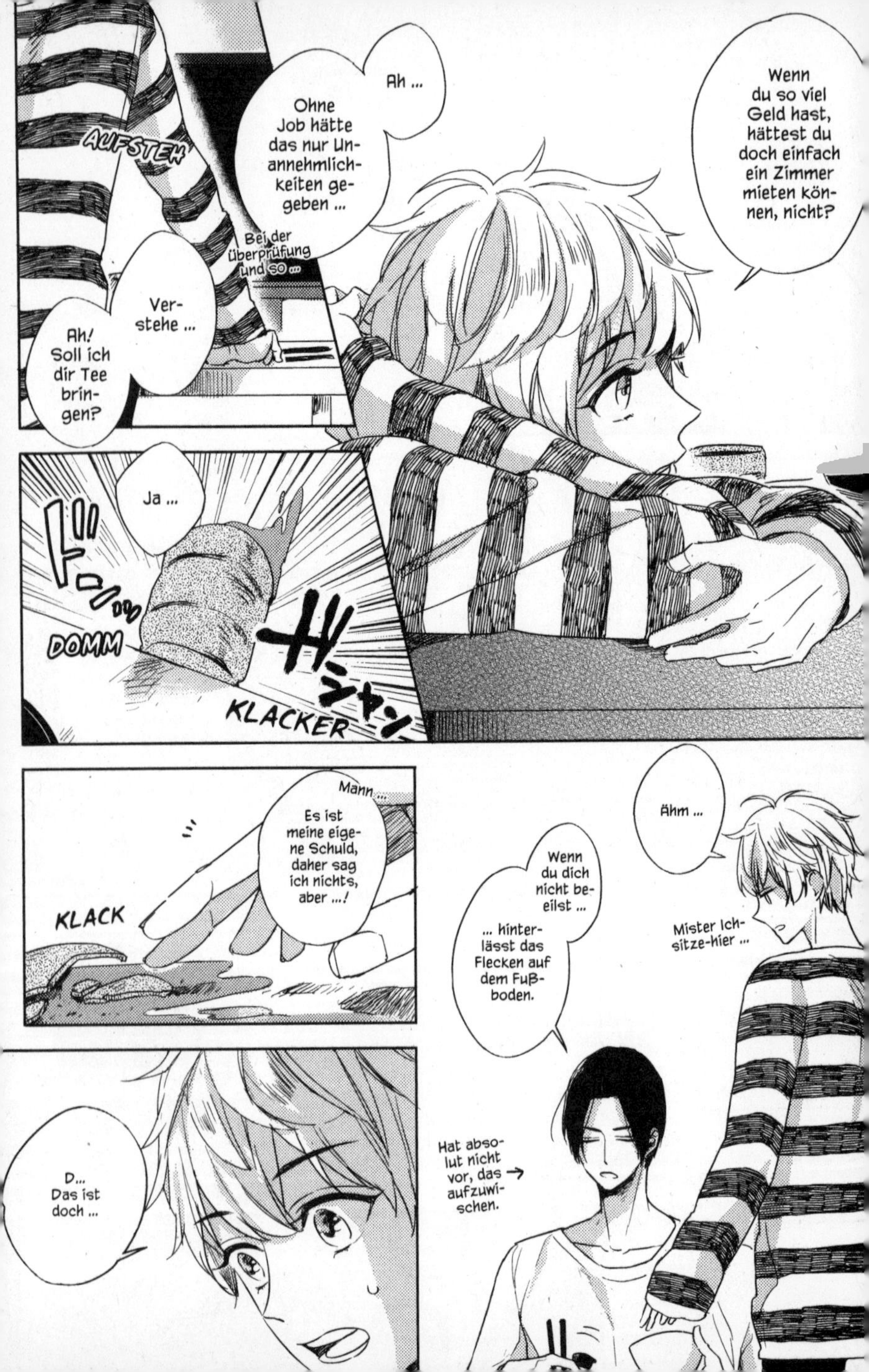
Wenn du so viel Geld hast, hättest du doch einfach ein Zimmer mieten können, nicht?
Ah ...
Ohne Job hätte das nur Unannehmlichkeiten gegeben ...
Bei der überprüfung und so ...
AUFSTEH
Verstehe ...
Ah! Soll ich dir Tee bringen?
Ja ...
DOMM
KLACKER
Ähm ...
Mister Ich-sitze-hier ...
Wenn du dich nicht beeilst ...
... hinterlässt das Flecken auf dem Fußboden.
Mann ...
Es ist meine eigene Schuld, daher sag ich nichts, aber ...!
KLACK
Hat absolut nicht vor, das aufzuwischen. →
D... Das ist doch ...

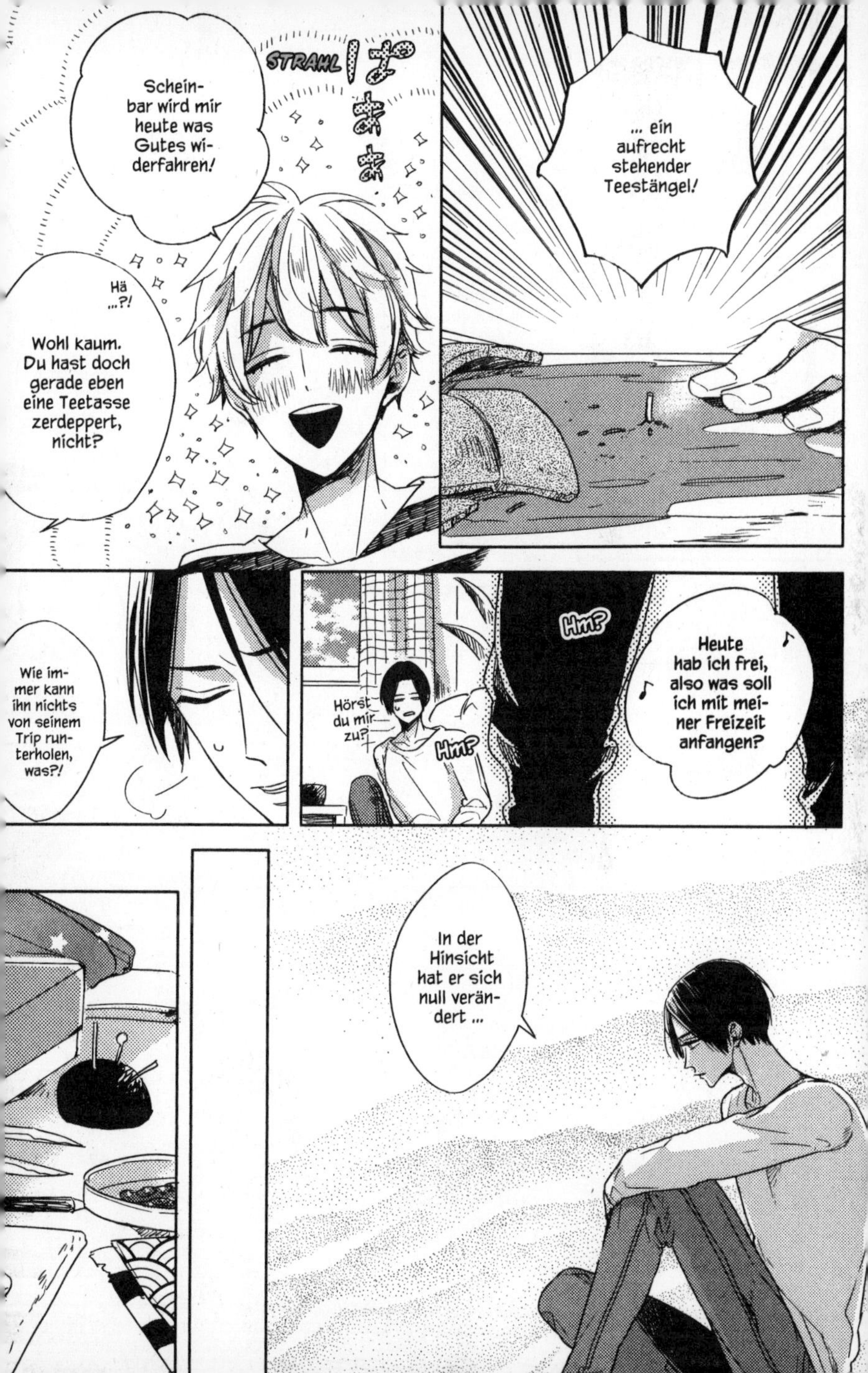
... ein aufrecht stehender Teestängel!
STRAHL
Schein-bar wird mir heute was Gutes wi-derfahren!
Hä ...?!
Wohl kaum. Du hast doch gerade eben eine Teetasse zerdeppert, nicht?
Heute hab ich frei, also was soll ich mit mei-ner Freizeit anfangen?
Hm?
Hm?
Hörst du mir zu?
Wie im-mer kann ihn nichts von seinem Trip run-terholen, was?!
In der Hinsicht hat er sich null verän-dert ...

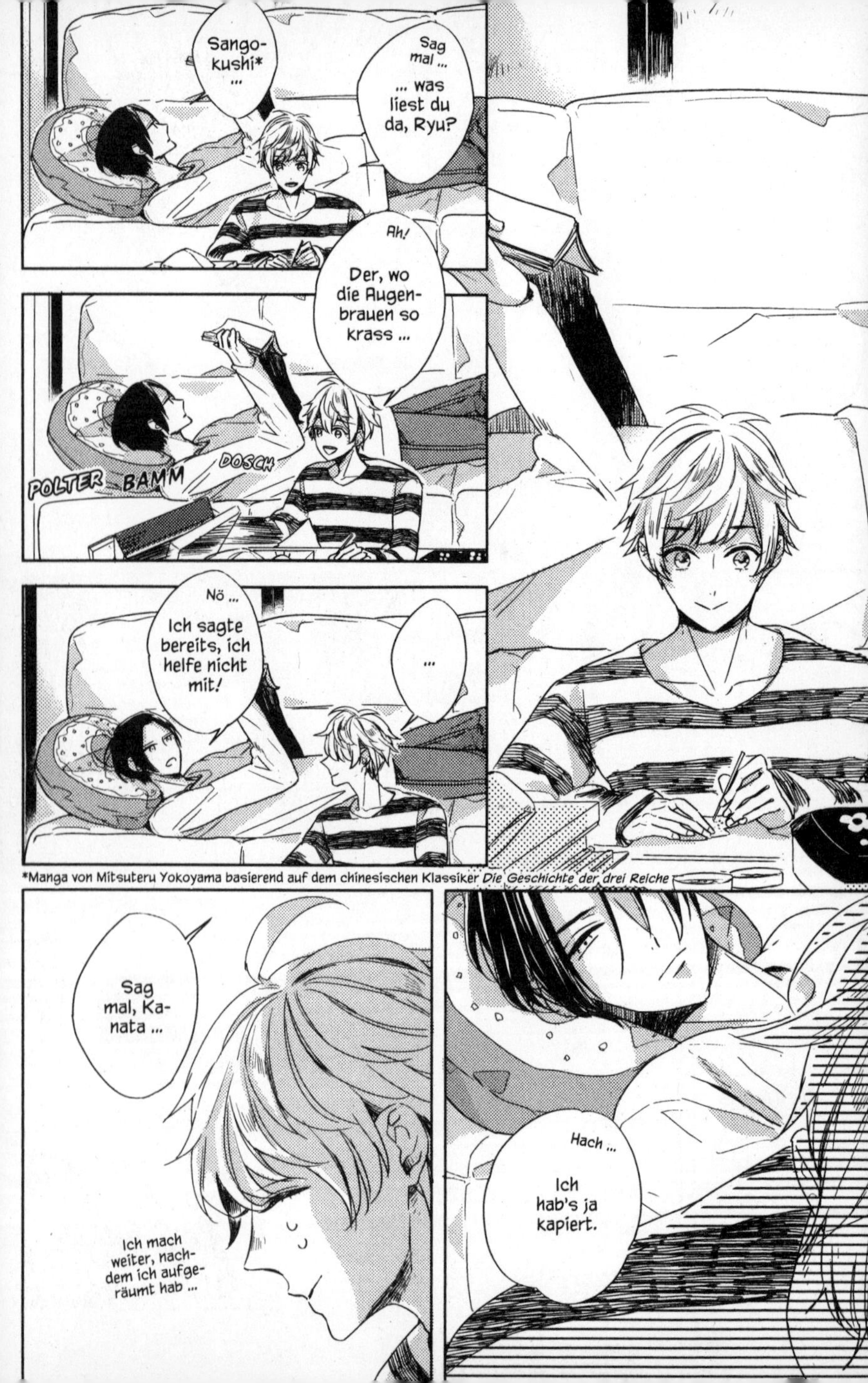

*Manga von Mitsuteru Yokoyama basierend auf dem chinesischen Klassiker *Die Geschichte der drei Reiche*

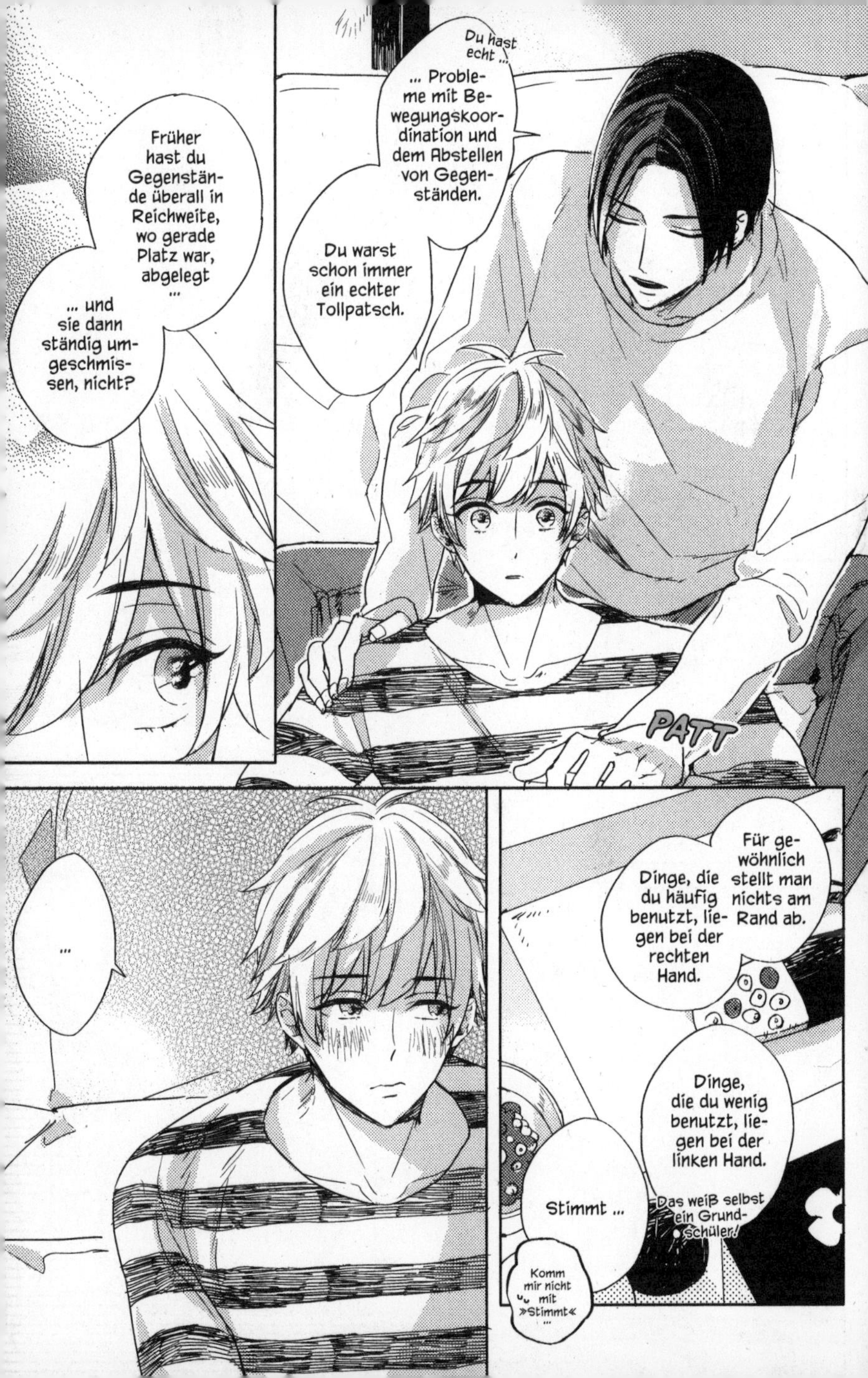
Du hast echt ...
... Probleme mit Bewegungskoordination und dem Abstellen von Gegenständen.
Du warst schon immer ein echter Tollpatsch.
PATT
Früher hast du Gegenstände überall in Reichweite, wo gerade Platz war, abgelegt ...
... und sie dann ständig umgeschmissen, nicht?
Für gewöhnlich stellt man nichts am Rand ab.
Dinge, die du häufig benutzt, liegen bei der rechten Hand.
Dinge, die du wenig benutzt, liegen bei der linken Hand.
Das weiß selbst ein Grundschüler!
Stimmt ...
Komm mir nicht mit »Stimmt« ...
...

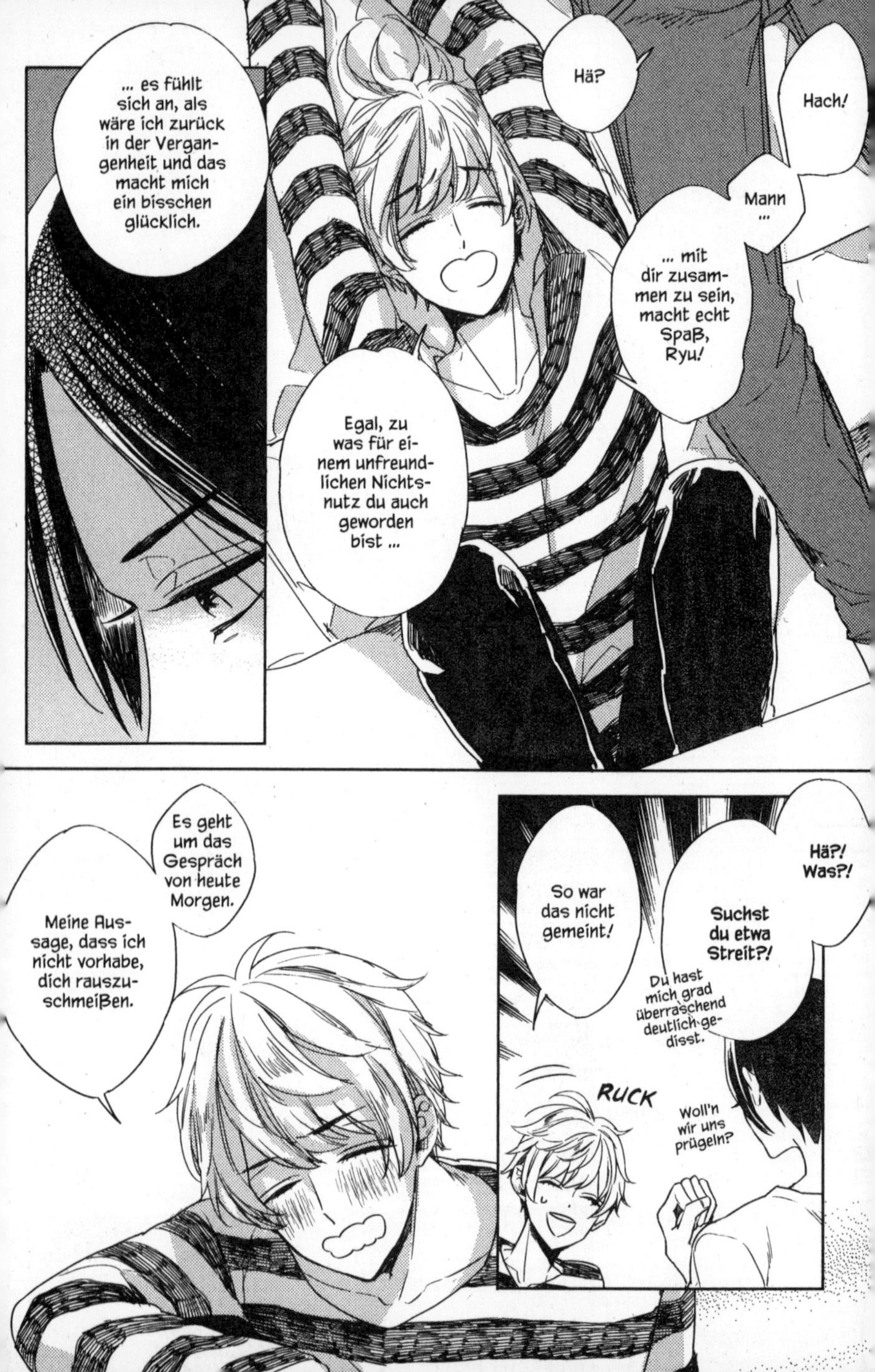
Hach!
Mann ...
... mit dir zusammen zu sein, macht echt Spaß, Ryu!
Hä?
Egal, zu was für einem unfreundlichen Nichtsnutz du auch geworden bist ...
... es fühlt sich an, als wäre ich zurück in der Vergangenheit und das macht mich ein bisschen glücklich.
Hä?! Was?!
Suchst du etwa Streit?!
Du hast mich grad überraschend deutlich gedisst.
So war das nicht gemeint!
RUCK
Woll'n wir uns prügeln?
Es geht um das Gespräch von heute Morgen.
Meine Aussage, dass ich nicht vorhabe, dich rauszuschmeißen.

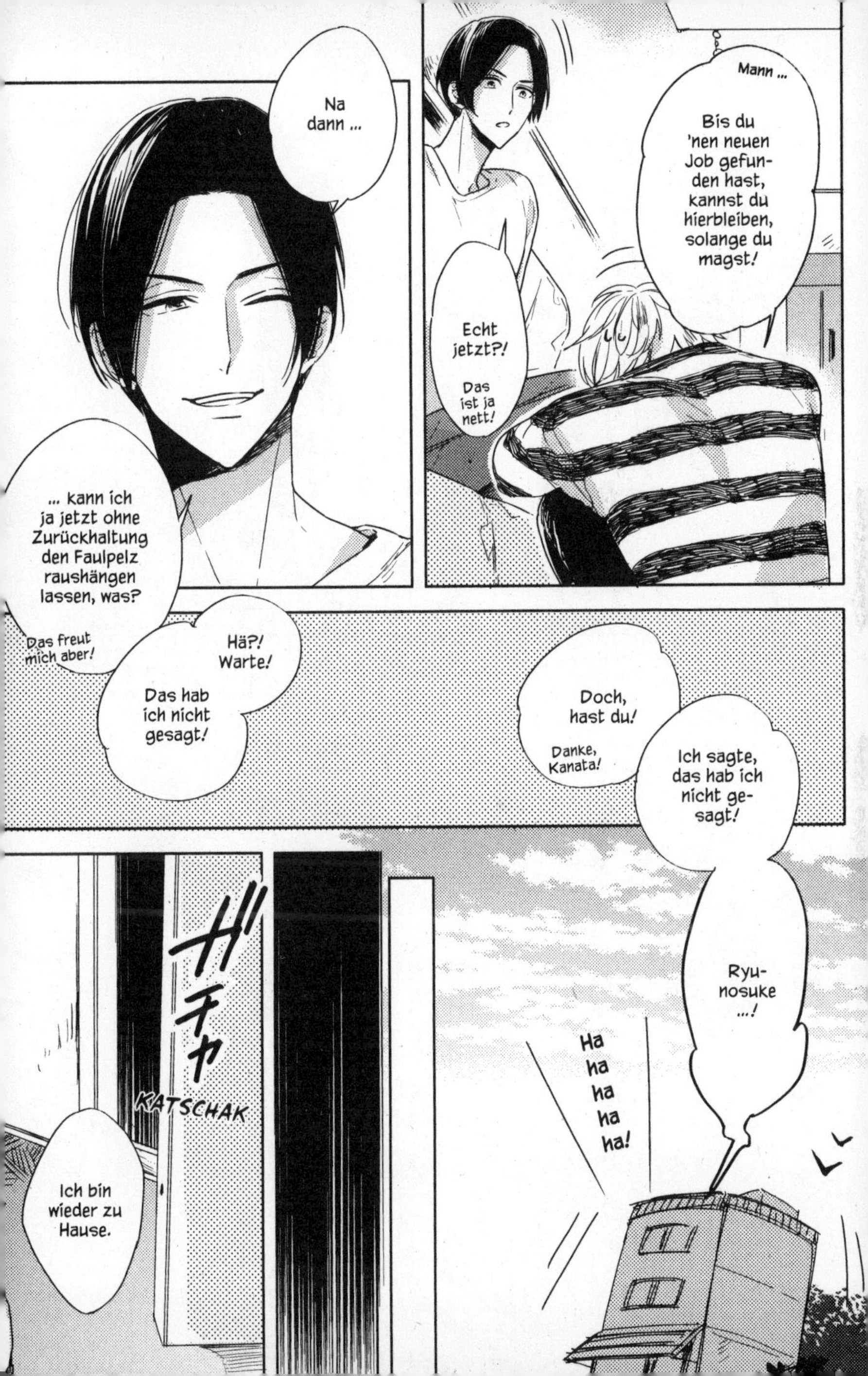
Mann ...
Bis du 'nen neuen Job gefunden hast, kannst du hierbleiben, solange du magst!
Echt jetzt?!
Das ist ja nett!
Na dann ...
... kann ich ja jetzt ohne Zurückhaltung den Faulpelz raushängen lassen, was?
Das freut mich aber!
Hä?! Warte!
Das hab ich nicht gesagt!
Doch, hast du!
Danke, Kanata!
Ich sagte, das hab ich nicht gesagt!
Ryunosuke ...!
Ha ha ha ha ha!
KATSCHAK
Ich bin wieder zu Hause.

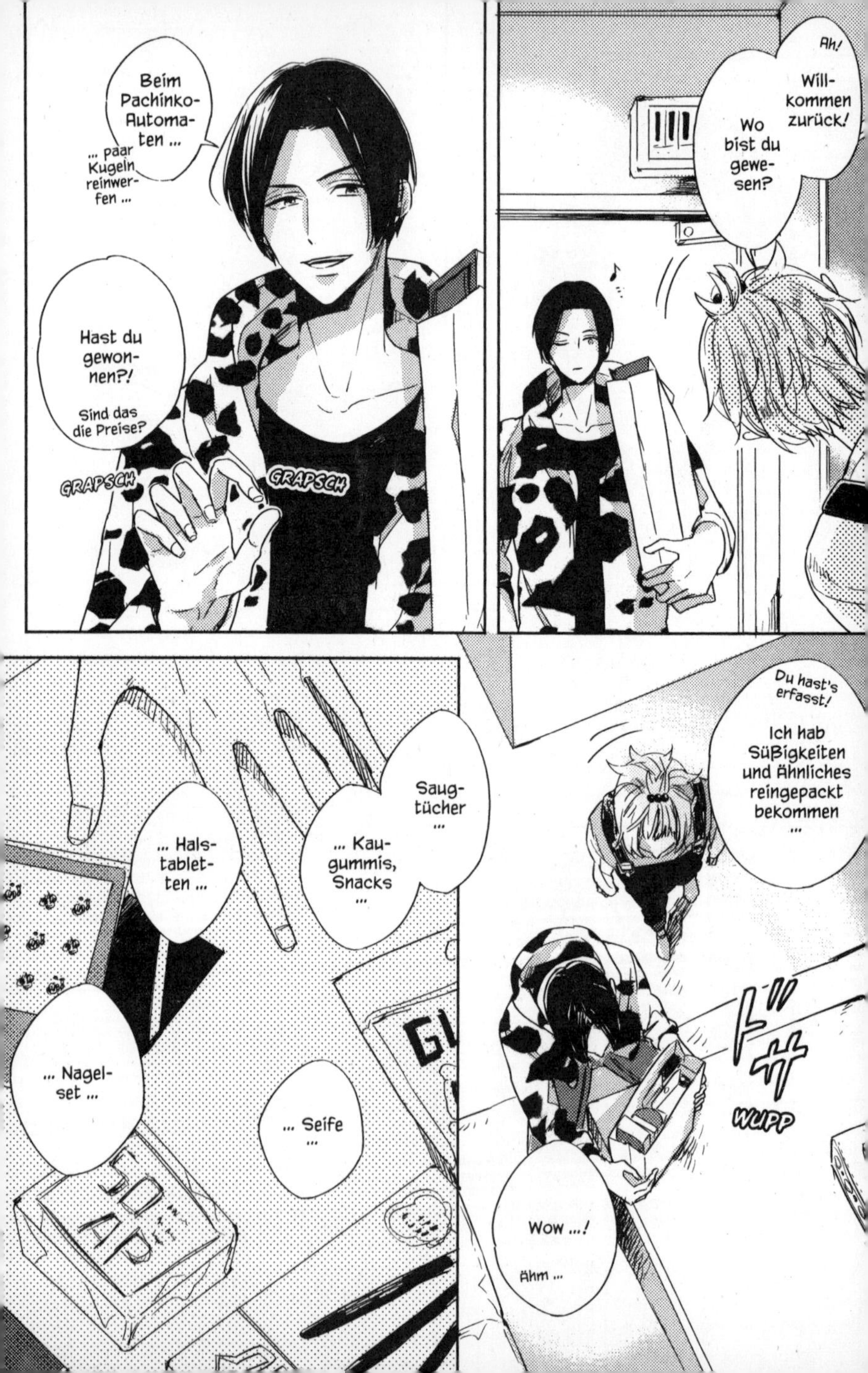
Ah!
Willkommen zurück!
Wo bist du gewesen?
Beim Pachinko-Automaten ...
... paar Kugeln reinwerfen ...
Hast du gewonnen?!
Sind das die Preise?
GRAPSCH
GRAPSCH
Du hast's erfasst!
Ich hab Süßigkeiten und Ähnliches reingepackt bekommen ...
WUPP
Wow ...!
Ähm ...
Saugtücher ...
... Kaugummis, Snacks ...
... Halstabletten ...
... Nagelset ...
... Seife ...
SOAP

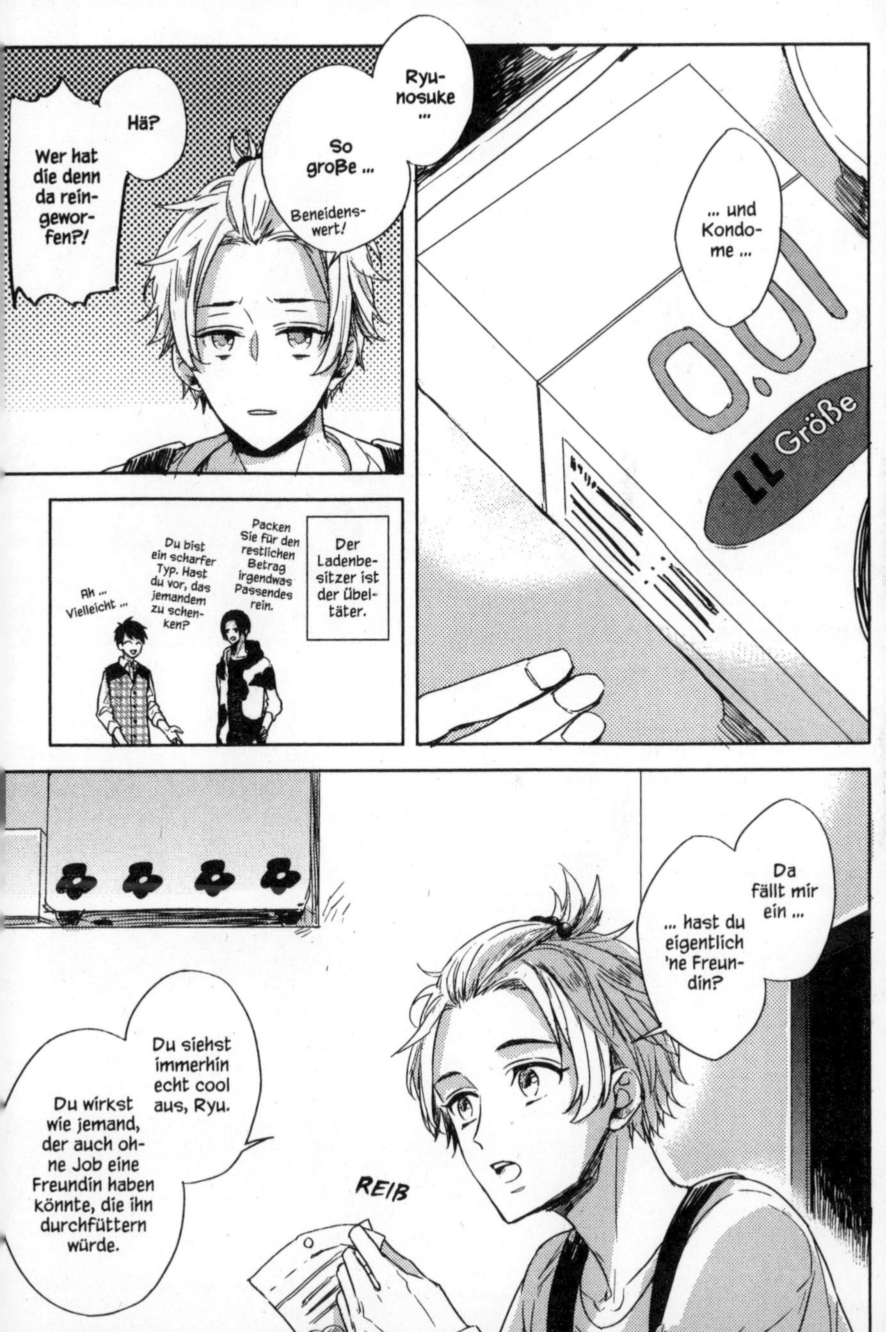
... und Kondome ...
0.01
LL Größe
Ryunosuke ...
So große ...
Beneidenswert!
Hä?
Wer hat die denn da reingeworfen?!
Der Ladenbesitzer ist der Übeltäter.
Packen Sie für den restlichen Betrag irgendwas Passendes rein.
Du bist ein scharfer Typ. Hast du vor, das jemandem zu schenken?
Ah ... Vielleicht ...
Da fällt mir ein ...
... hast du eigentlich 'ne Freundin?
Du siehst immerhin echt cool aus, Ryu.
Du wirkst wie jemand, der auch ohne Job eine Freundin haben könnte, die ihn durchfüttern würde.
REIB

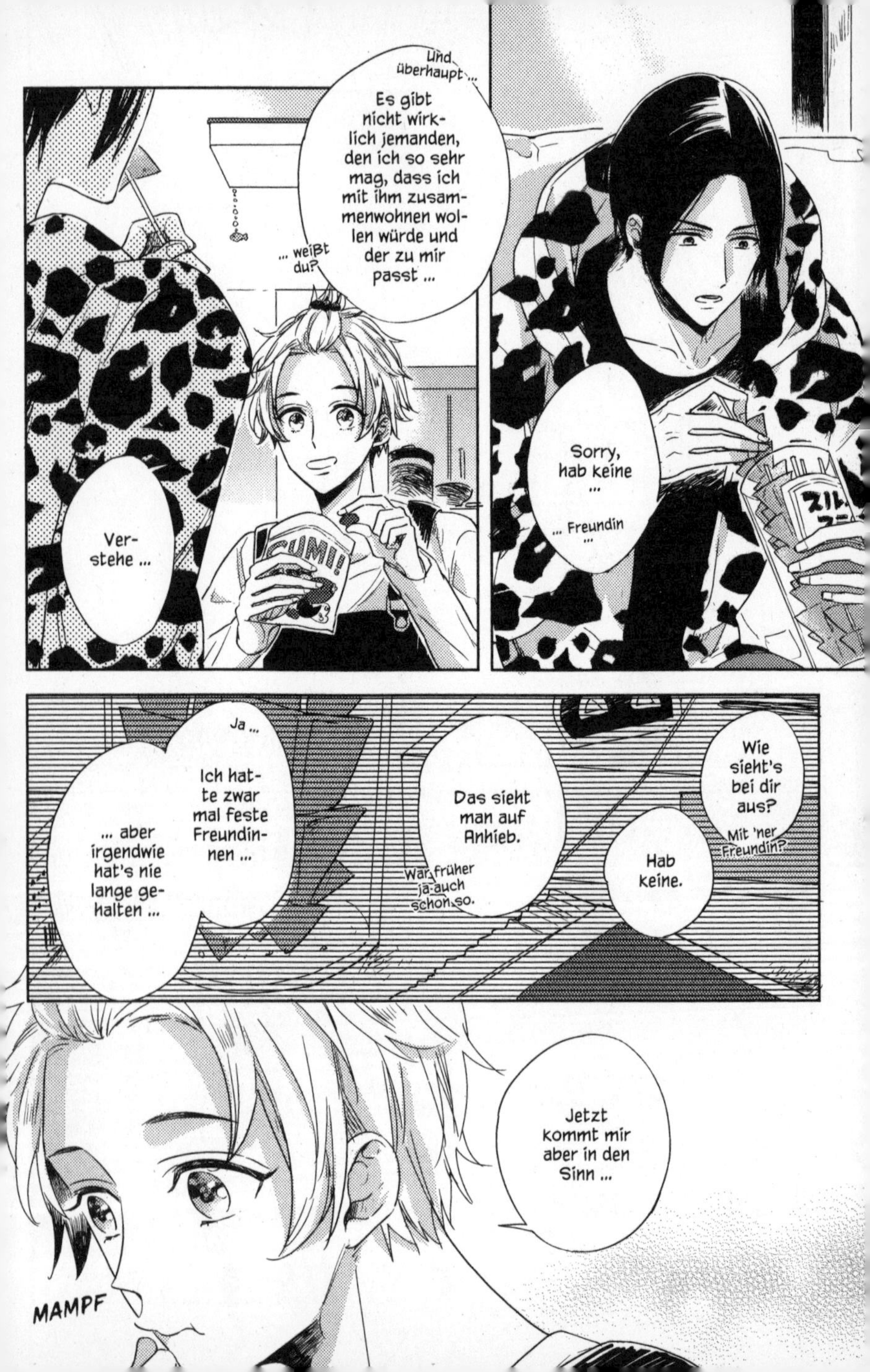

Sorry, hab keine ...
... Freundin ...
Und überhaupt ...
Es gibt nicht wirklich jemanden, den ich so sehr mag, dass ich mit ihm zusammenwohnen wollen würde und der zu mir passt ...
... weißt du?
Verstehe ...
Wie sieht's bei dir aus?
Mit 'ner Freundin?
Hab keine.
Das sieht man auf Anhieb.
War früher ja auch schon so.
Ja ...
Ich hatte zwar mal feste Freundinnen ...
... aber irgendwie hat's nie lange gehalten ...
Jetzt kommt mir aber in den Sinn ...
MAMPF

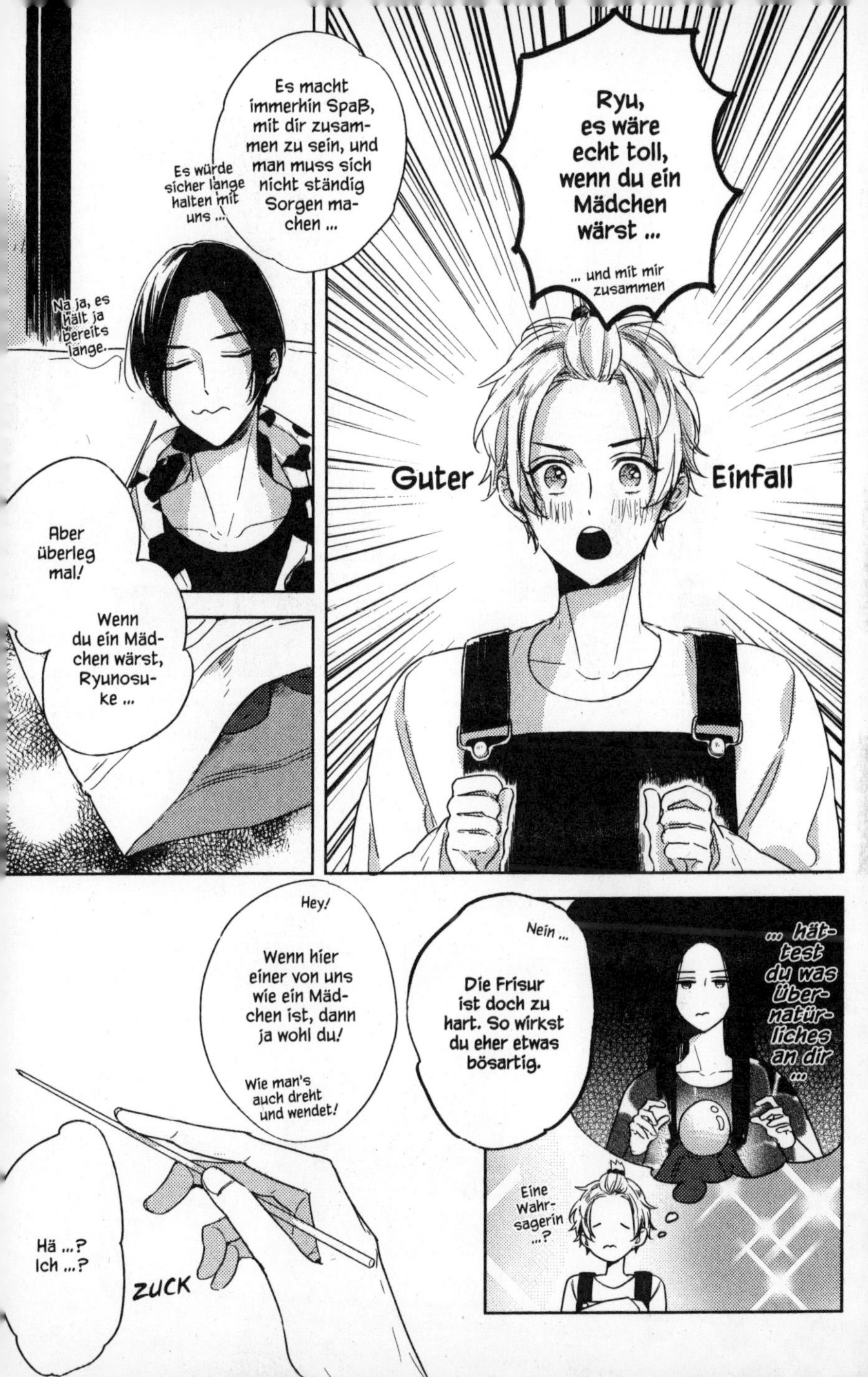

Ryu, es wäre echt toll, wenn du ein Mädchen wärst ...
... und mit mir zusammen
Es macht immerhin Spaß, mit dir zusammen zu sein, und man muss sich nicht ständig Sorgen machen ...
Es würde sicher lange halten mit uns ...
Na ja, es hält ja bereits lange.
Guter Einfall
Aber überleg mal!
Wenn du ein Mädchen wärst, Ryunosuke ...
... hättest du was Übernatürliches an dir ...
Nein ...
Die Frisur ist doch zu hart. So wirkst du eher etwas bösartig.
Eine Wahrsagerin ...?
Hey!
Wenn hier einer von uns wie ein Mädchen ist, dann ja wohl du!
Wie man's auch dreht und wendet!
Hä ...? Ich ...?
ZUCK

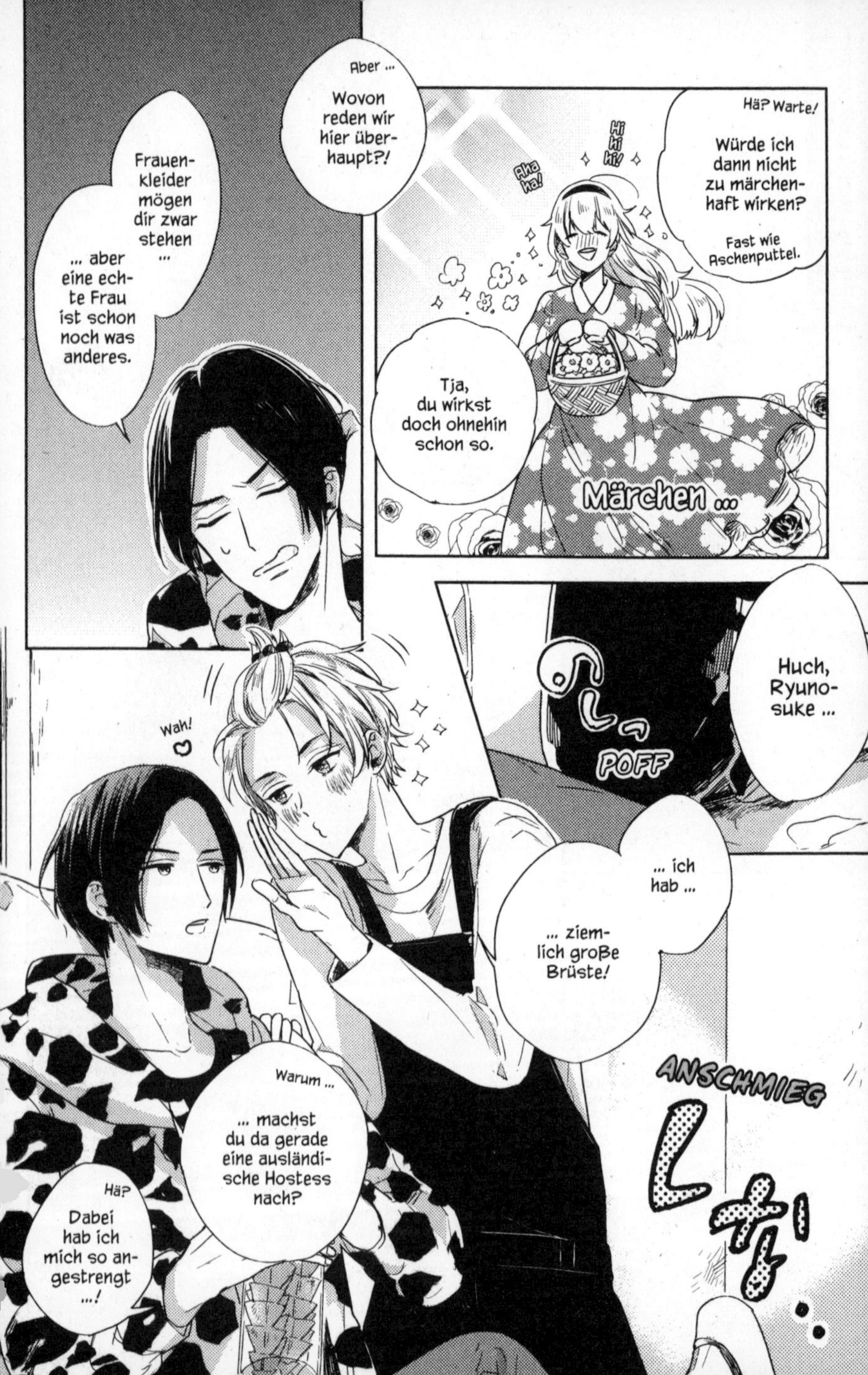
Hä? Warte!
Würde ich dann nicht zu märchenhaft wirken?
Fast wie Aschenputtel.
Hi hi hi!
Aha ha!
Tja, du wirkst doch ohnehin schon so.
Märchen ...
Aber ...
Wovon reden wir hier überhaupt?!
Frauenkleider mögen dir zwar stehen ...
... aber eine echte Frau ist schon noch was anderes.
Huch, Ryunosuke ...
POFF
... ich hab ...
... ziemlich große Brüste!
ANSCHMIEG
Wah!
Warum ...
... machst du da gerade eine ausländische Hostess nach?
Hä?
Dabei hab ich mich so angestrengt ...!

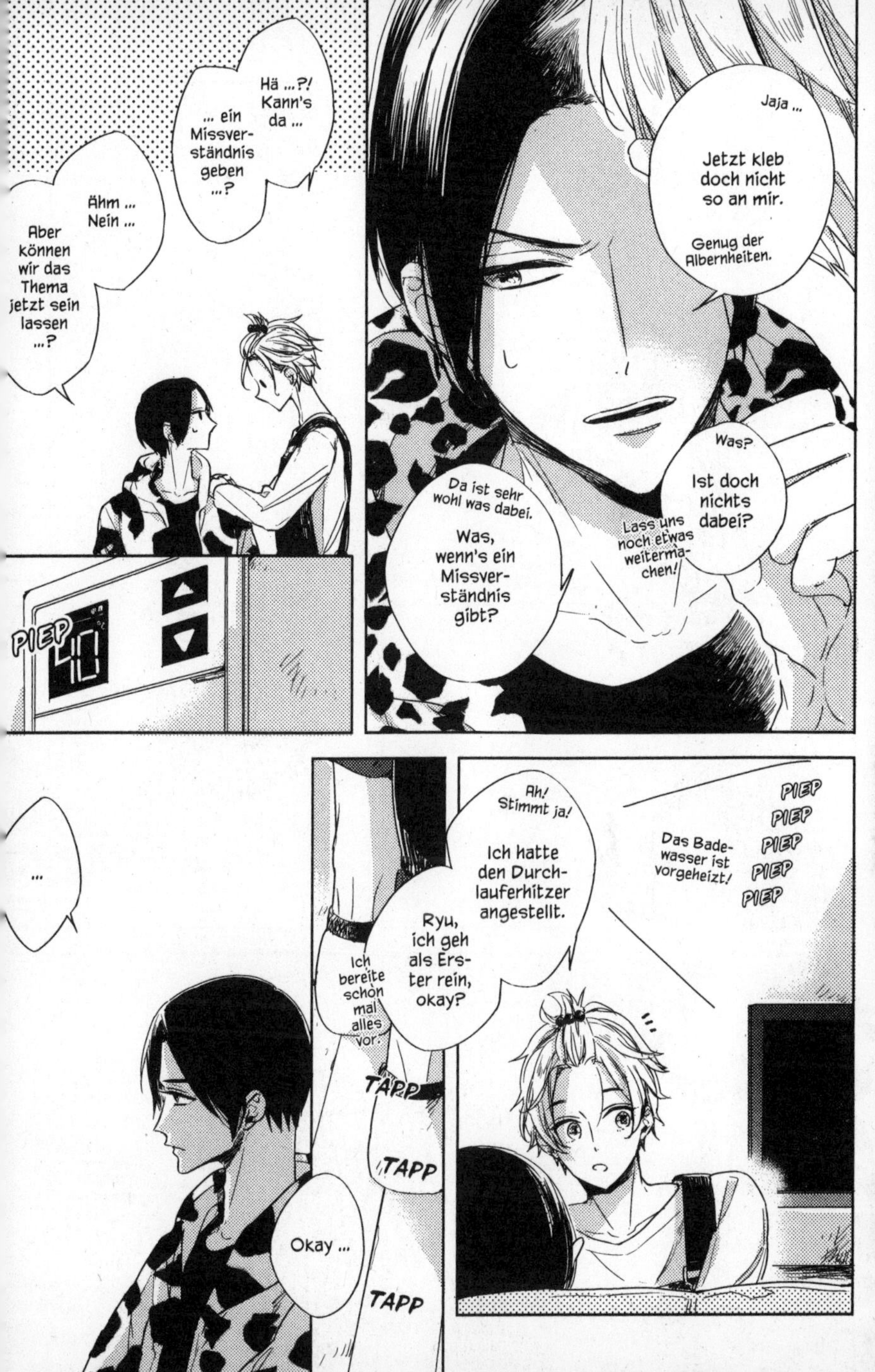
Jaja ...
Jetzt kleb doch nicht so an mir.
Genug der Albernheiten.
Was?
Ist doch nichts dabei?
Lass uns noch etwas weitermachen!
Da ist sehr wohl was dabei.
Was, wenn's ein Missverständnis gibt?
Hä ...?! Kann's da ...
... ein Missverständnis geben ...?
Ähm ... Nein ...
Aber können wir das Thema jetzt sein lassen ...?
PIEP
PIEP
PIEP
PIEP
PIEP
PIEP
Das Badewasser ist vorgeheizt!
Ah! Stimmt ja!
Ich hatte den Durchlauferhitzer angestellt.
Ryu, ich geh als Erster rein, okay?
Ich bereite schon mal alles vor.
...
TAPP
TAPP
Okay ...
TAPP

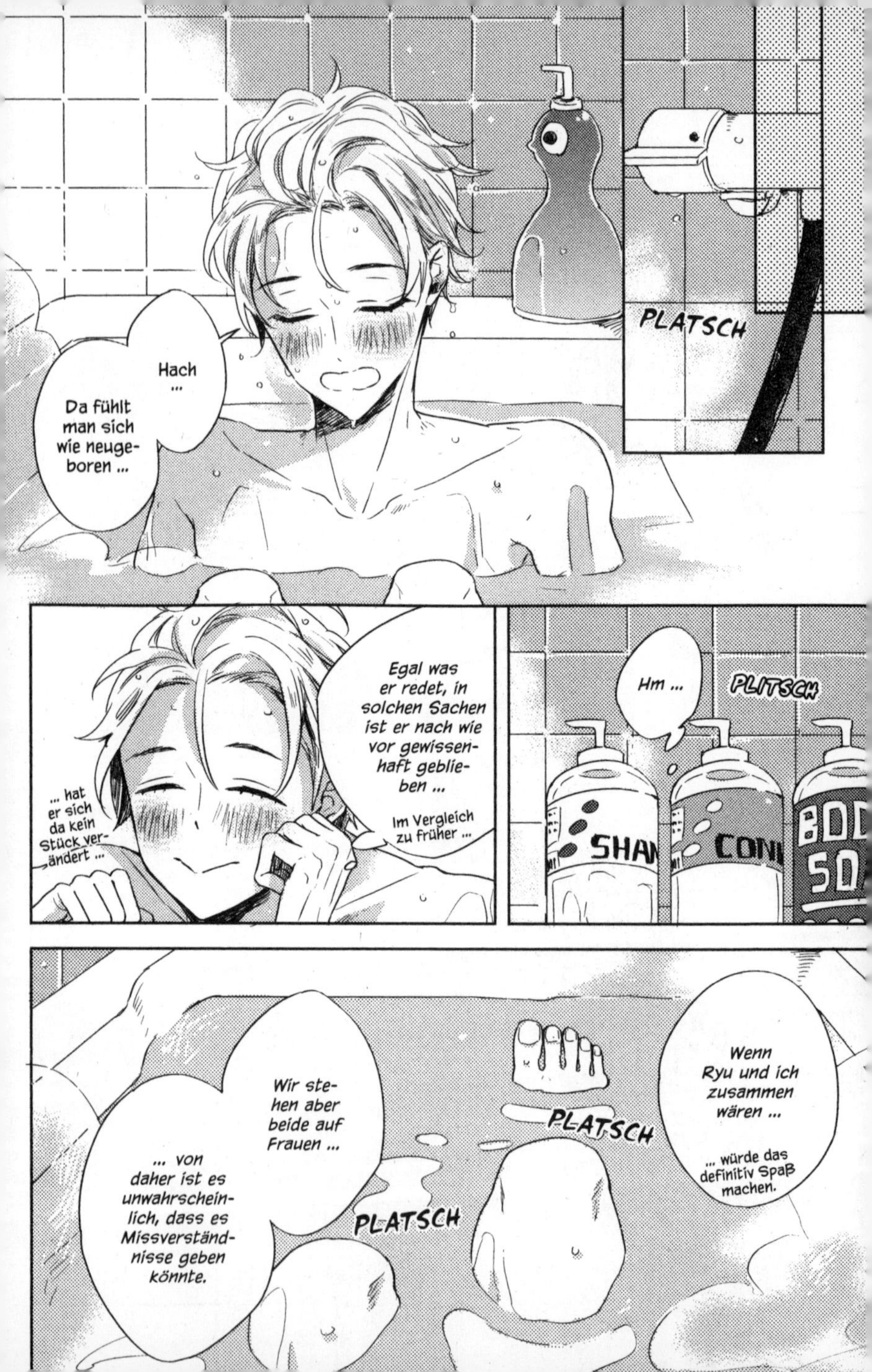

PLATSCH
Hach ...
Da fühlt man sich wie neugeboren ...
PLITSCH
Hm ...
SHAM
CON
BOD SO
Egal was er redet, in solchen Sachen ist er nach wie vor gewissenhaft geblieben ...
Im Vergleich zu früher ...
... hat er sich da kein Stück verändert ...
Wenn Ryu und ich zusammen wären ...
... würde das definitiv Spaß machen.
PLATSCH
Wir stehen aber beide auf Frauen ...
... von daher ist es unwahrscheinlich, dass es Missverständnisse geben könnte.
PLATSCH

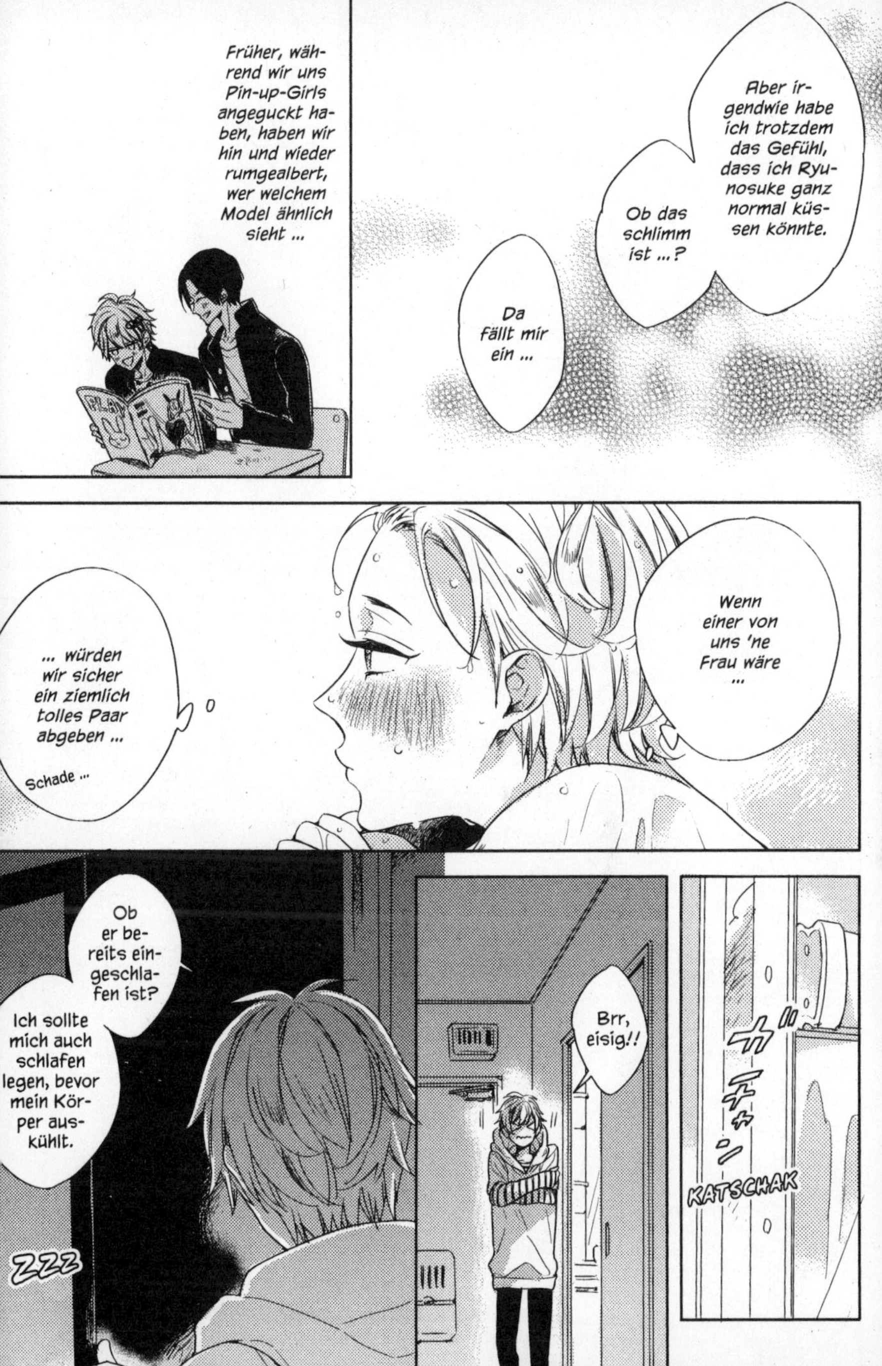
Aber irgendwie habe ich trotzdem das Gefühl, dass ich Ryunosuke ganz normal küssen könnte.
Ob das schlimm ist ...?
Da fällt mir ein ...
Früher, während wir uns Pin-up-Girls angeguckt haben, haben wir hin und wieder rumgealbert, wer welchem Model ähnlich sieht ...
Wenn einer von uns 'ne Frau wäre ...
... würden wir sicher ein ziemlich tolles Paar abgeben ...
Schade ...
KATSCHAK
Brr, eisig!!
Ob er bereits eingeschlafen ist?
Ich sollte mich auch schlafen legen, bevor mein Körper auskühlt.
ZZZ

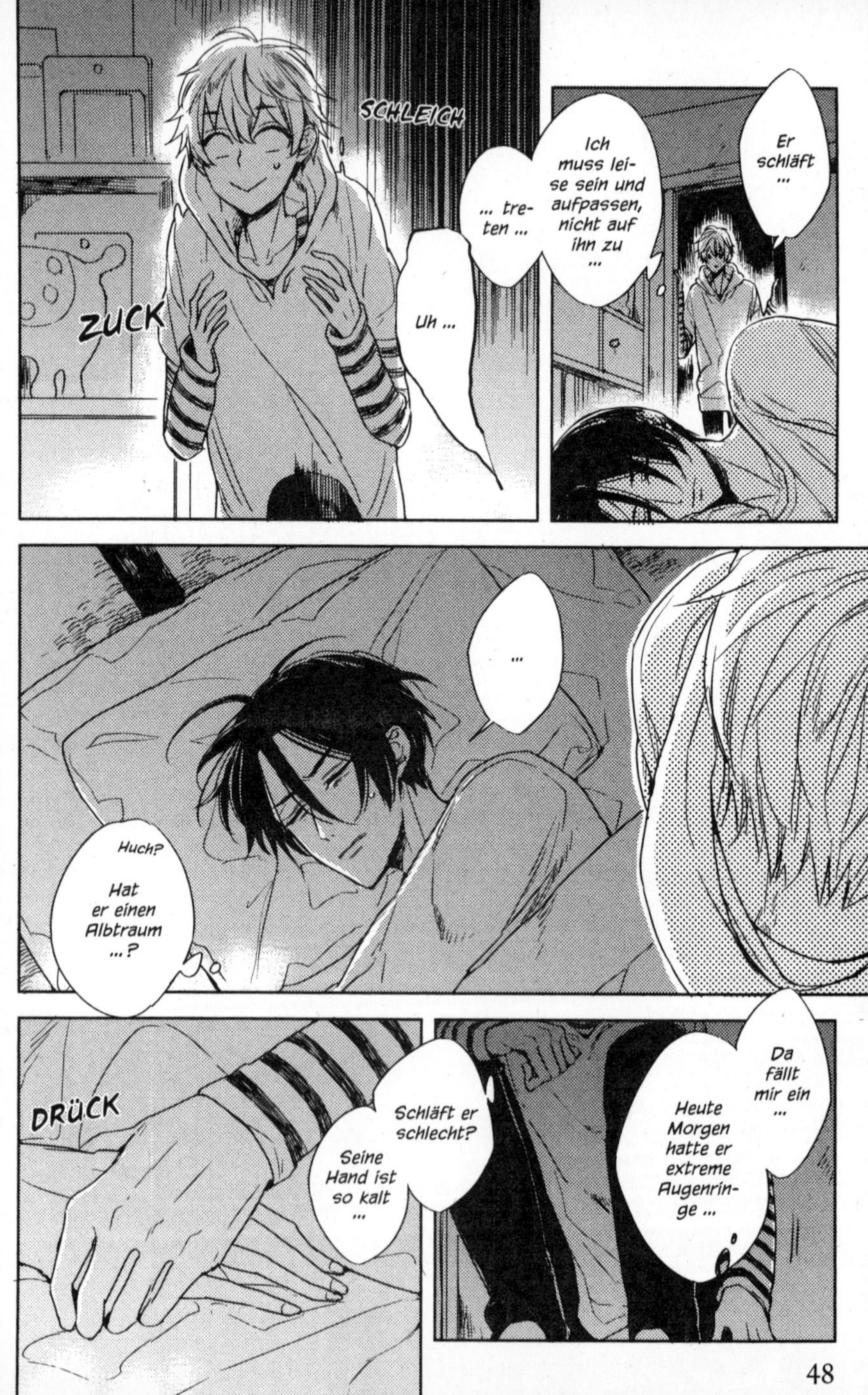

Er schläft ...
Ich muss leise sein und aufpassen, nicht auf ihn zu ...
... treten ...
SCHLEICH
Uh ...
ZUCK
...
Huch? Hat er einen Albtraum ...?
Da fällt mir ein ...
Heute Morgen hatte er extreme Augenringe ...
Schläft er schlecht?
Seine Hand ist so kalt ...
DRÜCK

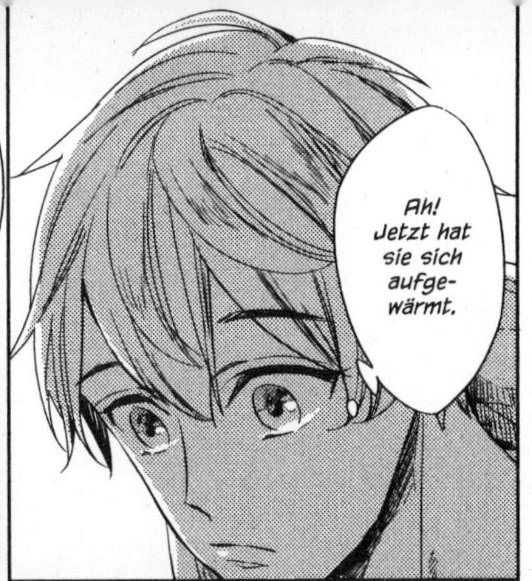
Ah! Jetzt hat sie sich aufge-wärmt.

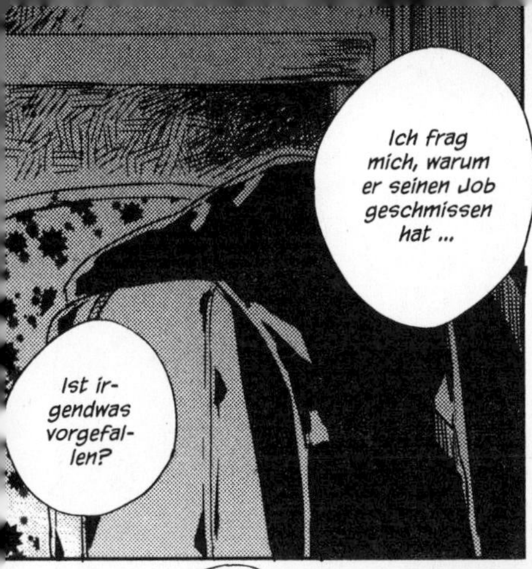
Ich frag mich, warum er seinen Job geschmissen hat ...
Ist ir-gendwas vorgefal-len?

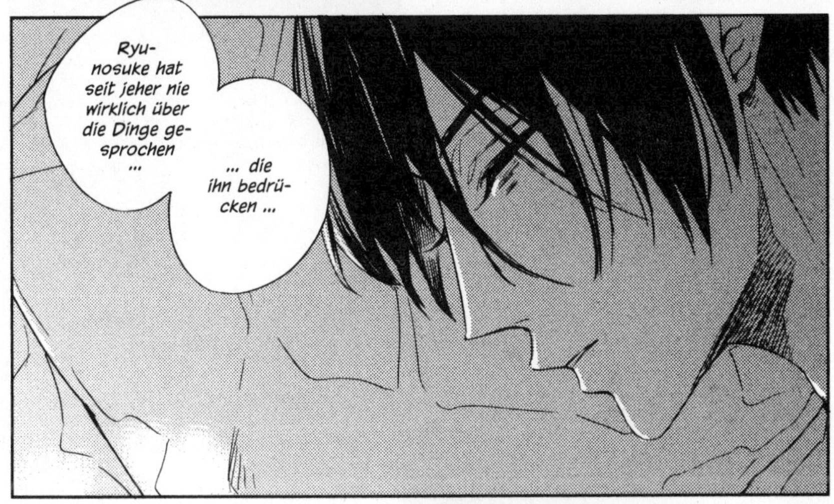
Ryu-nosuke hat seit jeher nie wirklich über die Dinge ge-sprochen ...
... die ihn bedrü-cken ...

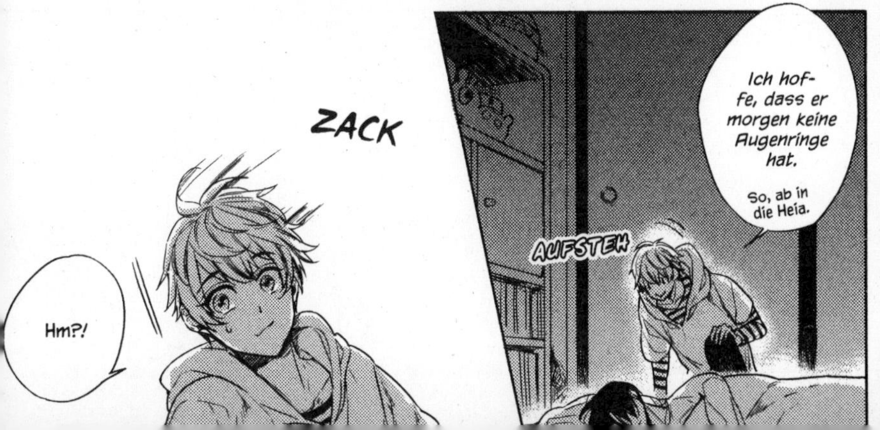
Ich hof-fe, dass er morgen keine Augenringe hat.
So, ab in die Heia.
AUFSTEH
ZACK
Hm?!

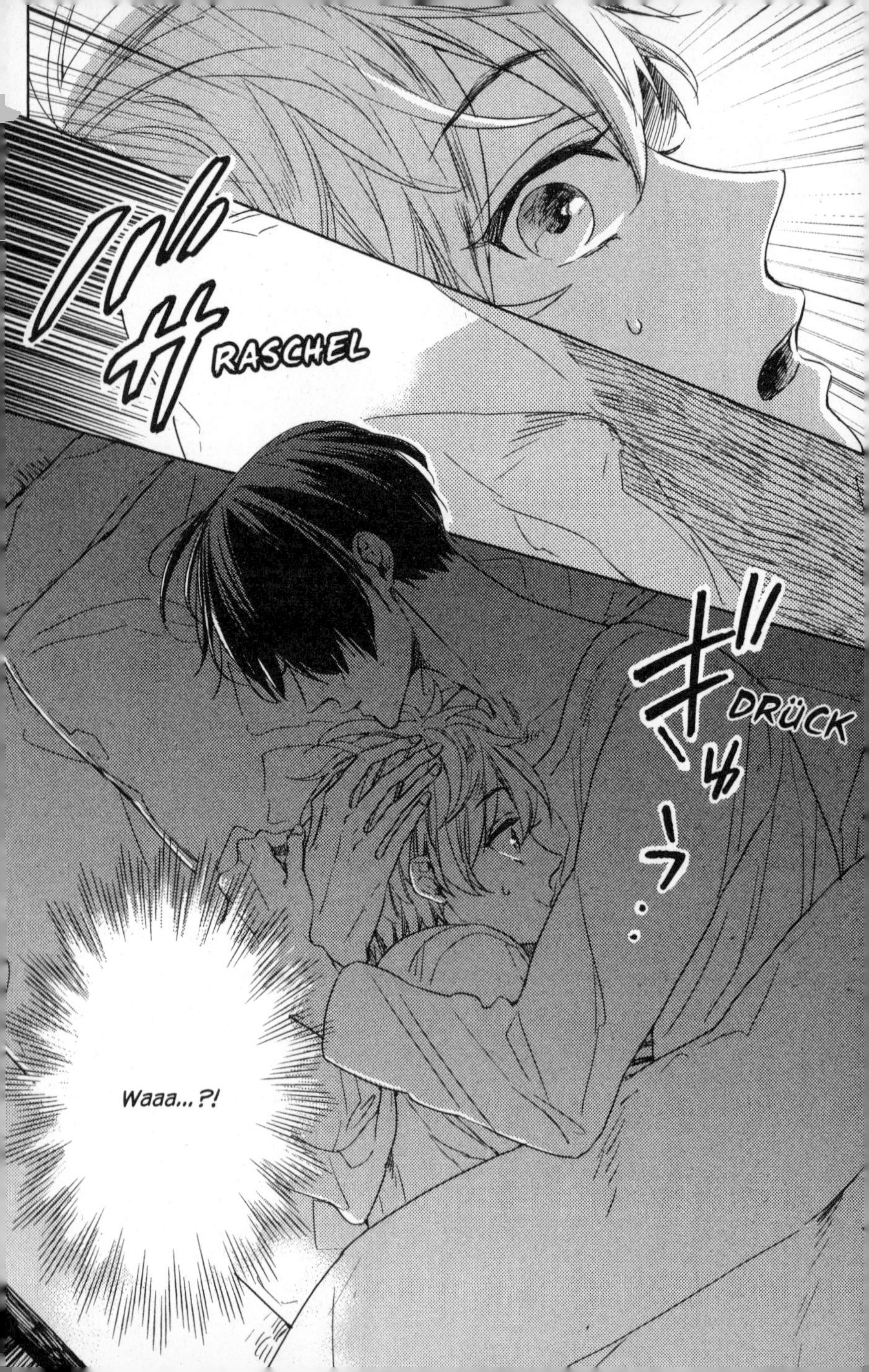
RASCHEL
DRÜCK
Waaa...?!

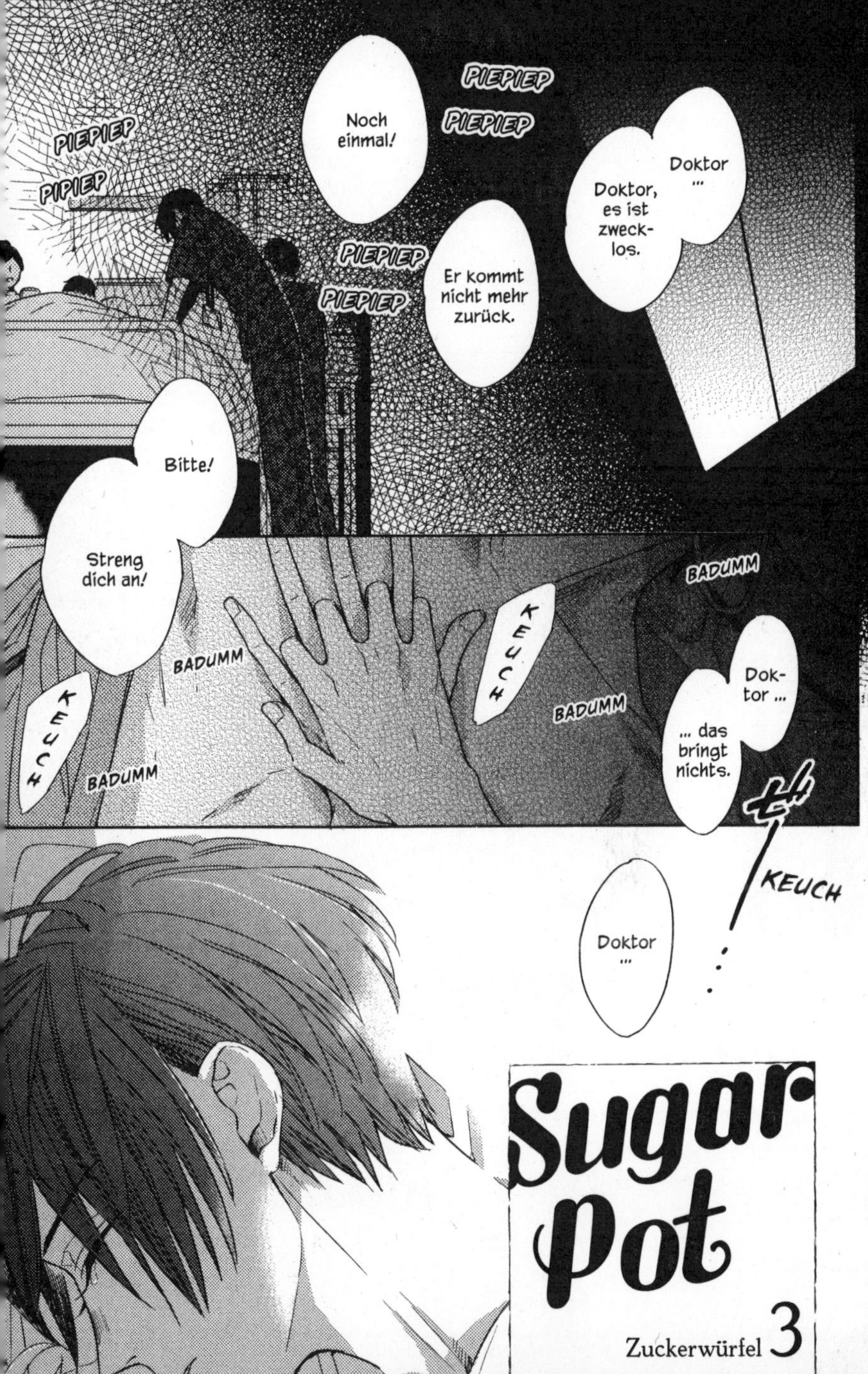
Doktor ...
Doktor, es ist zweck-los.
PIEPIEP
PIEPIEP
Noch einmal!
Er kommt nicht mehr zurück.
PIEPIEP
PIEPIEP
PIEPIEP
PIPIEP
Bitte!
Streng dich an!
BADUMM
Dok-tor ...
... das bringt nichts.
KEUCH
BADUMM
BADUMM
KEUCH
BADUMM
KEUCH
KEUCH
Doktor ...
Sugar Pot
Zuckerwürfel 3

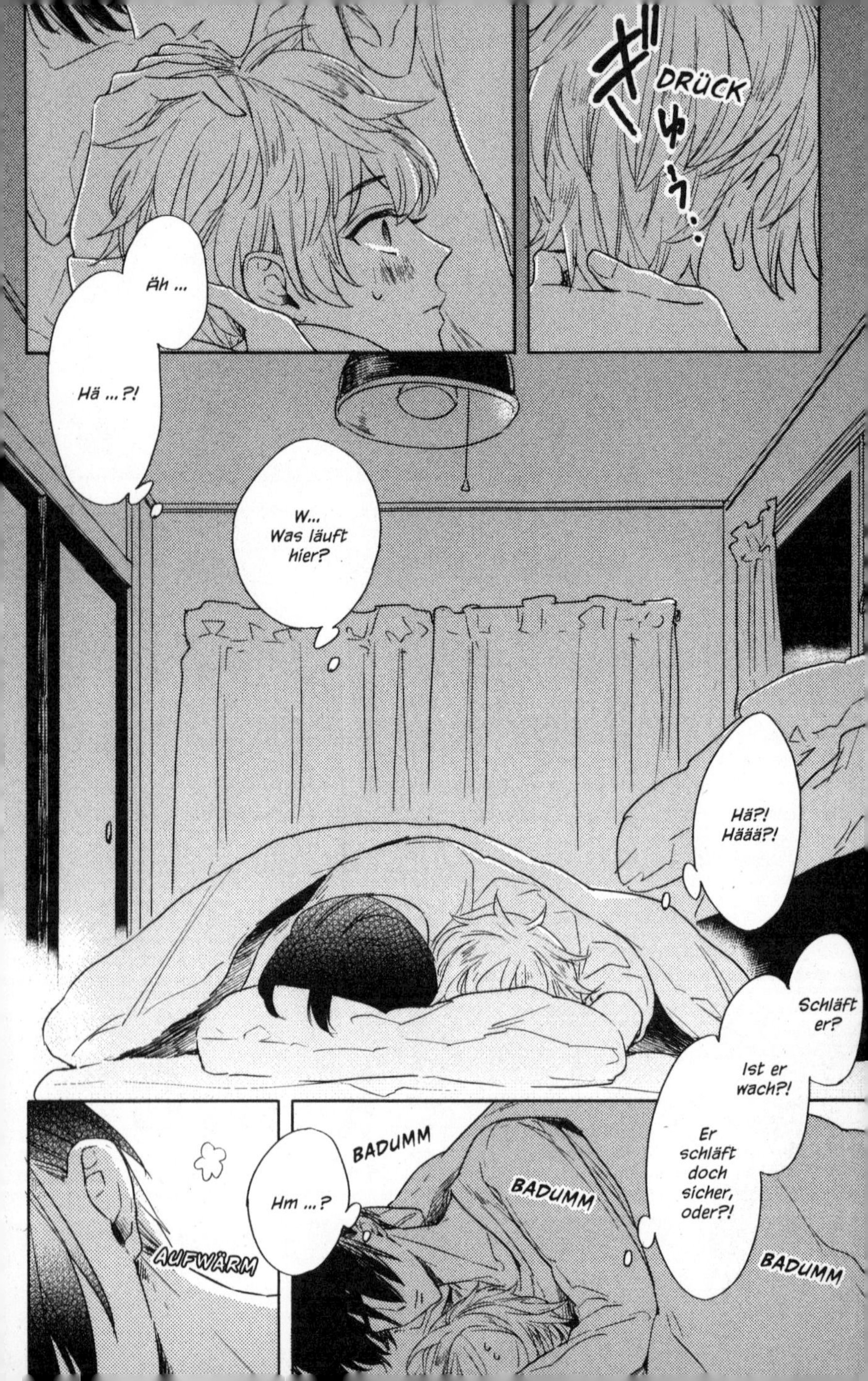

ぎゅう‥
DRÜCK
Äh ...
Hä ...?!
W... Was läuft hier?
Hä?! Häää?!
Schläft er?
Ist er wach?!
Er schläft doch sicher, oder?!
BADUMM
BADUMM
BADUMM
Hm ...?
AUFWÄRM

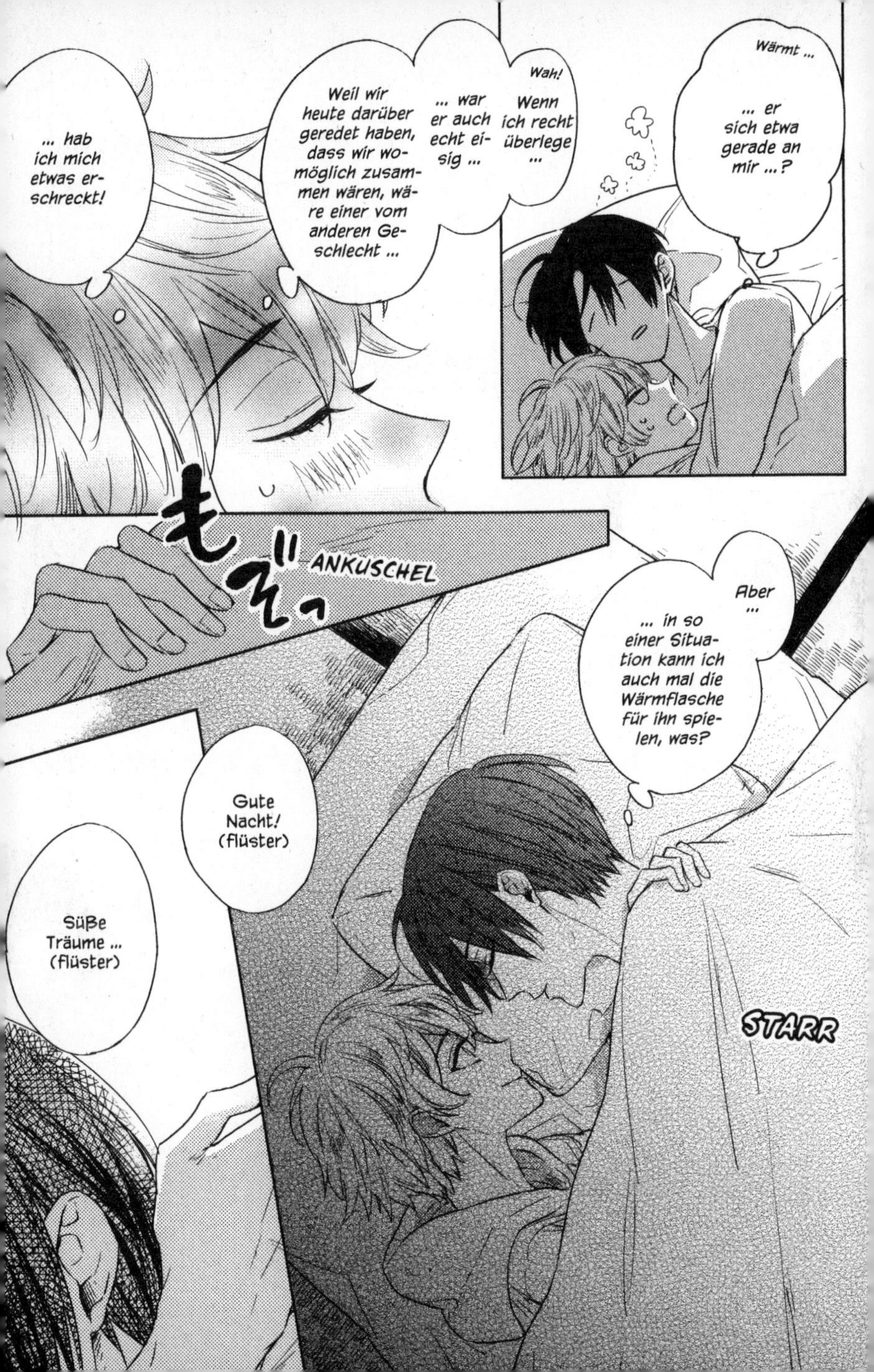
Wärmt ...
... er sich etwa gerade an mir ...?
Wah!
Wenn ich recht überlege ...
... war er auch echt eisig ...
Weil wir heute darüber geredet haben, dass wir womöglich zusammen wären, wäre einer vom anderen Geschlecht ...
... hab ich mich etwas erschreckt!
ANKUSCHEL
Aber ...
... in so einer Situation kann ich auch mal die Wärmflasche für ihn spielen, was?
STARR
Gute Nacht! (flüster)
Süße Träume ... (flüster)

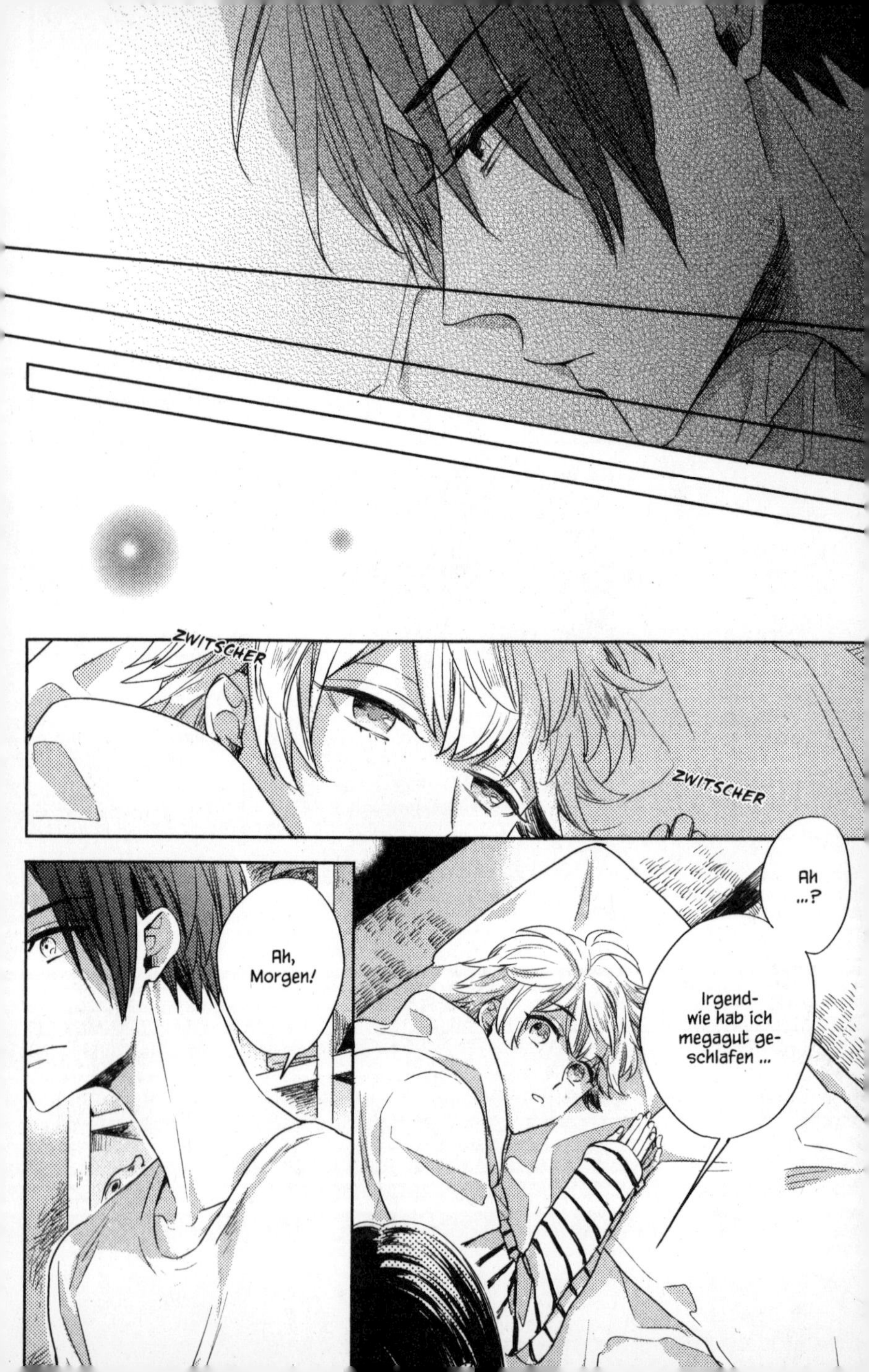
ZWITSCHER
ZWITSCHER
Ah …?
Irgendwie hab ich megagut geschlafen …
Ah, Morgen!

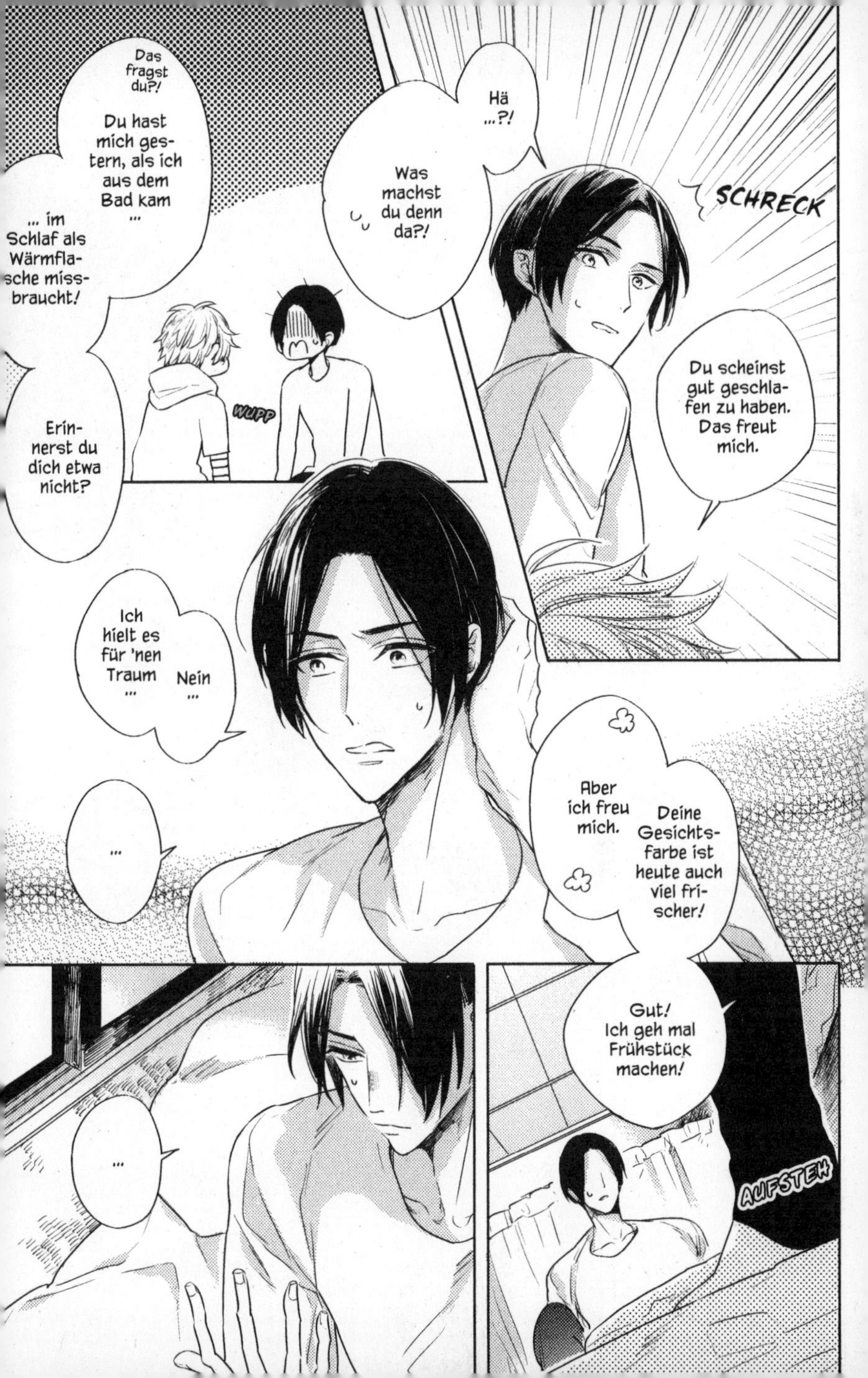
Hä ...?!
SCHRECK
Du scheinst gut geschlafen zu haben. Das freut mich.
Was machst du denn da?!
WUPP
Das fragst du?!
Du hast mich gestern, als ich aus dem Bad kam ...
... im Schlaf als Wärmflasche missbraucht!
Erinnerst du dich etwa nicht?
Deine Gesichtsfarbe ist heute auch viel frischer!
Aber ich freu mich.
Nein ...
Ich hielt es für 'nen Traum ...
...
Gut! Ich geh mal Frühstück machen!
AUFSTEH
...

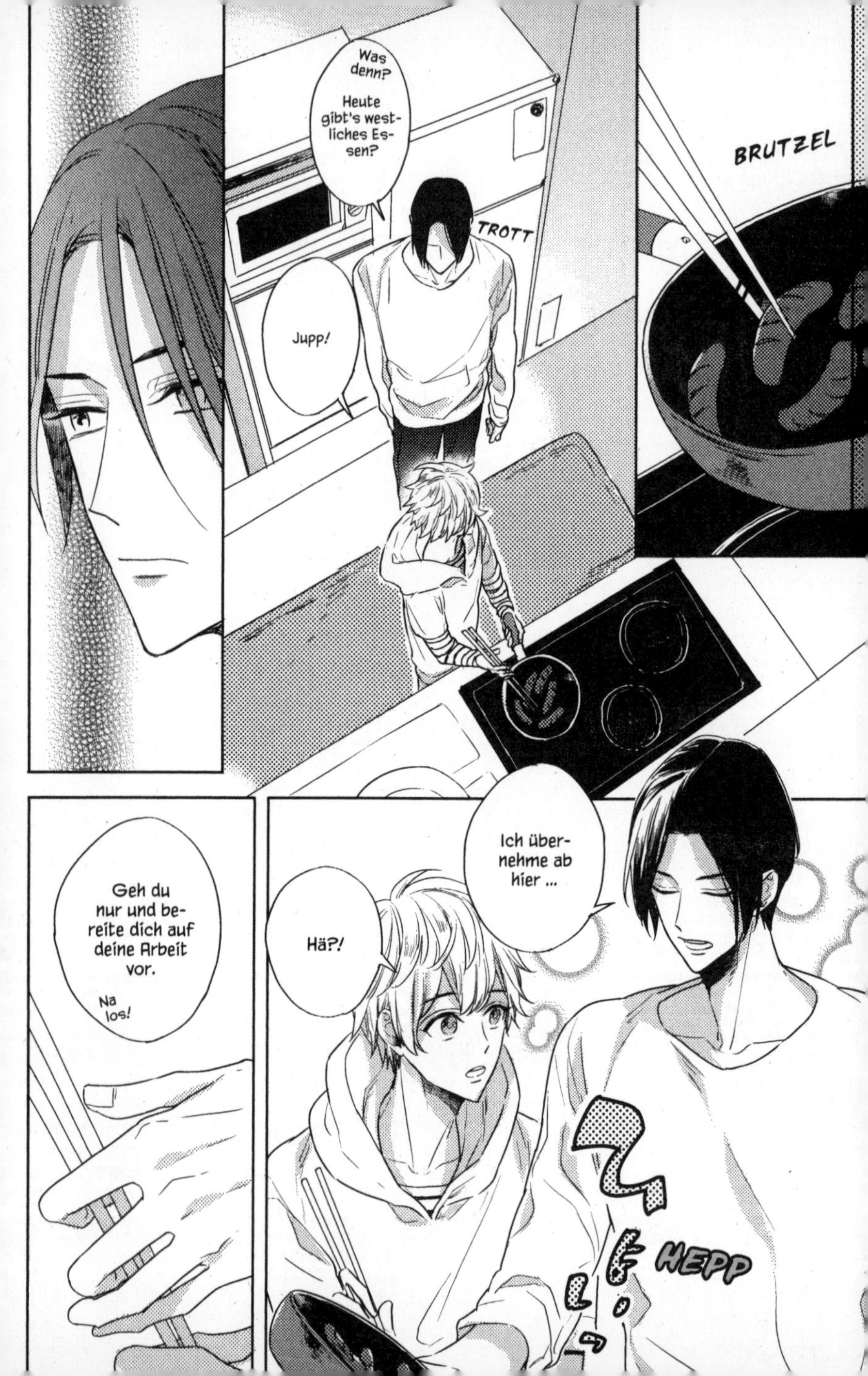
BRUTZEL
Was denn? Heute gibt's westliches Essen?
TROTT
Jupp!
Ich übernehme ab hier ...
Hä?!
HEPP
Geh du nur und bereite dich auf deine Arbeit vor.
Na los!

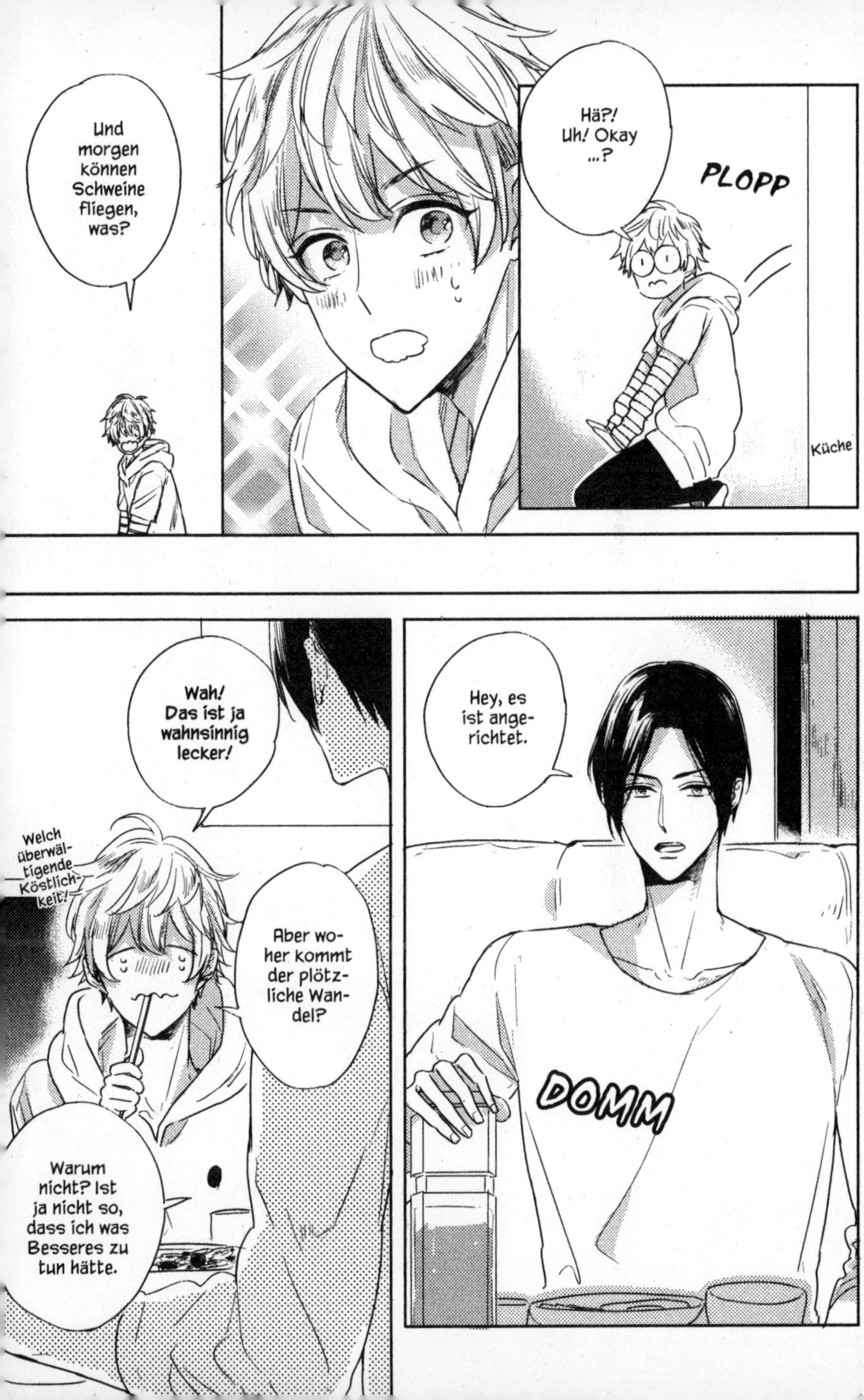

Hä?! Uh! Okay ...?

PLOPP

Küche

Und morgen können Schweine fliegen, was?

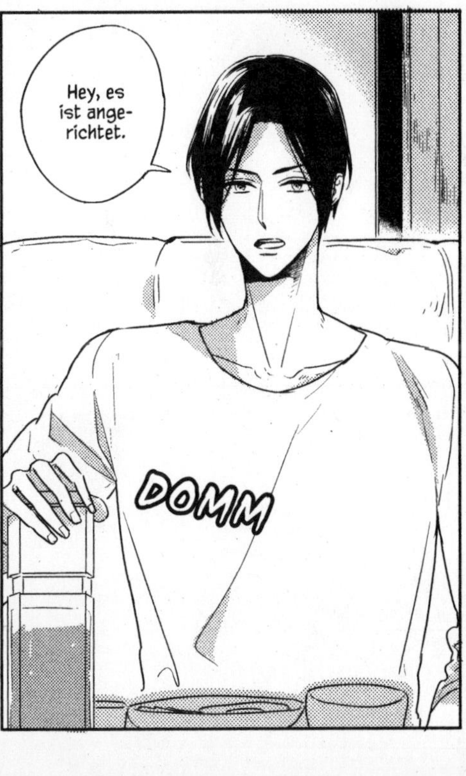

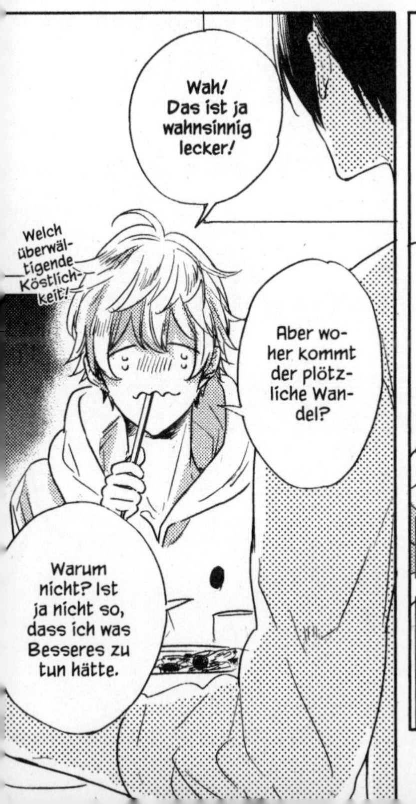

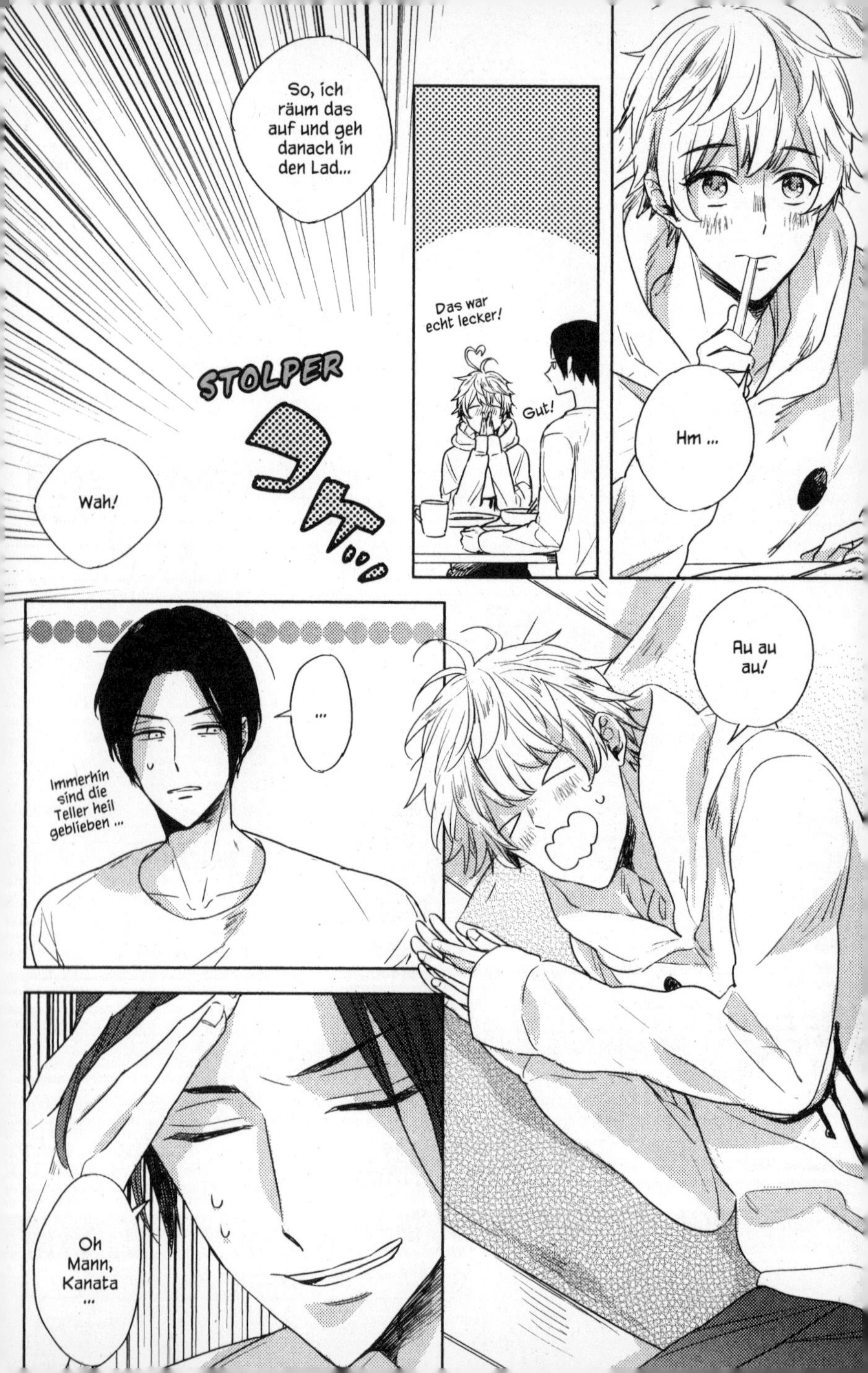
Hm ...
Das war echt lecker!
Gut!
So, ich räum das auf und geh danach in den Lad...
STOLPER
Wah!
Au au au!
...
Immerhin sind die Teller heil geblieben ...
Oh Mann, Kanata ...

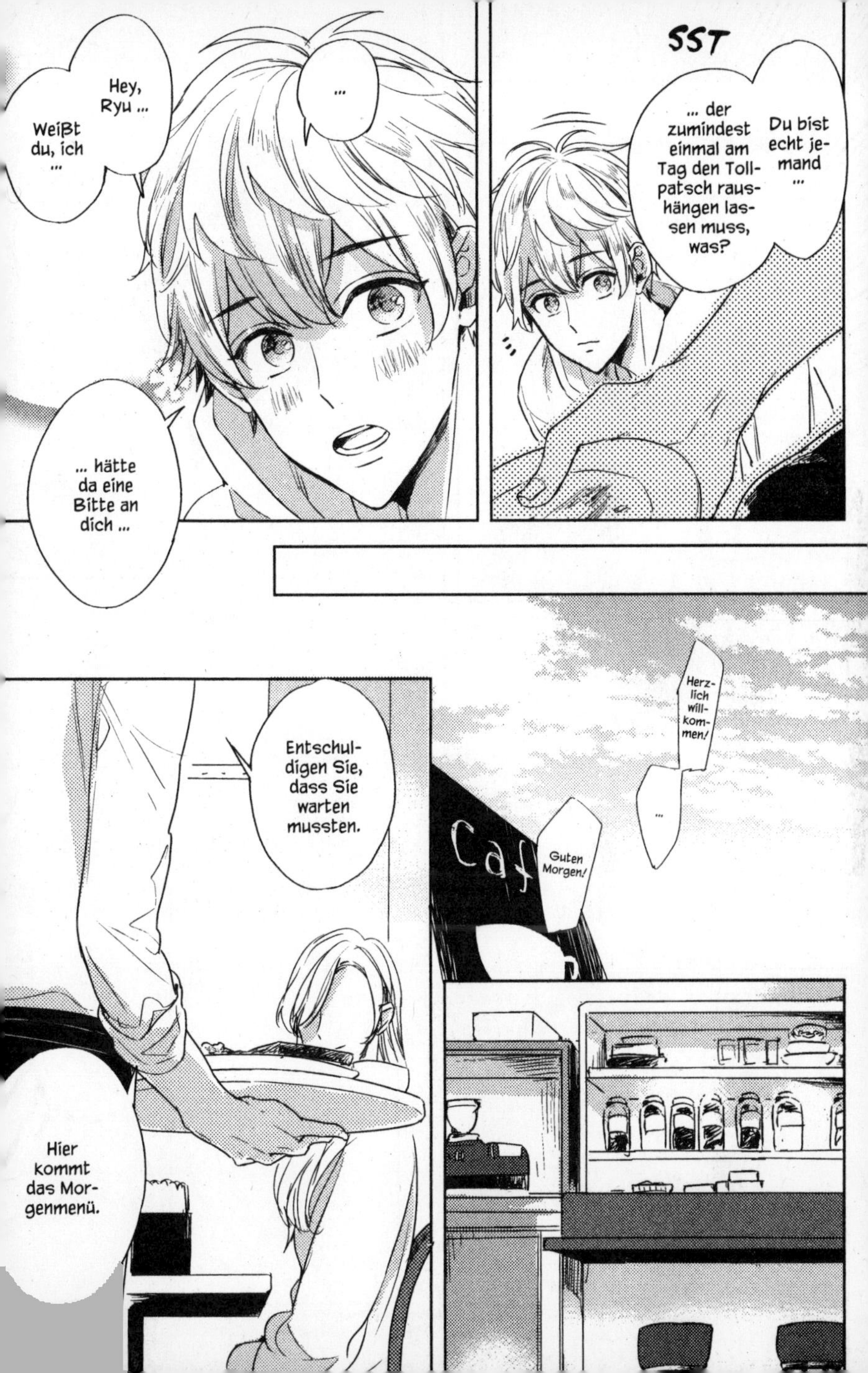
SST
Du bist echt jemand ...
... der zumindest einmal am Tag den Tollpatsch raushängen lassen muss, was?
...
Hey, Ryu ...
Weißt du, ich ...
... hätte da eine Bitte an dich ...
Herzlich willkommen!
...
Guten Morgen!
Entschuldigen Sie, dass Sie warten mussten.
Hier kommt das Morgenmenü.

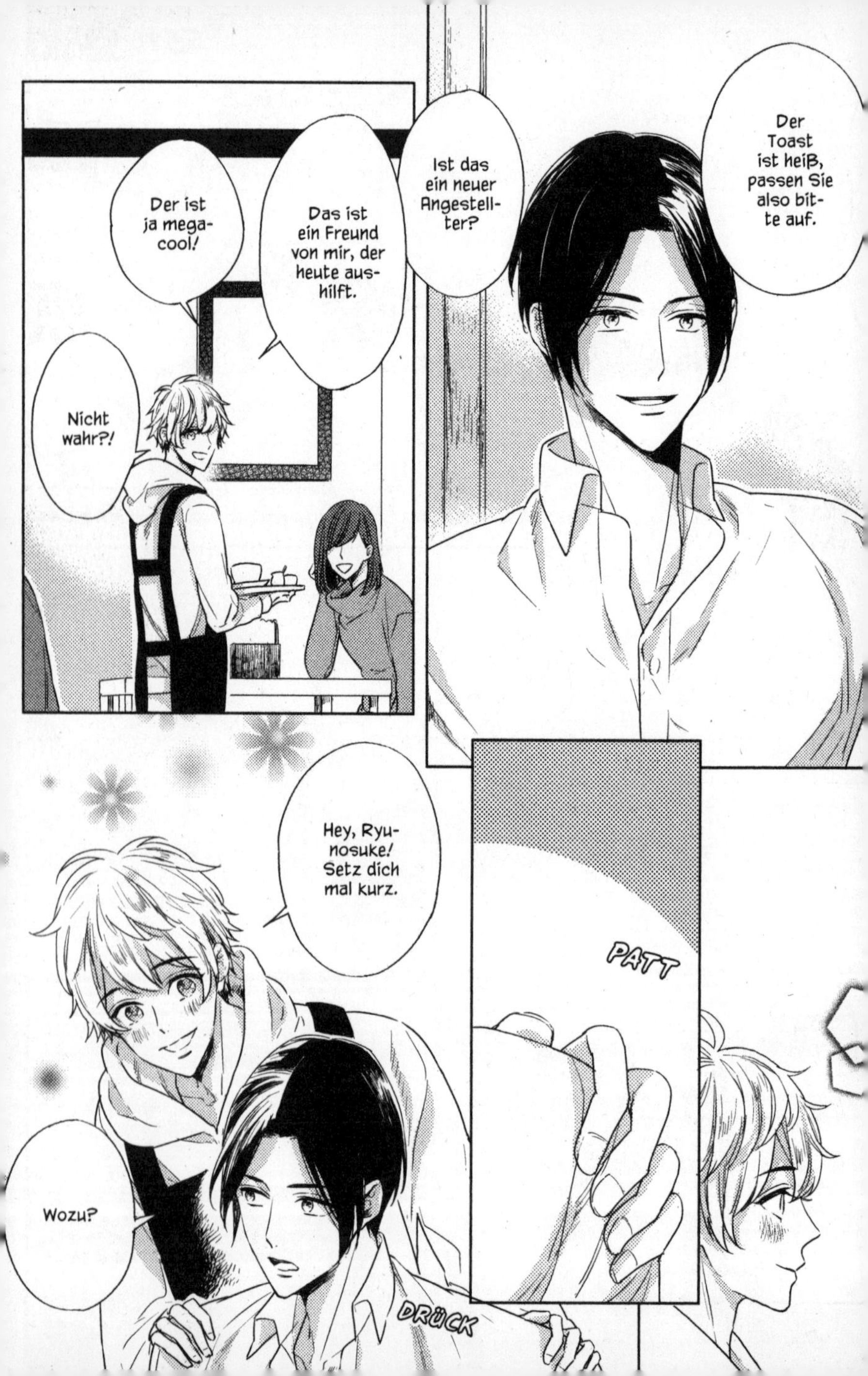
Der Toast ist heiß, passen Sie also bitte auf.
Ist das ein neuer Angestellter?
Das ist ein Freund von mir, der heute aushilft.
Der ist ja mega-cool!
Nicht wahr?!
PATT
Hey, Ryunosuke! Setz dich mal kurz.
Wozu?
DRÜCK

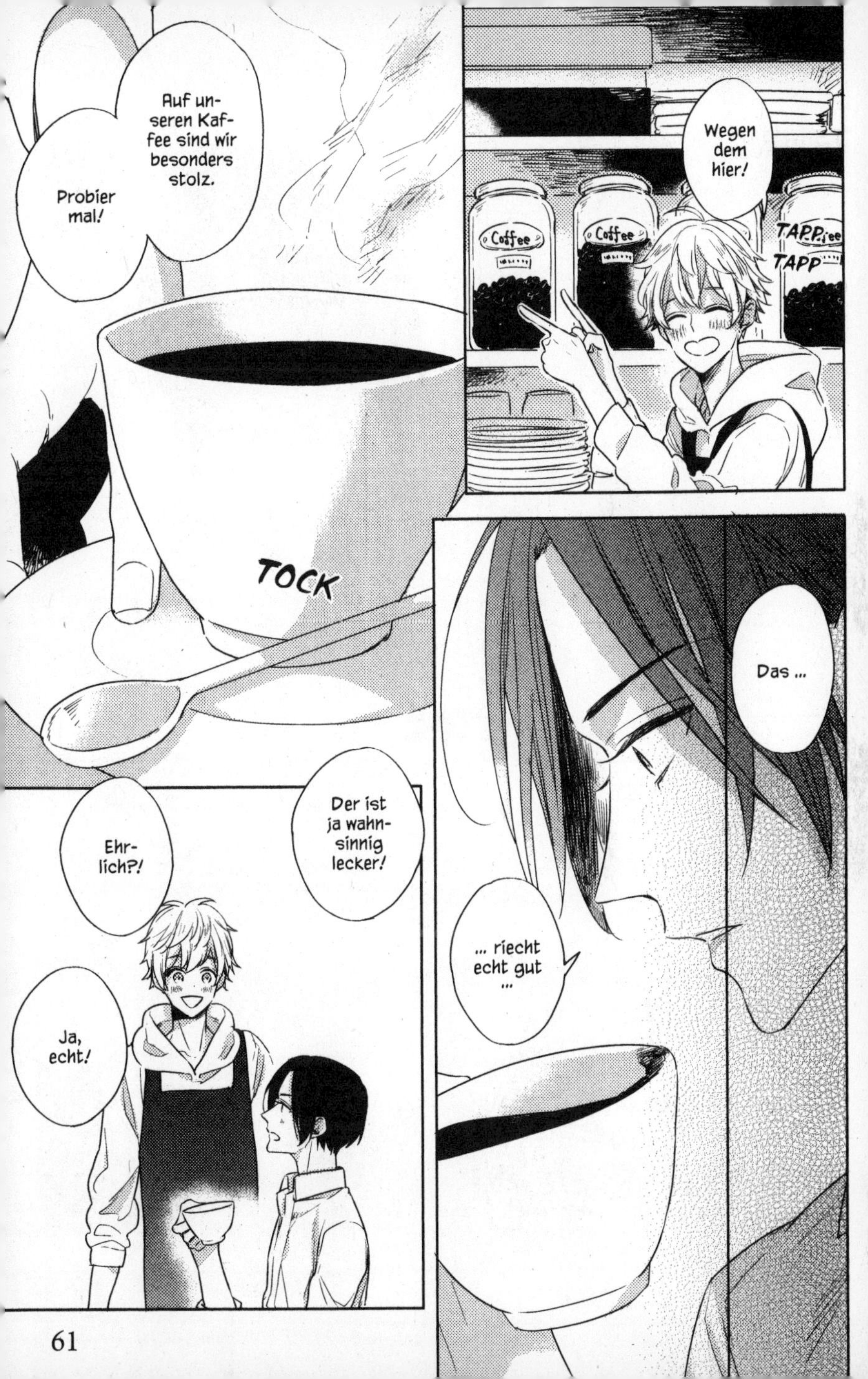
Wegen dem hier!
TAPP TAPP
Auf unseren Kaffee sind wir besonders stolz.
Probier mal!
TOCK
Das ...
... riecht echt gut ...
Der ist ja wahnsinnig lecker!
Ehrlich?!
Ja, echt!

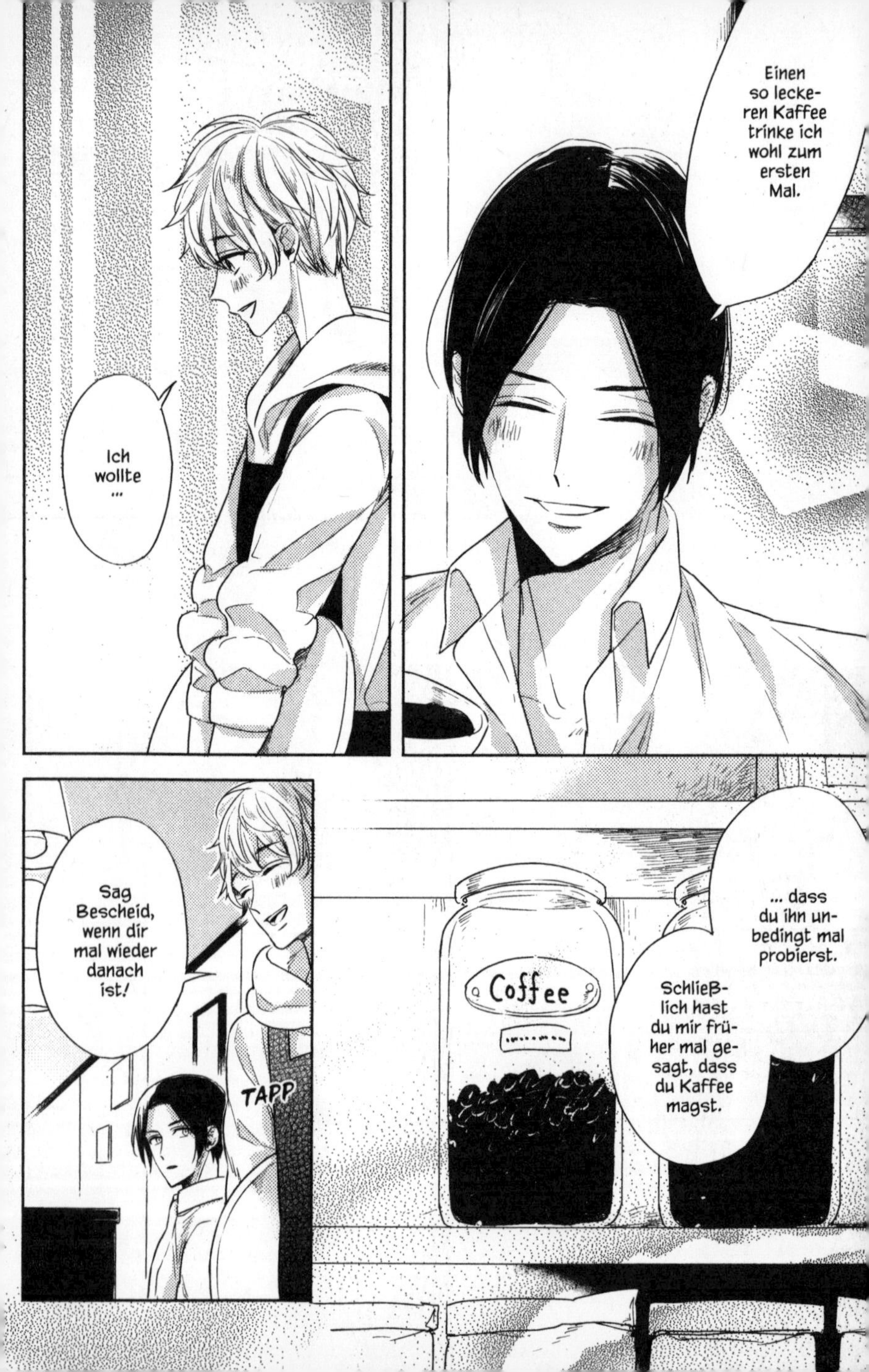
Einen so leckeren Kaffee trinke ich wohl zum ersten Mal.
Ich wollte ...
... dass du ihn unbedingt mal probierst.
Schließlich hast du mir früher mal gesagt, dass du Kaffee magst.
Coffee
Sag Bescheid, wenn dir mal wieder danach ist!
TAPP

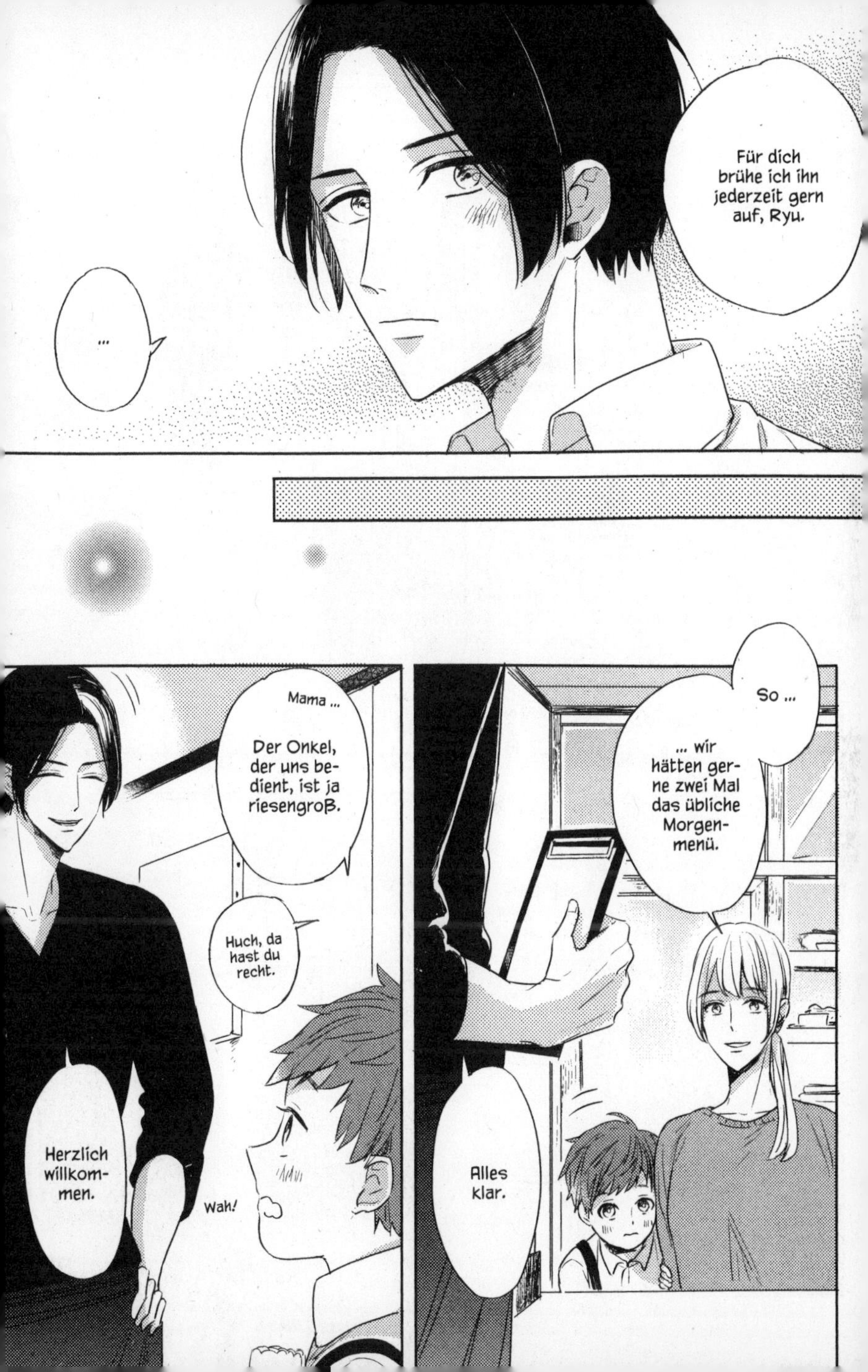

Für dich brühe ich ihn jederzeit gern auf, Ryu.

...

So ...

... wir hätten gerne zwei Mal das übliche Morgenmenü.

Alles klar.

Mama ...

Der Onkel, der uns bedient, ist ja riesengroß.

Huch, da hast du recht.

Wah!

Herzlich willkommen.

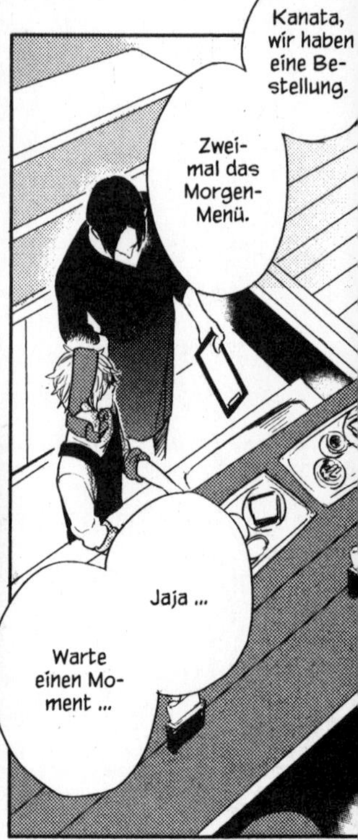
Kanata, wir haben eine Bestellung.
Zweimal das Morgen-Menü.

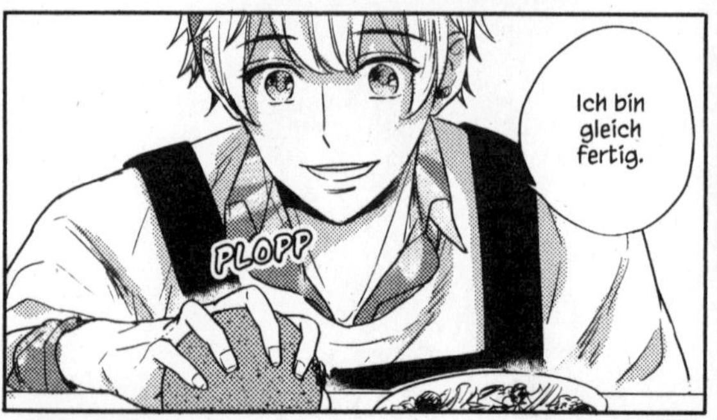
Ich bin gleich fertig.
PLOPP

Jaja ...
Warte einen Moment ...

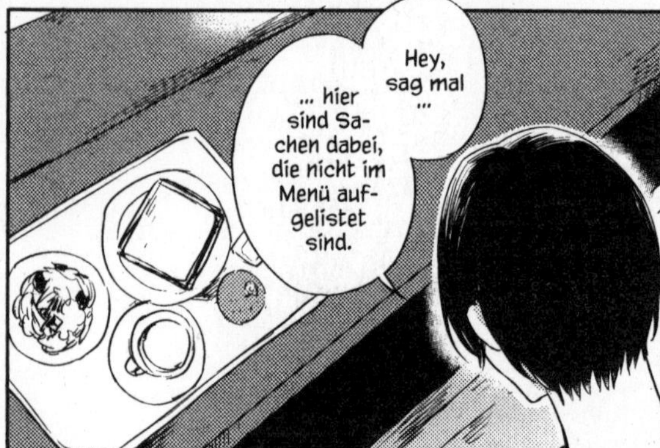
Hey, sag mal ...
... hier sind Sachen dabei, die nicht im Menü aufgelistet sind.

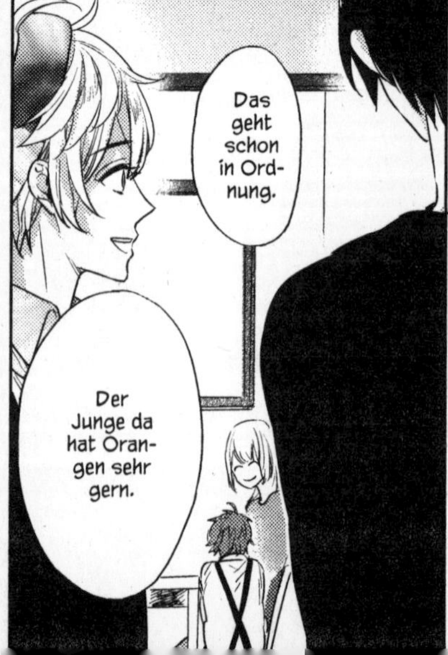
Das geht schon in Ordnung.
Der Junge da hat Orangen sehr gern.
Der Gast da drüben liebt Zimttoast.
Und der Opa dort bevorzugt Milch in seinen Kaffee.

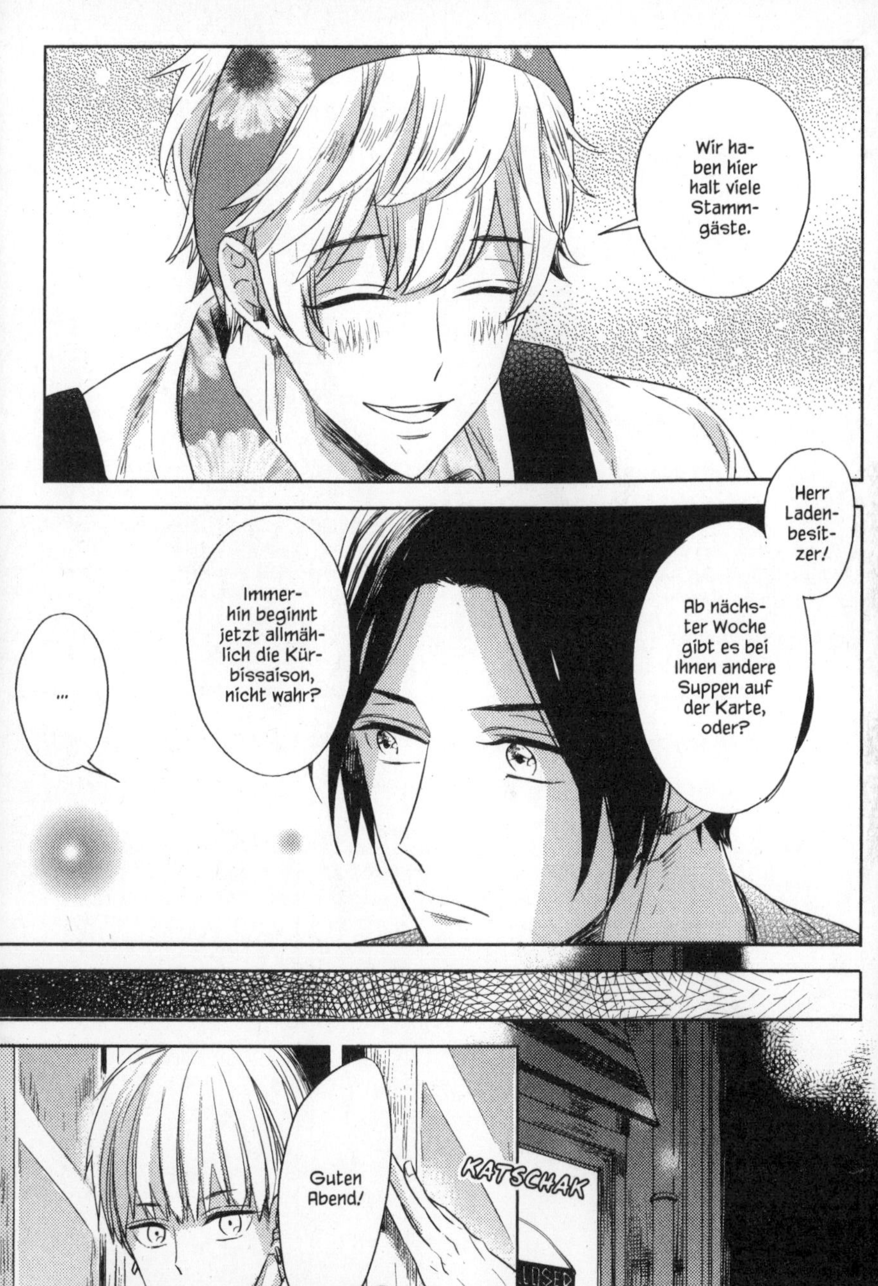
Wir haben hier halt viele Stammgäste.
Herr Ladenbesitzer!
Ab nächster Woche gibt es bei Ihnen andere Suppen auf der Karte, oder?
Immerhin beginnt jetzt allmählich die Kürbissaison, nicht wahr?
...
KATSCHAK
Guten Abend!
KNARZ

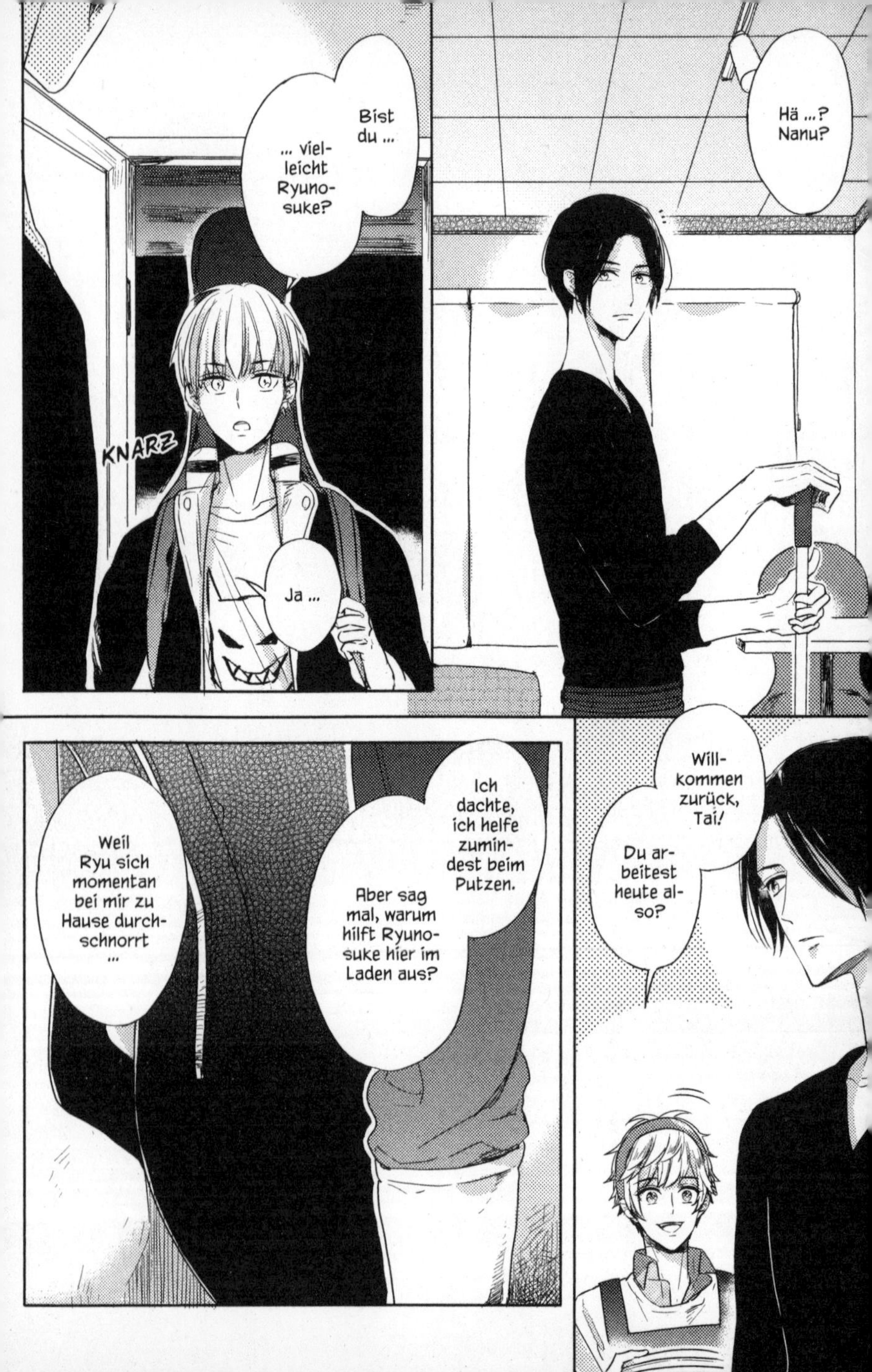
Hä ...? Nanu?
Bist du ...
... vielleicht Ryunosuke?
KNARZ
Ja ...
Willkommen zurück, Tai!
Du arbeitest heute also?
Ich dachte, ich helfe zumindest beim Putzen.
Aber sag mal, warum hilft Ryunosuke hier im Laden aus?
Weil Ryu sich momentan bei mir zu Hause durchschnorrt ...

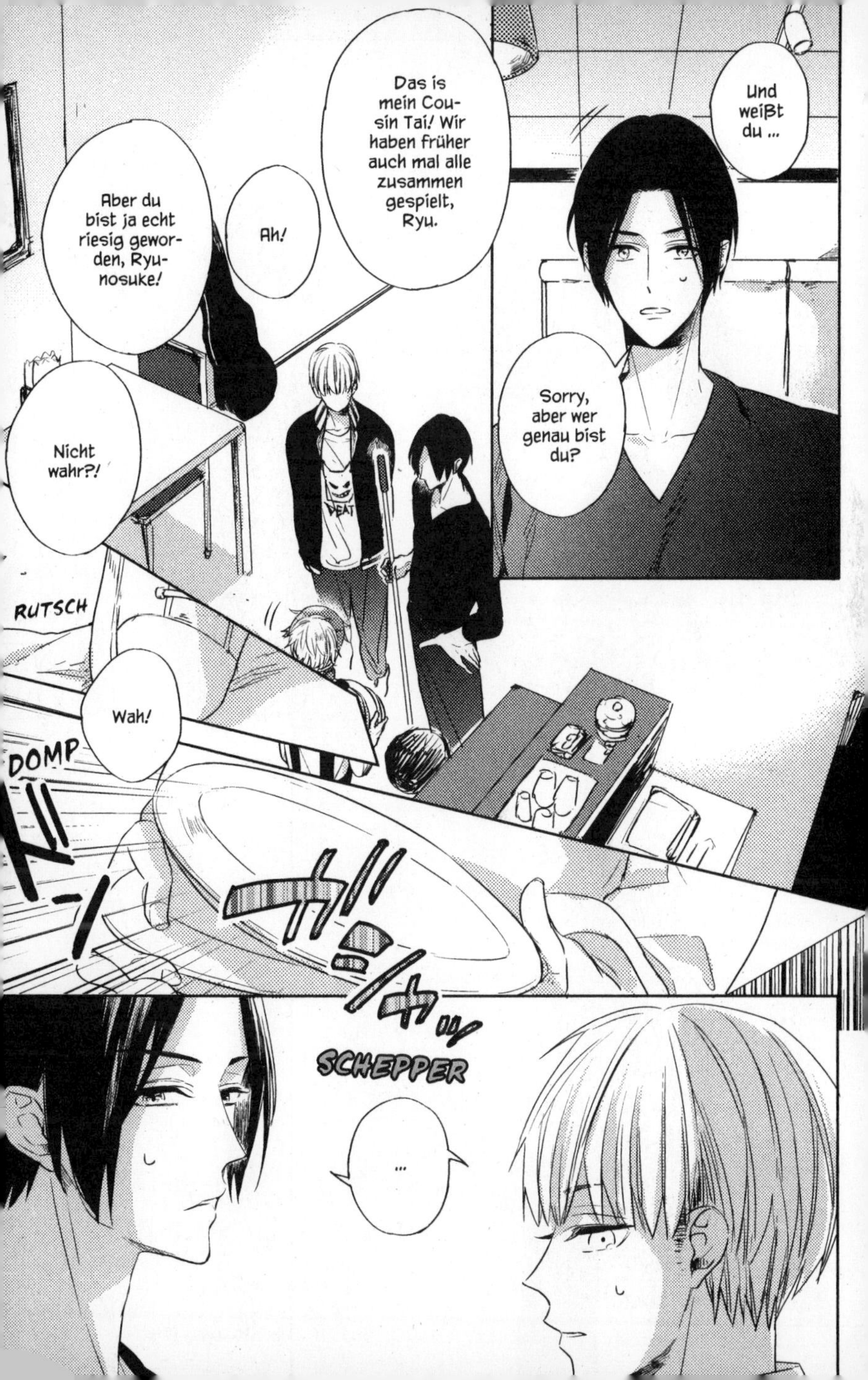
Und weißt du ...
Sorry, aber wer genau bist du?
Das is mein Cousin Tai! Wir haben früher auch mal alle zusammen gespielt, Ryu.
Ah!
Aber du bist ja echt riesig geworden, Ryunosuke!
Nicht wahr?!
RUTSCH
Wah!
DOMP
SCHEPPER
...

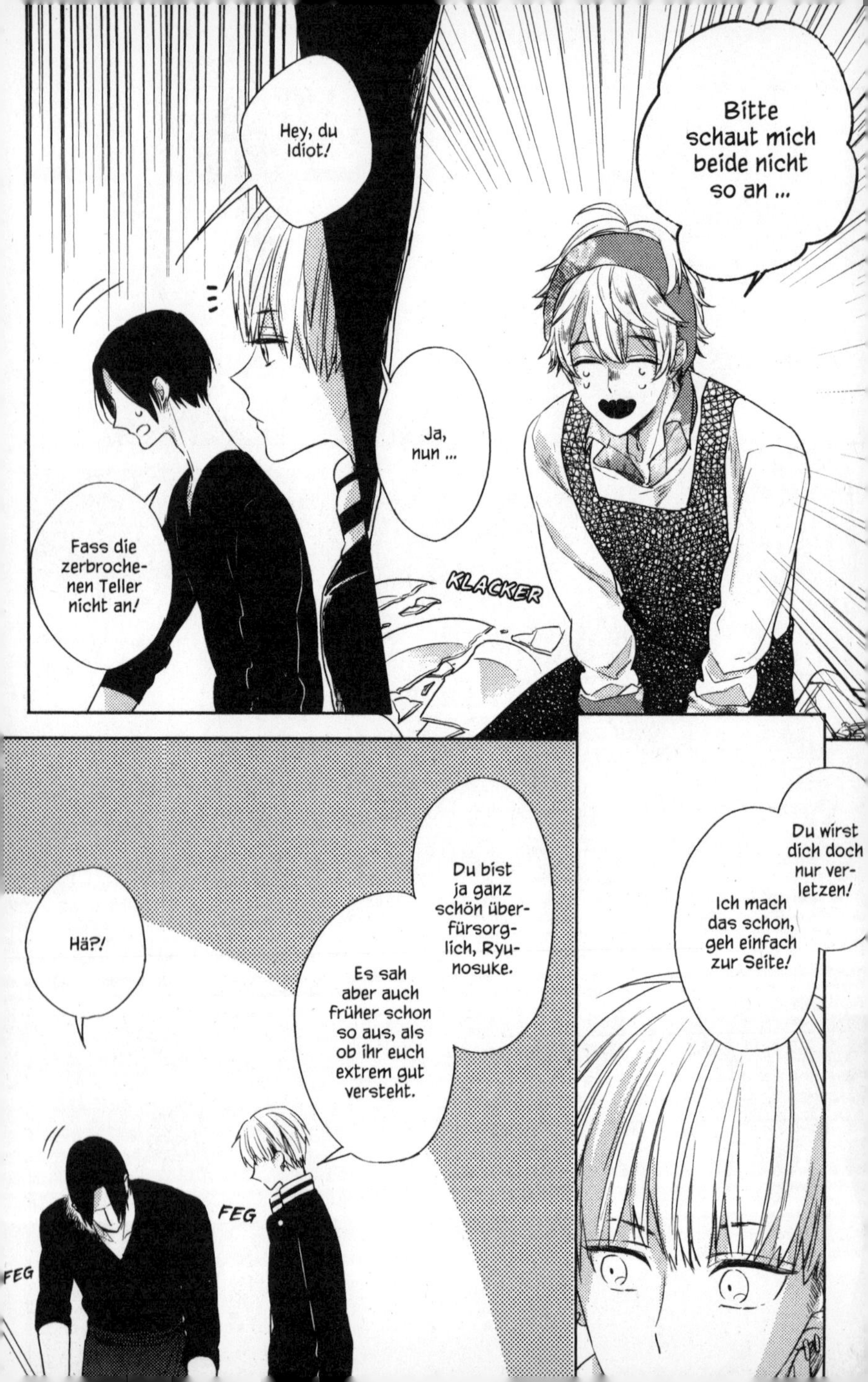
Bitte schaut mich beide nicht so an ...
Hey, du Idiot!
Ja, nun ...
Fass die zerbrochenen Teller nicht an!
KLACKER
Du wirst dich doch nur verletzen!
Ich mach das schon, geh einfach zur Seite!
Du bist ja ganz schön überfürsorglich, Ryunosuke.
Es sah aber auch früher schon so aus, als ob ihr euch extrem gut versteht.
Hä?!
FEG
FEG

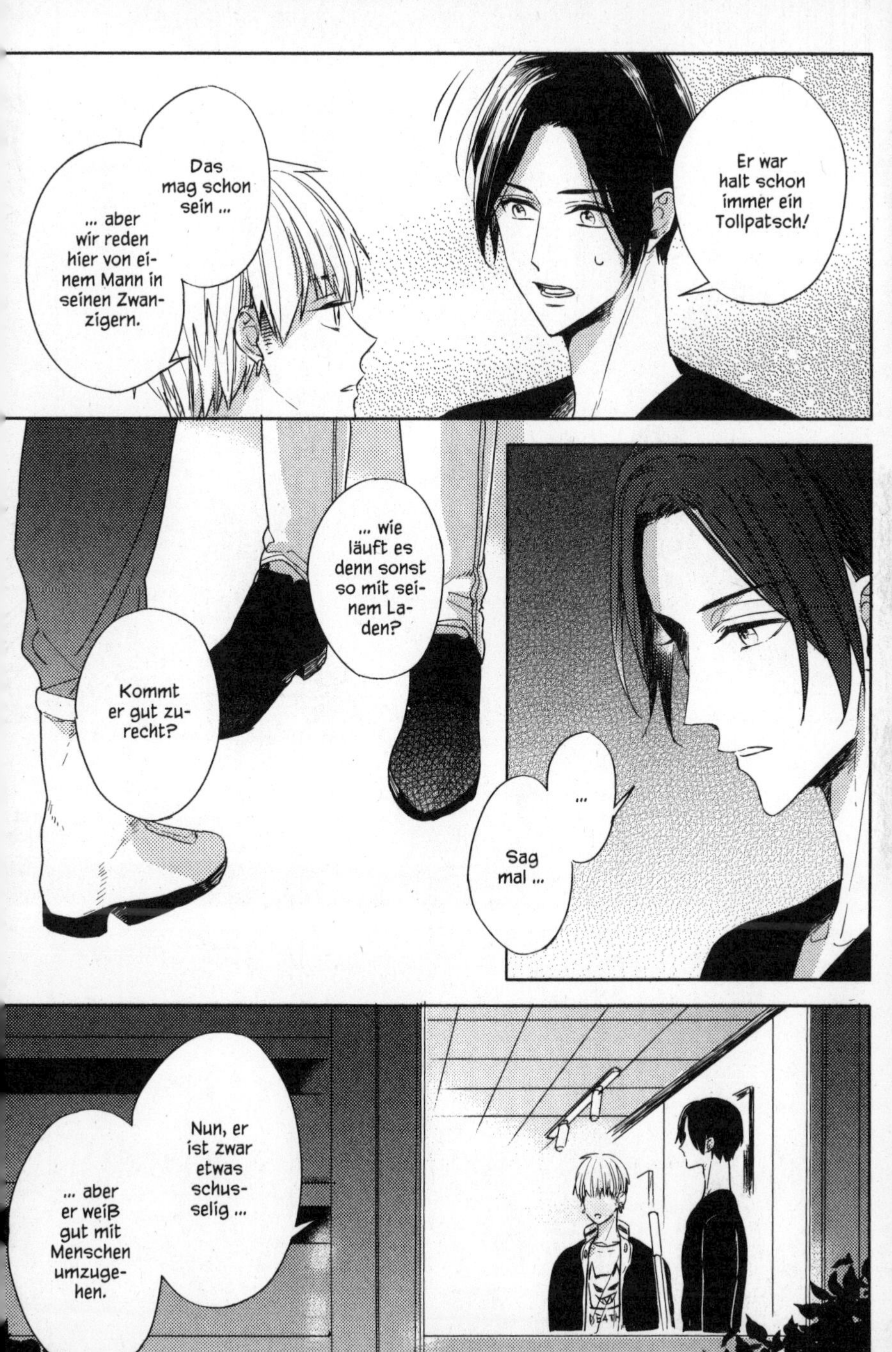
Er war halt schon immer ein Tollpatsch!
Das mag schon sein ...
... aber wir reden hier von einem Mann in seinen Zwanzigern.
...
Sag mal ...
... wie läuft es denn sonst so mit seinem Laden?
Kommt er gut zurecht?
Nun, er ist zwar etwas schusselig ...
... aber er weiß gut mit Menschen umzugehen.

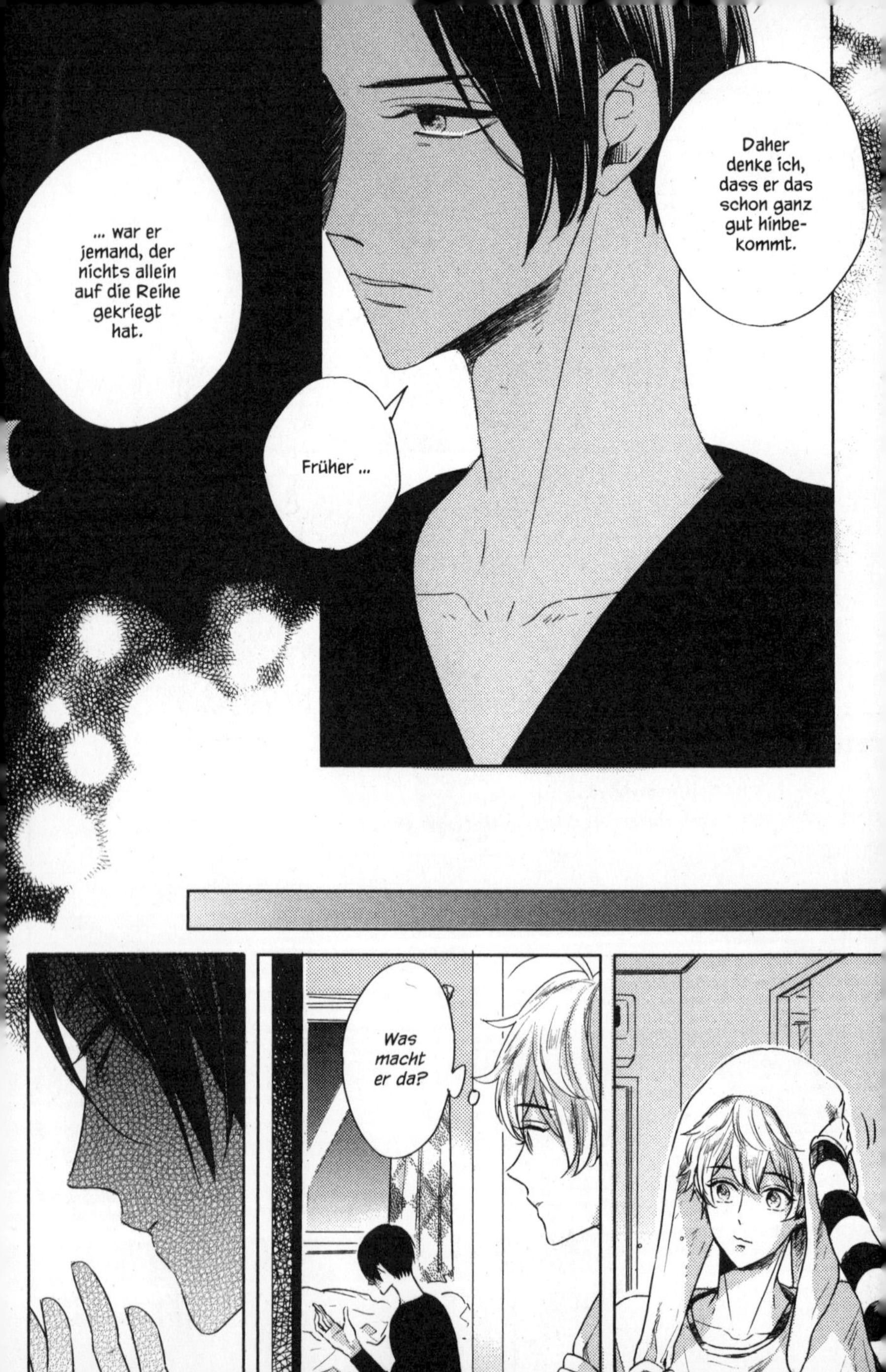
Daher denke ich, dass er das schon ganz gut hinbekommt.
Früher ...
... war er jemand, der nichts allein auf die Reihe gekriegt hat.
Was macht er da?

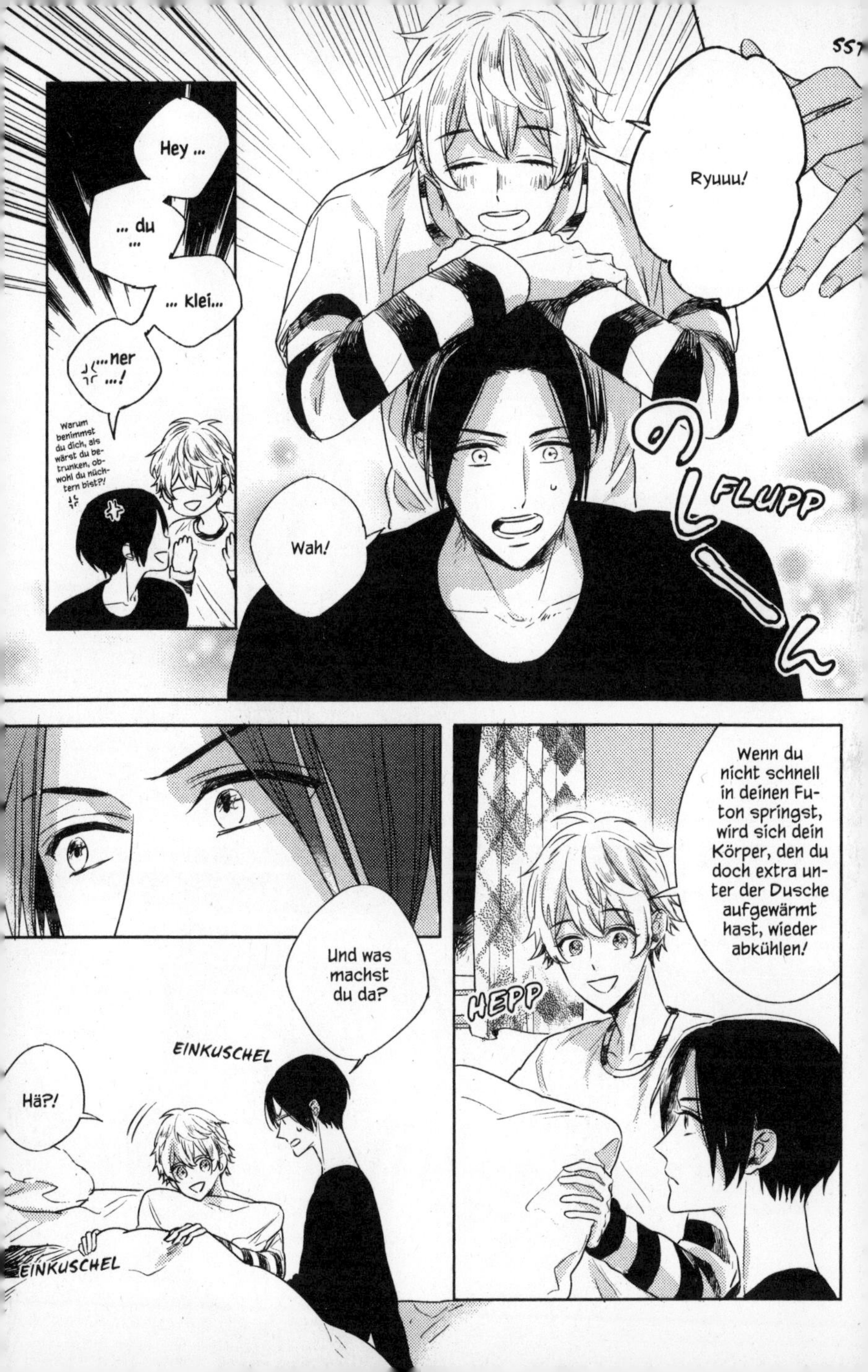

Ryuuu!

FLUPP

Wah!

Hey ...

... du ...

... klei...

...ner ...!

Warum benimmst du dich, als wärst du betrunken, obwohl du nüchtern bist?!

HEPP

Wenn du nicht schnell in deinen Futon springst, wird sich dein Körper, den du doch extra unter der Dusche aufgewärmt hast, wieder abkühlen!

Und was machst du da?

EINKUSCHEL

Hä?!

EINKUSCHEL

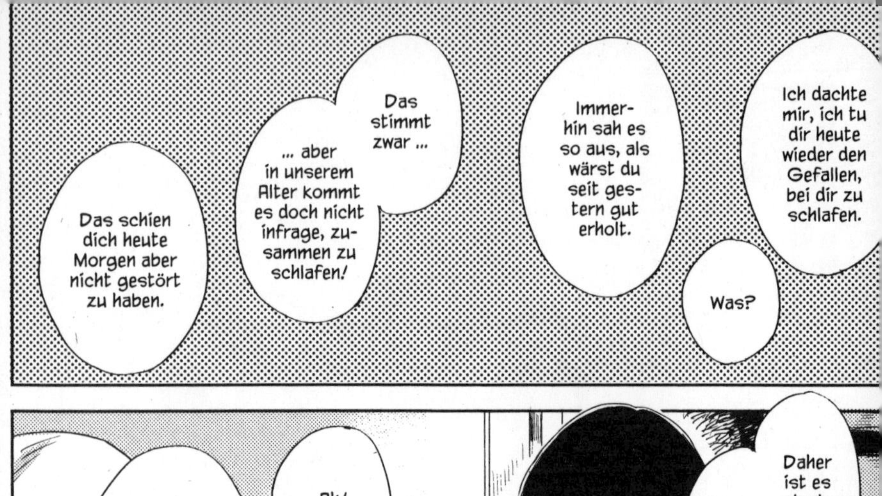
Ich dachte mir, ich tu dir heute wieder den Gefallen, bei dir zu schlafen.
Was?
Immerhin sah es so aus, als wärst du seit gestern gut erholt.
Das stimmt zwar ...
... aber in unserem Alter kommt es doch nicht infrage, zusammen zu schlafen!
Das schien dich heute Morgen aber nicht gestört zu haben.
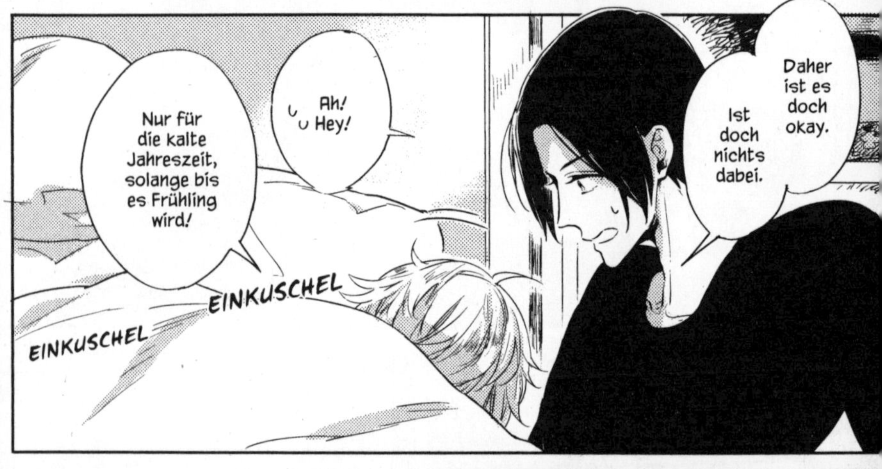
Daher ist es doch okay.
Ist doch nichts dabei.
Ah! Hey!
Nur für die kalte Jahreszeit, solange bis es Frühling wird!
EINKUSCHEL
EINKUSCHEL
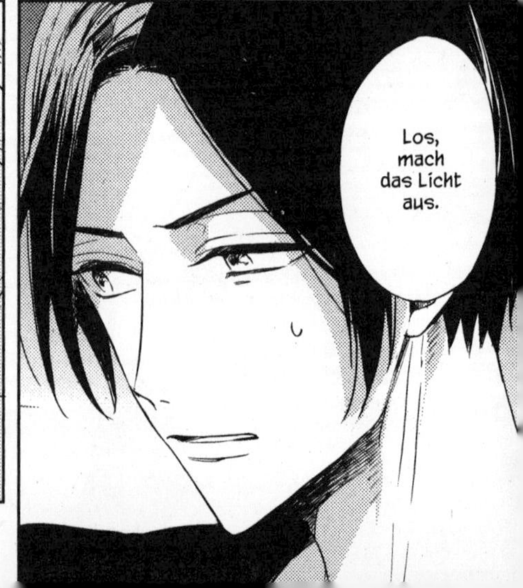
Los, mach das Licht aus.
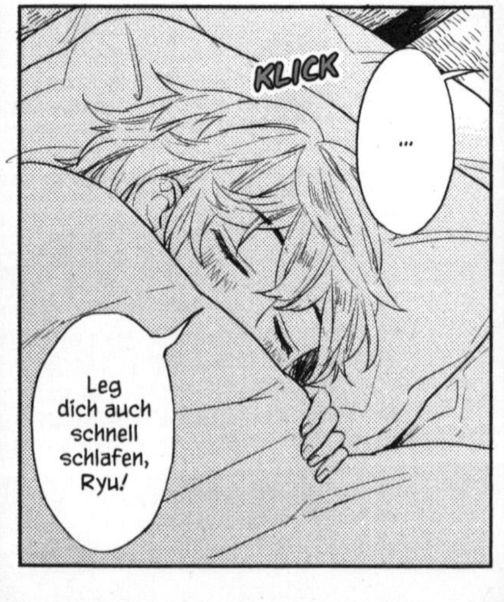
KLICK
...
Leg dich auch schnell schlafen, Ryu!

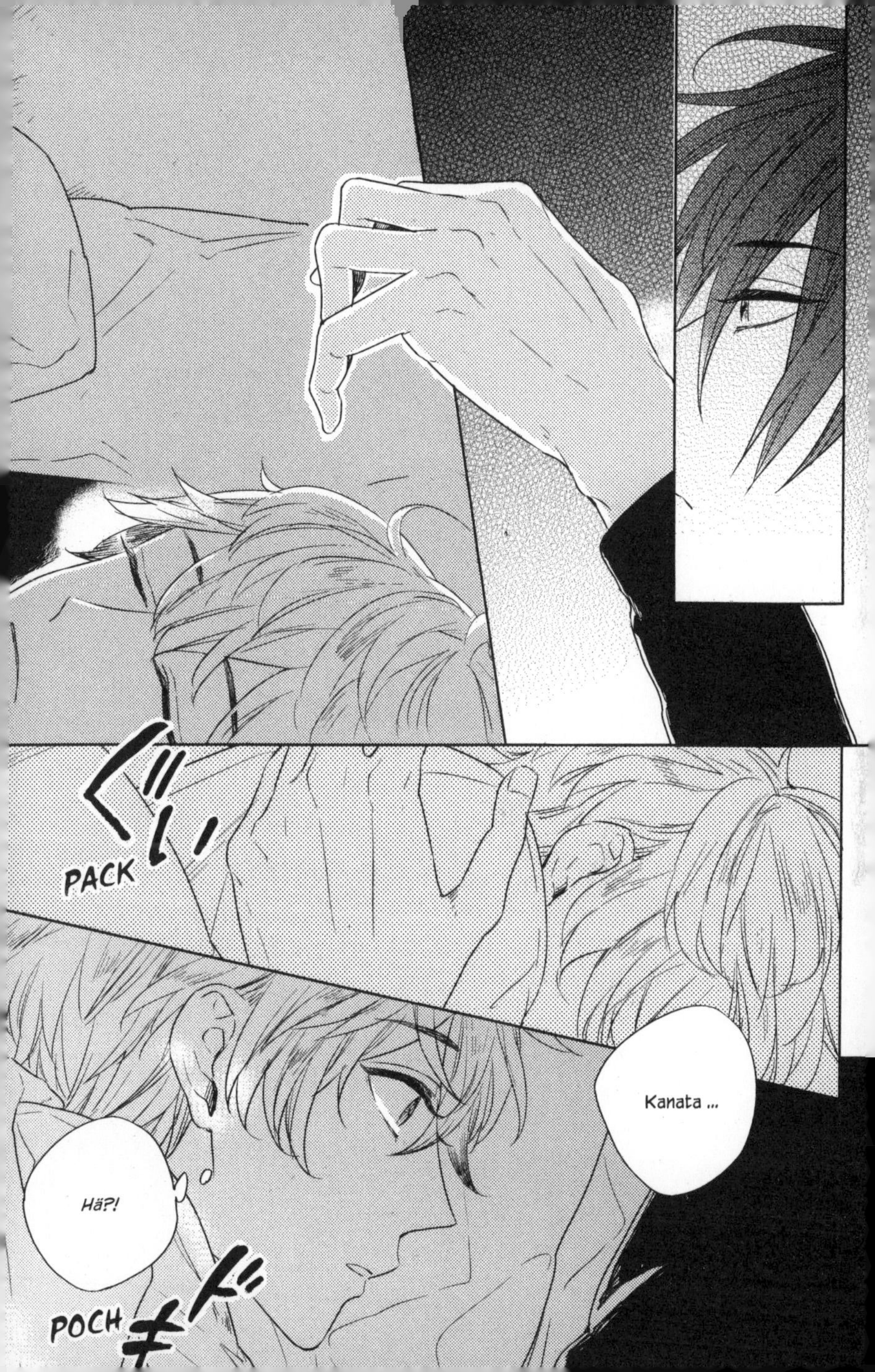
PACK
Kanata ...
Hä?!
POCH

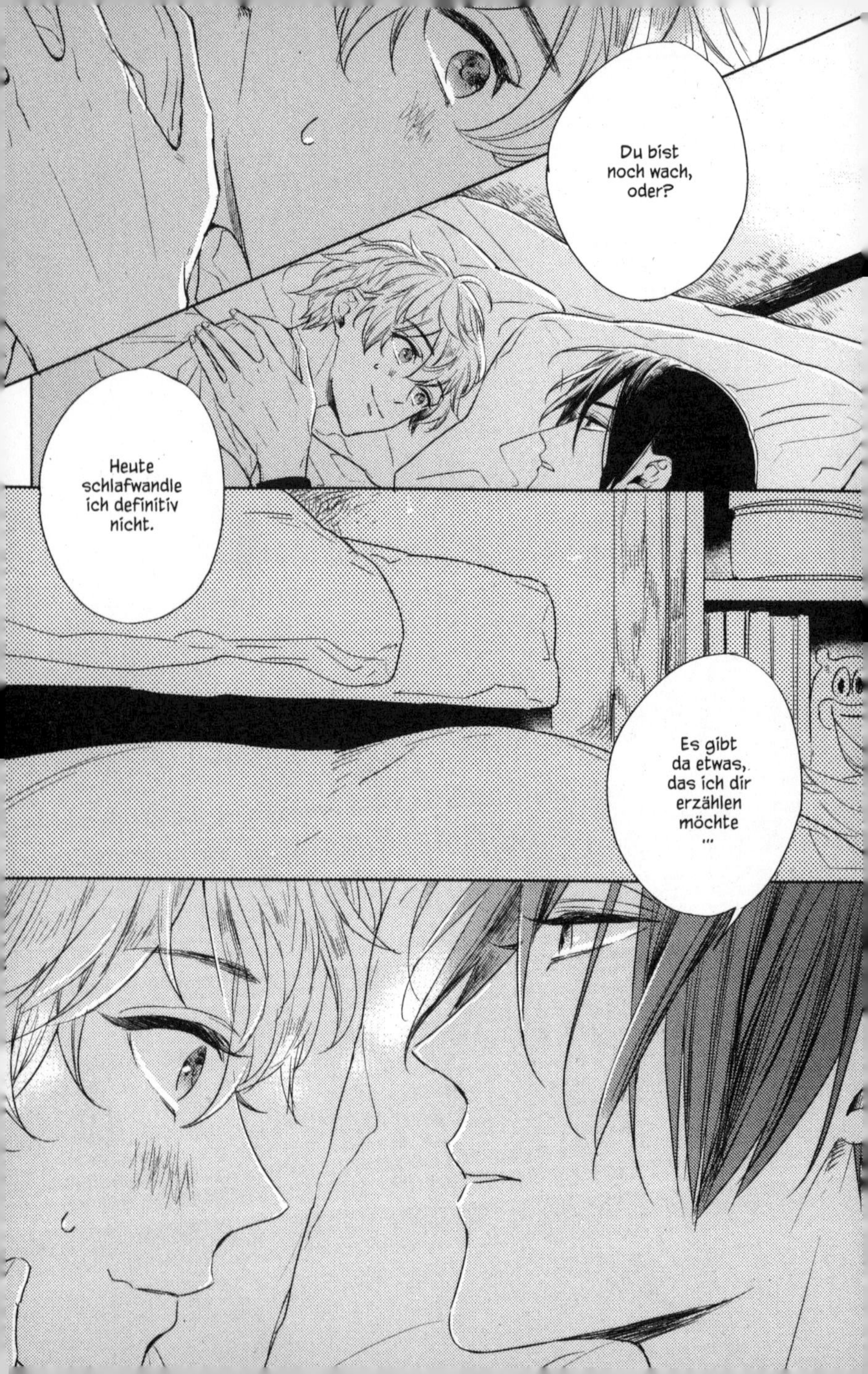
Du bist noch wach, oder?
Heute schlafwandle ich definitiv nicht.
Es gibt da etwas, das ich dir erzählen möchte ...

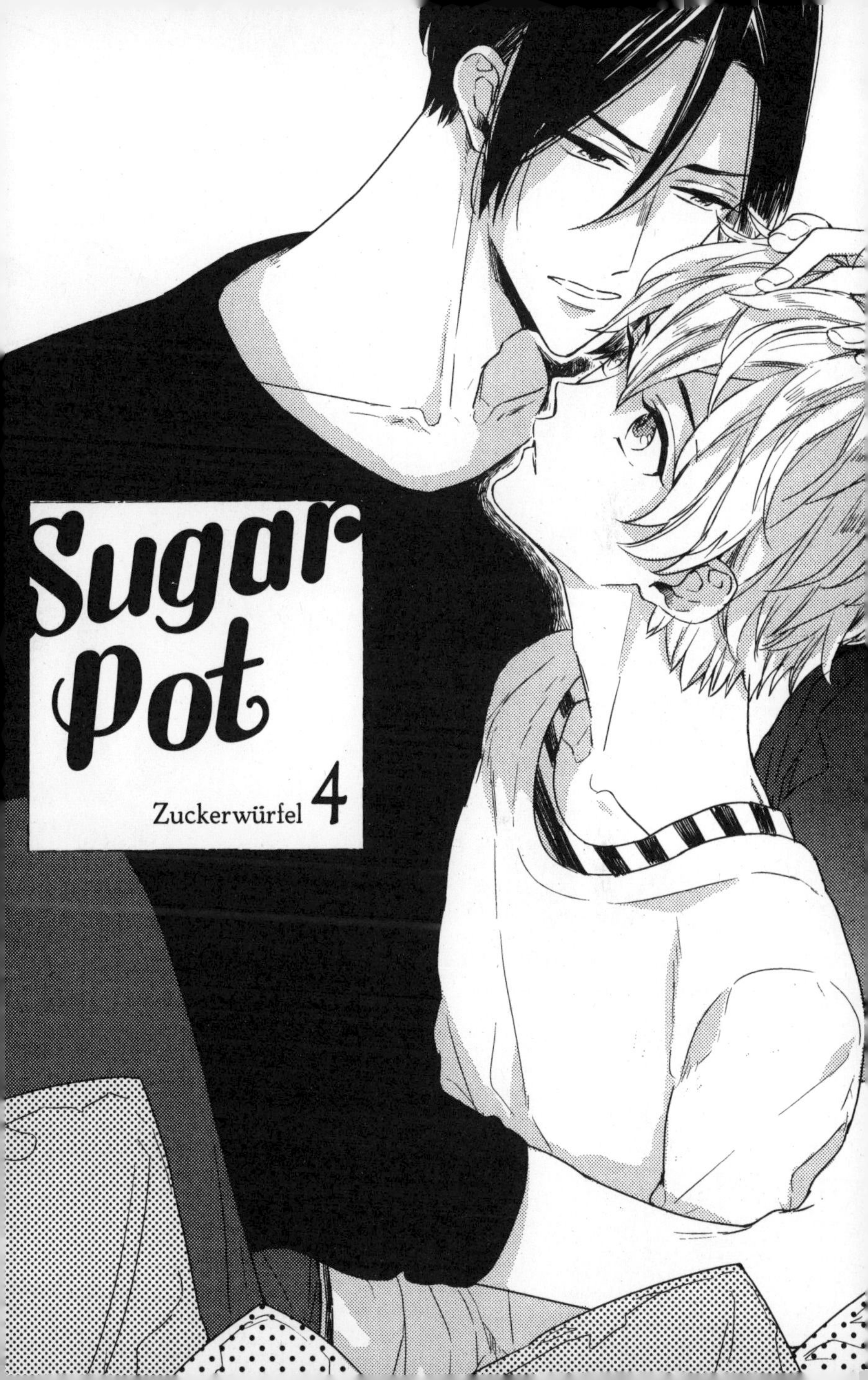
Sugar Pot
Zuckerwürfel 4

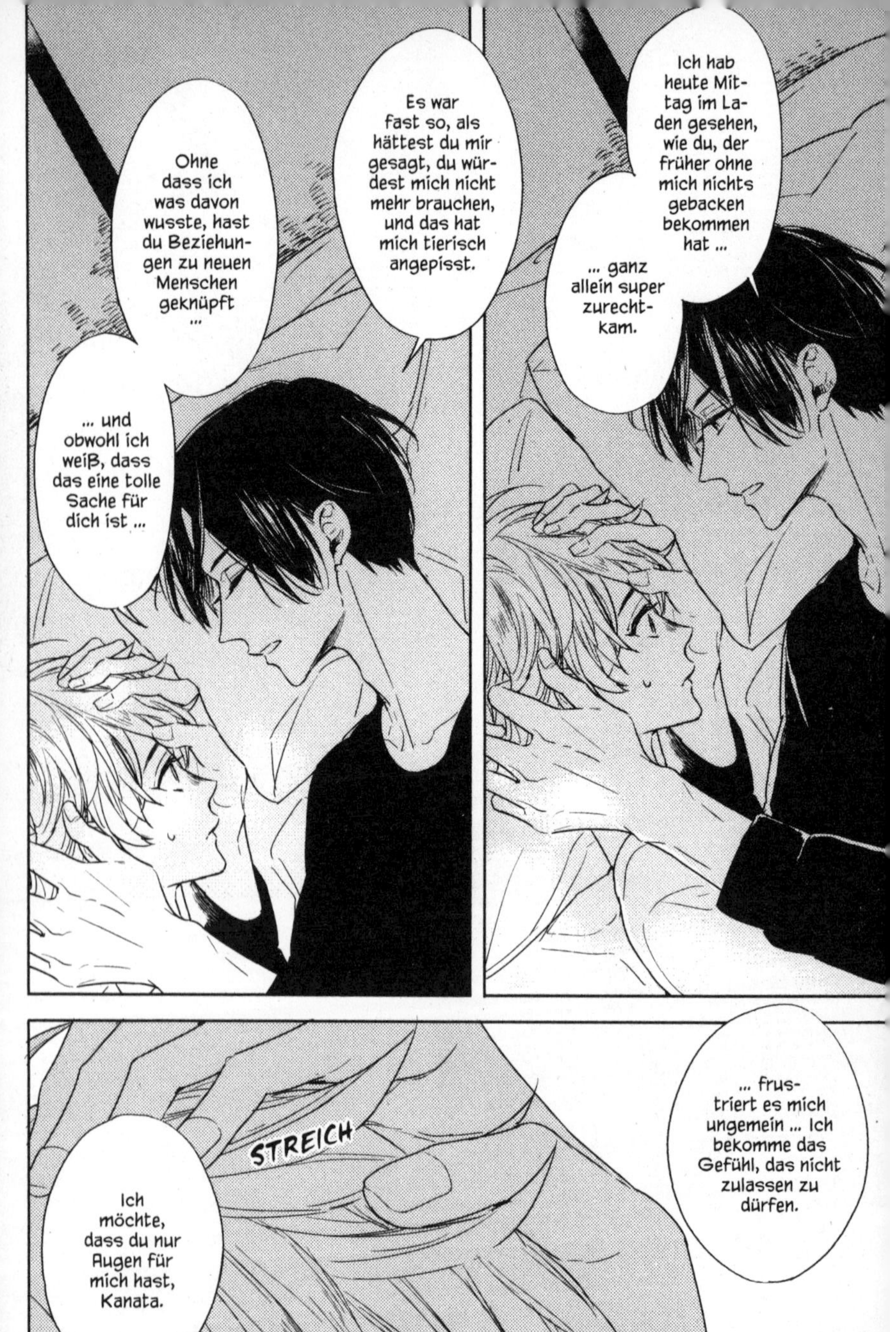
Ich hab heute Mittag im Laden gesehen, wie du, der früher ohne mich nichts gebacken bekommen hat ...
... ganz allein super zurechtkam.
Es war fast so, als hättest du mir gesagt, du würdest mich nicht mehr brauchen, und das hat mich tierisch angepisst.
Ohne dass ich was davon wusste, hast du Beziehungen zu neuen Menschen geknüpft ...
... und obwohl ich weiß, dass das eine tolle Sache für dich ist ...
... frustriert es mich ungemein ... Ich bekomme das Gefühl, das nicht zulassen zu dürfen.
STREICH
Ich möchte, dass du nur Augen für mich hast, Kanata.

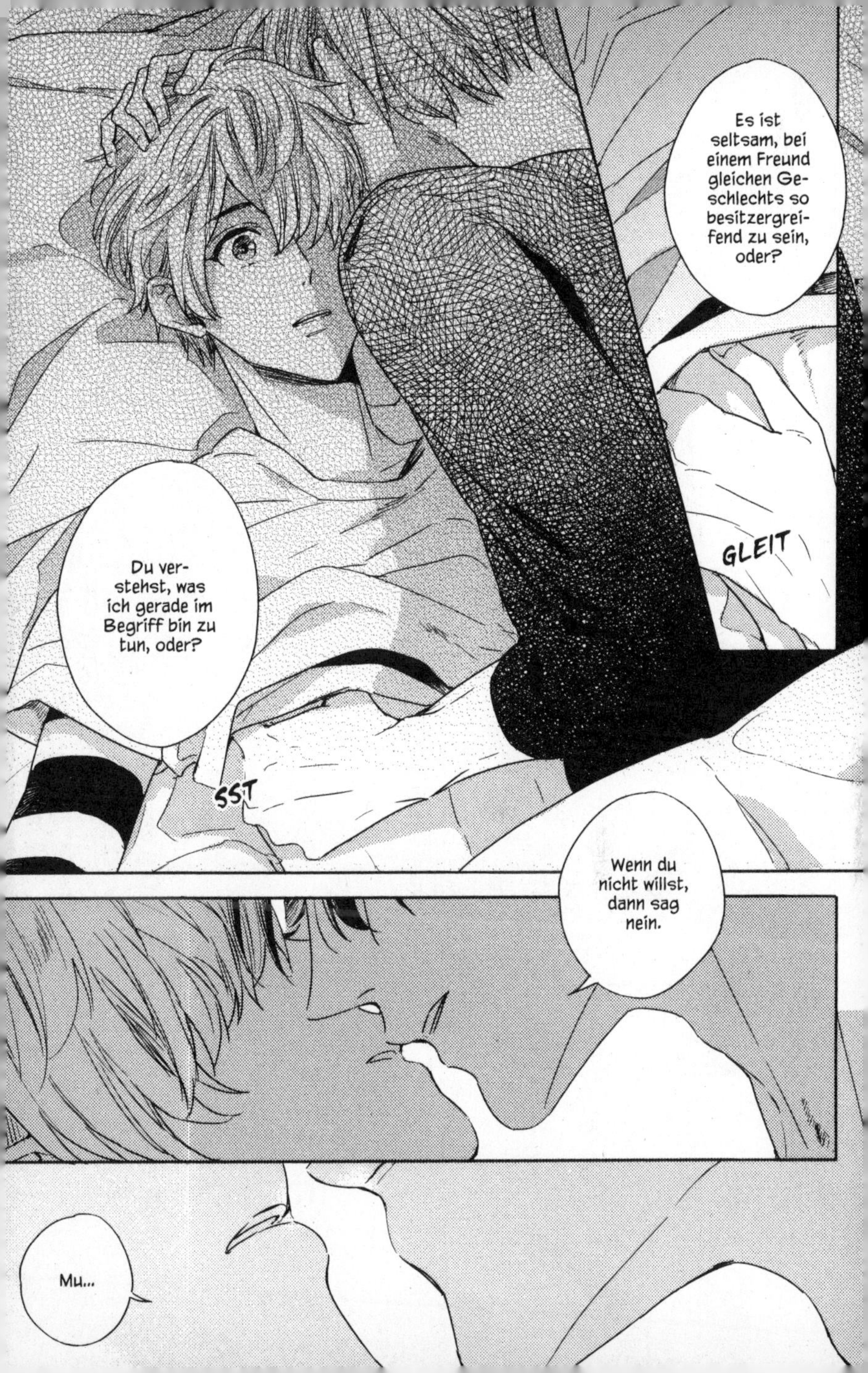
Es ist seltsam, bei einem Freund gleichen Geschlechts so besitzergreifend zu sein, oder?
GLEIT
Du verstehst, was ich gerade im Begriff bin zu tun, oder?
SST
Wenn du nicht willst, dann sag nein.
Mu...

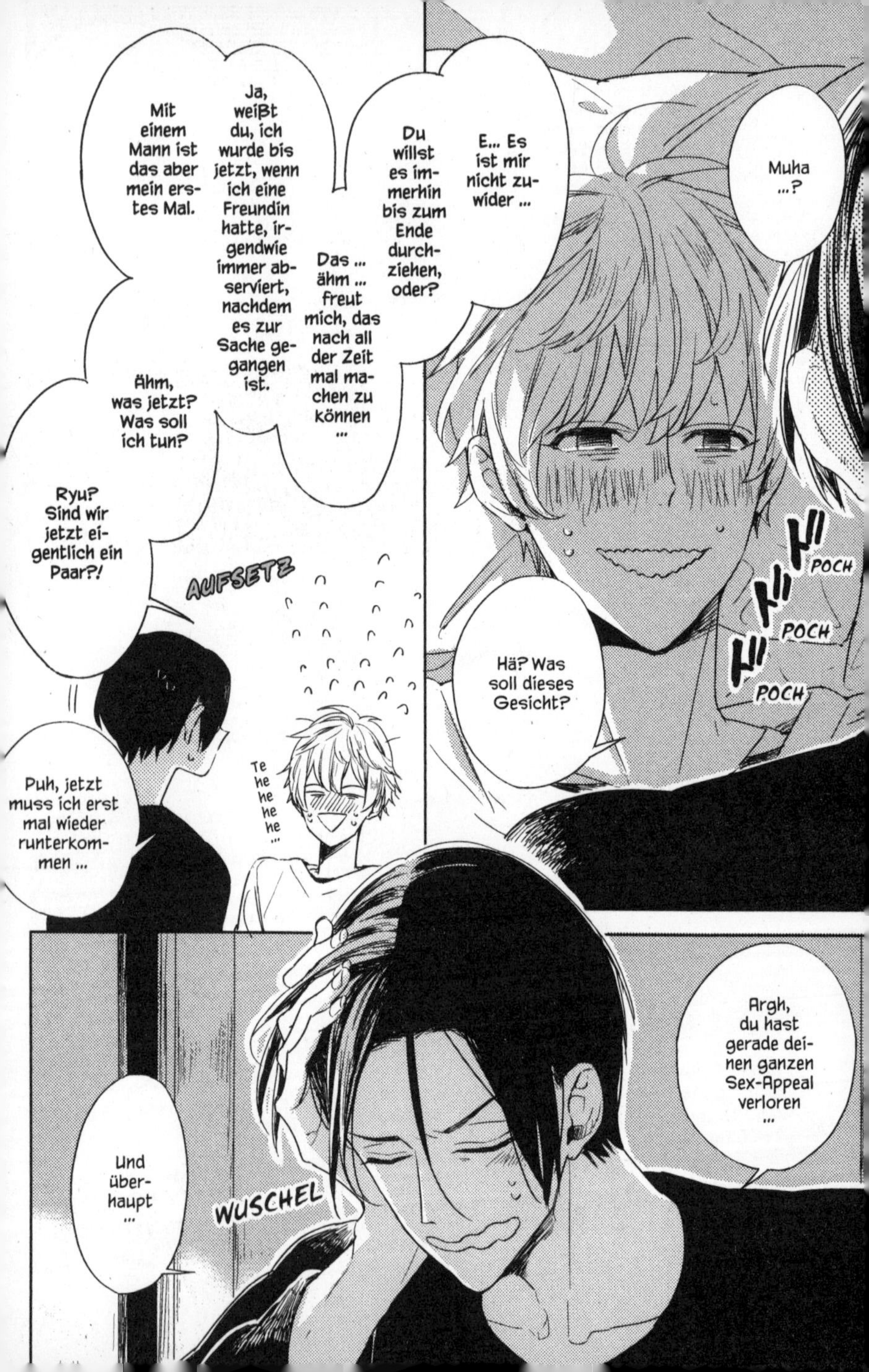
Muha ...?
E... Es ist mir nicht zuwider ...
Du willst es immerhin bis zum Ende durchziehen, oder?
Hä? Was soll dieses Gesicht?
POCH
POCH
POCH
Ja, weißt du, ich wurde bis jetzt, wenn ich eine Freundin hatte, irgendwie immer abserviert, nachdem es zur Sache gegangen ist.
Mit einem Mann ist das aber mein erstes Mal.
Das ... ähm ... freut mich, das nach all der Zeit mal machen zu können ...
Ähm, was jetzt? Was soll ich tun?
Ryu? Sind wir jetzt eigentlich ein Paar?!
AUFSETZ
Te he he he he ...
Puh, jetzt muss ich erst mal wieder runterkommen ...
Argh, du hast gerade deinen ganzen Sex-Appeal verloren ...
WUSCHEL
Und überhaupt ...

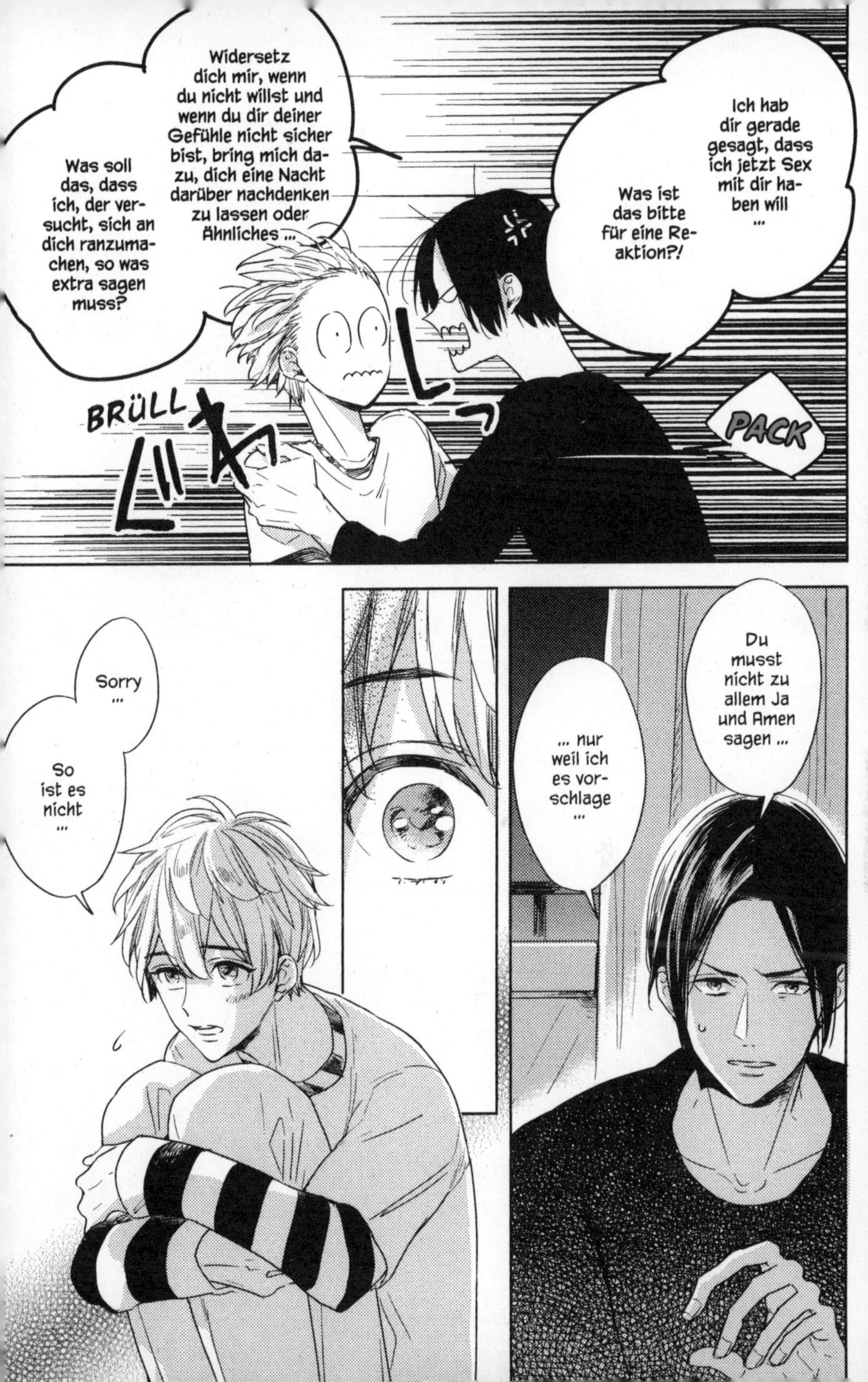
Ich hab dir gerade gesagt, dass ich jetzt Sex mit dir haben will ...
Was ist das bitte für eine Reaktion?!
PACK
Widersetz dich mir, wenn du nicht willst und wenn du dir deiner Gefühle nicht sicher bist, bring mich dazu, dich eine Nacht darüber nachdenken zu lassen oder Ähnliches ...
Was soll das, dass ich, der versucht, sich an dich ranzumachen, so was extra sagen muss?
BRÜLL
Du musst nicht zu allem Ja und Amen sagen ...
... nur weil ich es vorschlage ...
Sorry ...
So ist es nicht ...

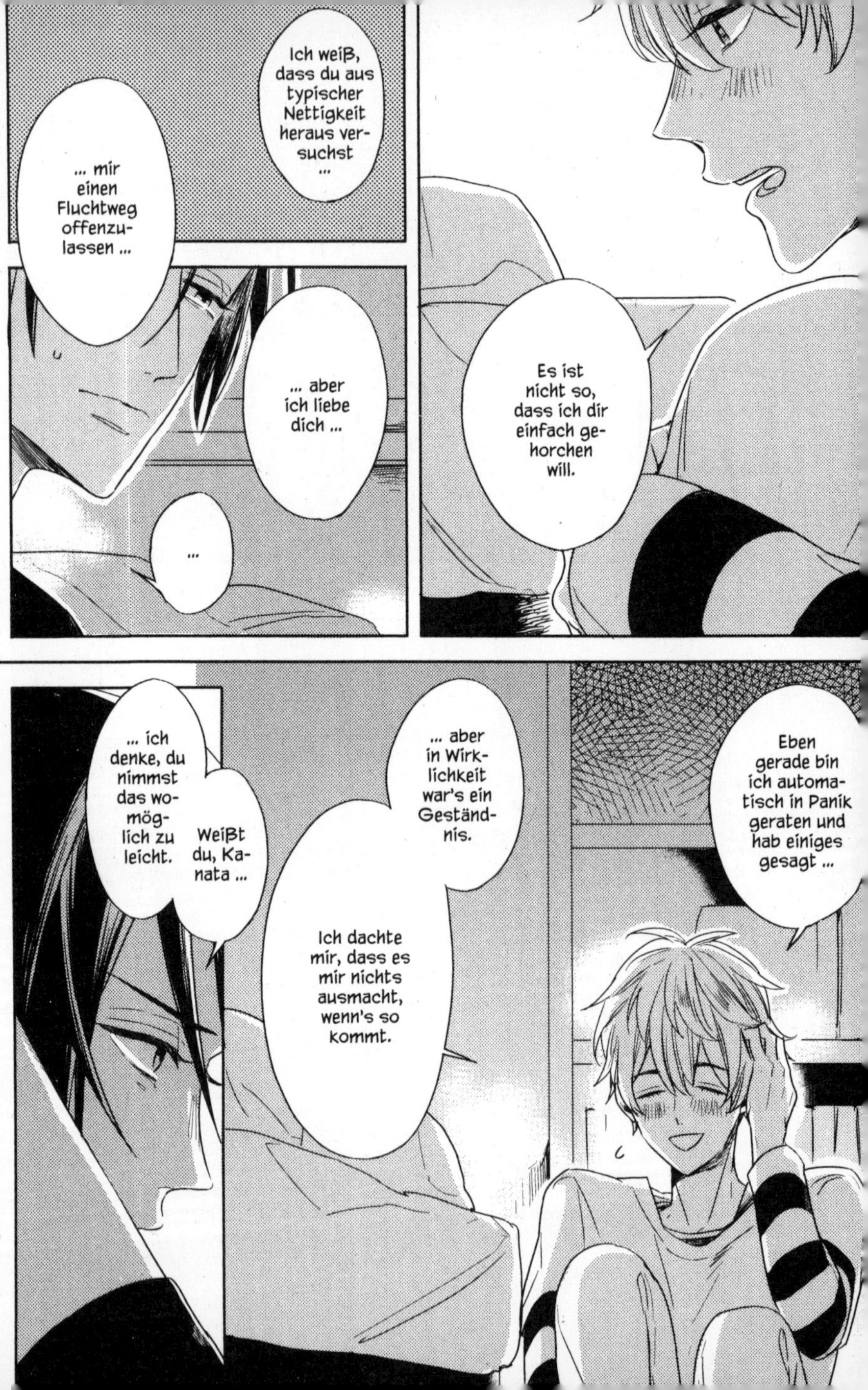

Es ist nicht so, dass ich dir einfach gehorchen will.
Ich weiß, dass du aus typischer Nettigkeit heraus versuchst ...
... mir einen Fluchtweg offenzulassen ...
... aber ich liebe dich ...
...
Eben gerade bin ich automatisch in Panik geraten und hab einiges gesagt ...
... aber in Wirklichkeit war's ein Geständnis.
Ich dachte mir, dass es mir nichts ausmacht, wenn's so kommt.
Weißt du, Kanata ...
... ich denke, du nimmst das womöglich zu leicht.

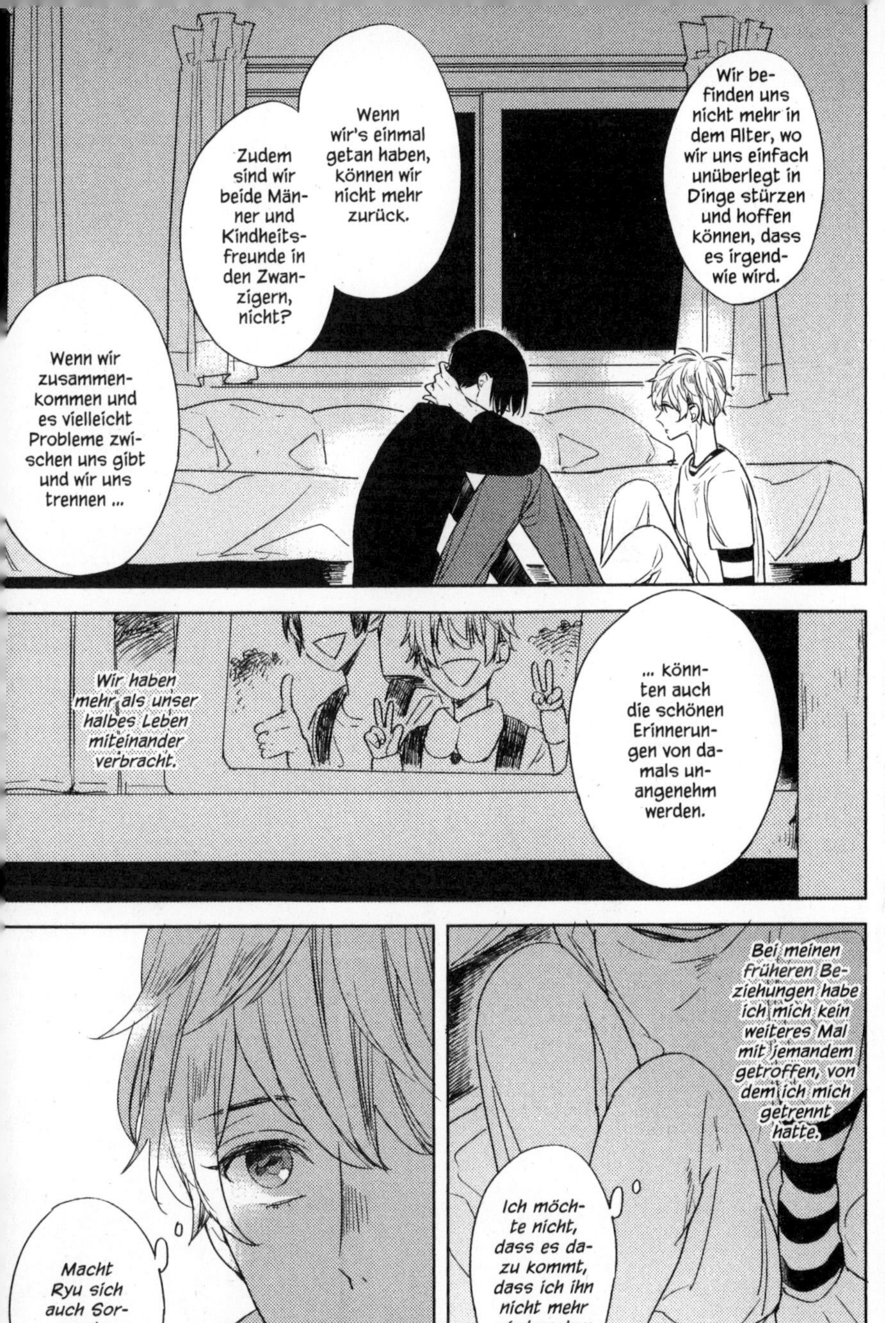
Wir befinden uns nicht mehr in dem Alter, wo wir uns einfach unüberlegt in Dinge stürzen und hoffen können, dass es irgendwie wird.
Wenn wir's einmal getan haben, können wir nicht mehr zurück.
Zudem sind wir beide Männer und Kindheitsfreunde in den Zwanzigern, nicht?
Wenn wir zusammenkommen und es vielleicht Probleme zwischen uns gibt und wir uns trennen ...
... könnten auch die schönen Erinnerungen von damals unangenehm werden.
Wir haben mehr als unser halbes Leben miteinander verbracht.
Bei meinen früheren Beziehungen habe ich mich kein weiteres Mal mit jemandem getroffen, von dem ich mich getrennt hatte.
Ich möchte nicht, dass es dazu kommt, dass ich ihn nicht mehr wiedersehen kann ...
Macht Ryu sich auch Sorgen deswegen?

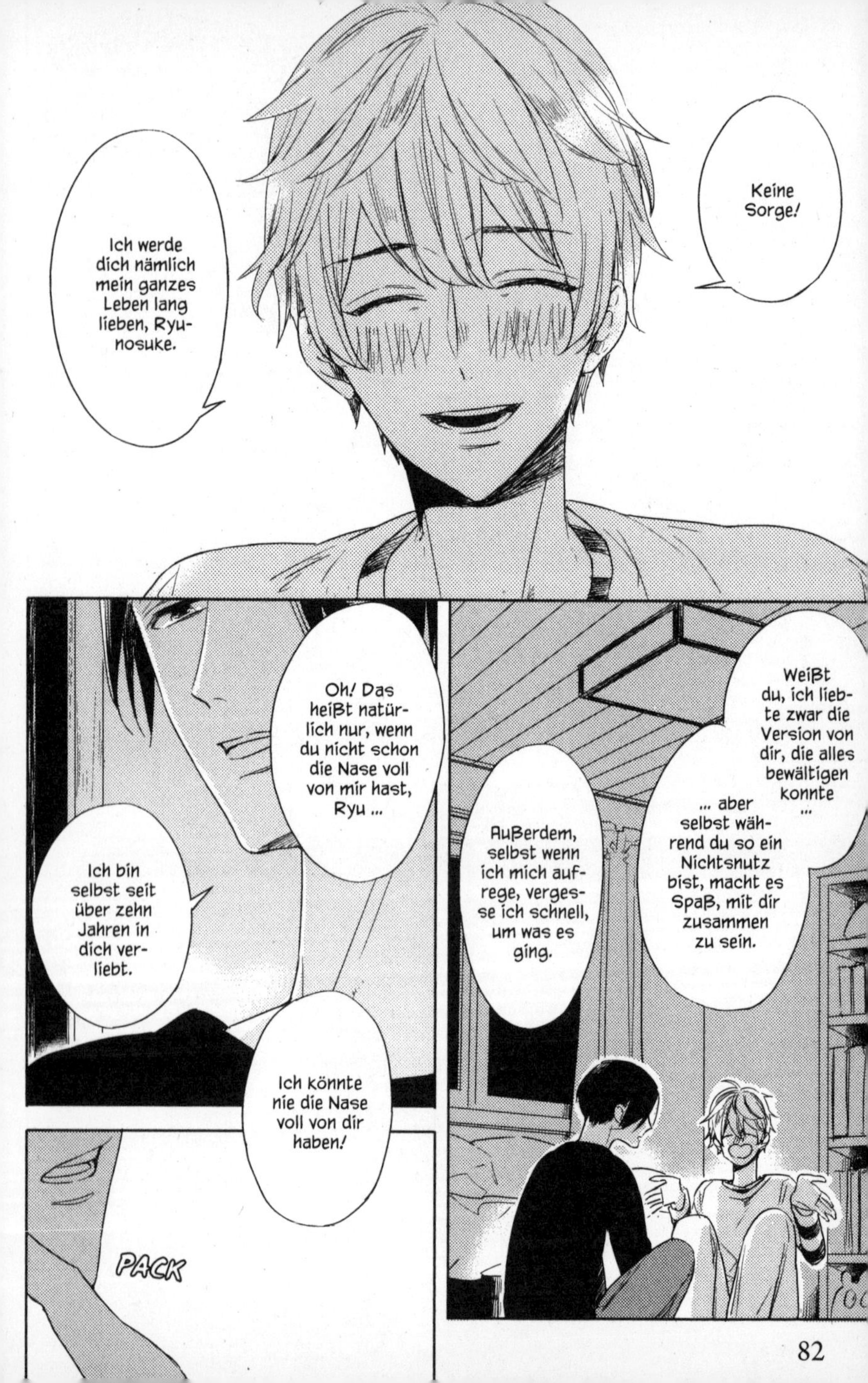
Keine Sorge!
Ich werde dich nämlich mein ganzes Leben lang lieben, Ryu-nosuke.
Weißt du, ich liebte zwar die Version von dir, die alles bewältigen konnte ...
... aber selbst während du so ein Nichtsnutz bist, macht es Spaß, mit dir zusammen zu sein.
Außerdem, selbst wenn ich mich aufrege, vergesse ich schnell, um was es ging.
Oh! Das heißt natürlich nur, wenn du nicht schon die Nase voll von mir hast, Ryu ...
Ich bin selbst seit über zehn Jahren in dich verliebt.
Ich könnte nie die Nase voll von dir haben!
PACK

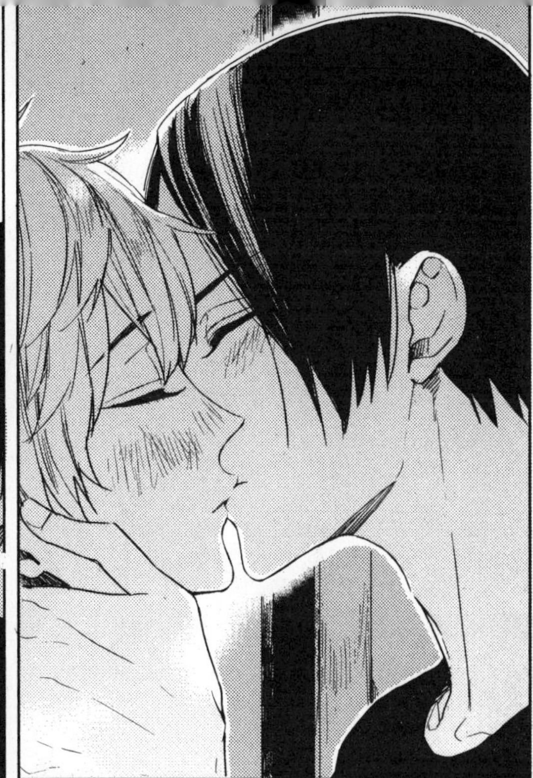

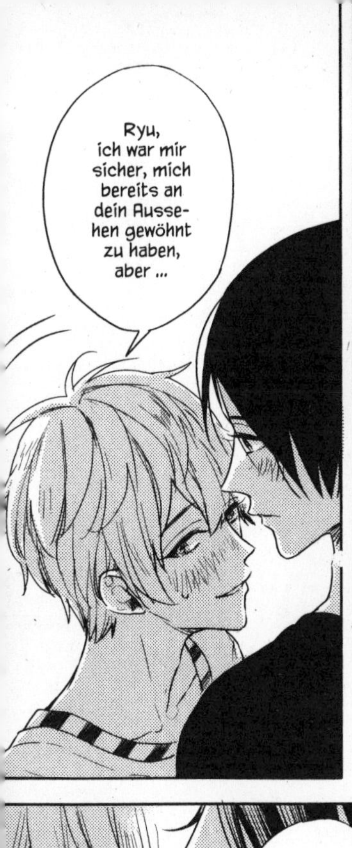

Ryu, ich war mir sicher, mich bereits an dein Aussehen gewöhnt zu haben, aber ...

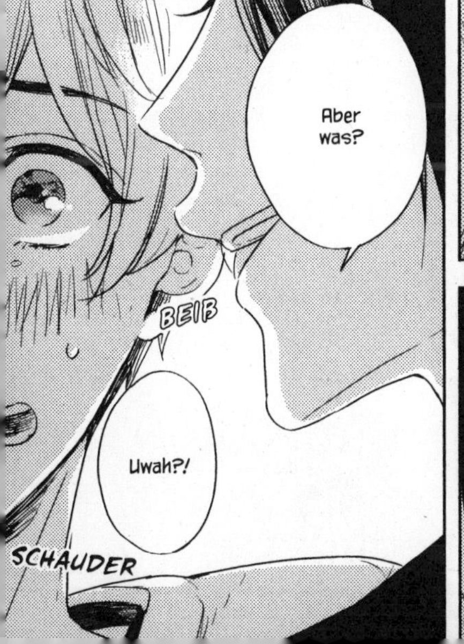

Aber was?
BEIß
Uwah?!
SCHAUDER

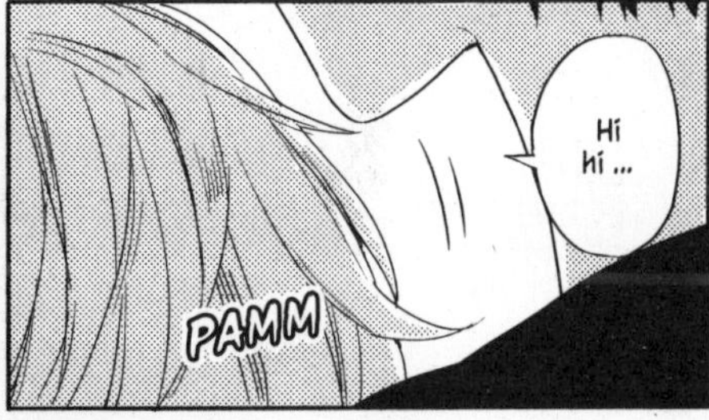

Hi hi ...
PAMM

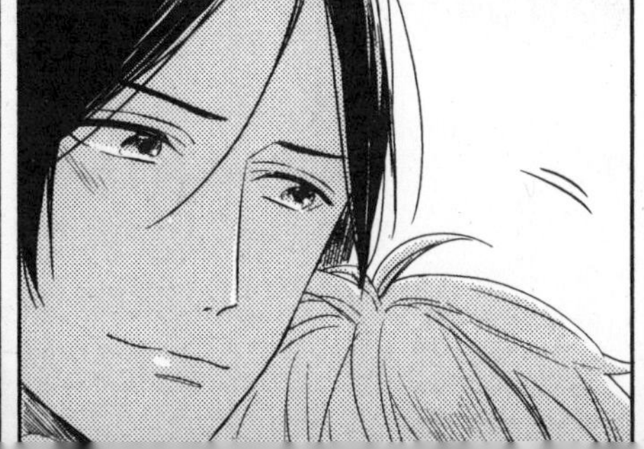

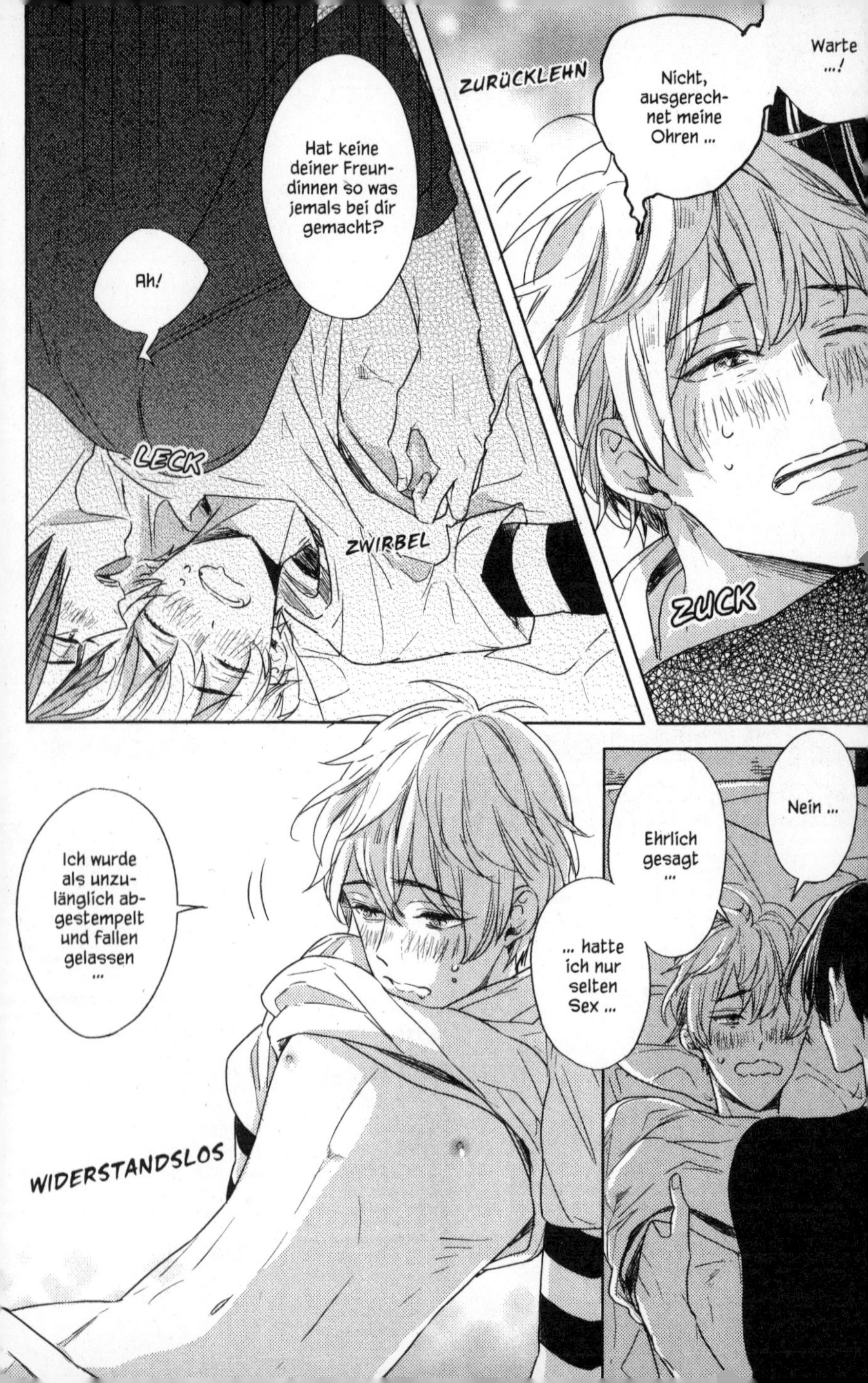
Warte ...!
Nicht, ausgerechnet meine Ohren ...
ZURÜCKLEHN
ZUCK
Hat keine deiner Freundinnen so was jemals bei dir gemacht?
Ah!
LECK
ZWIRBEL
Nein ...
Ehrlich gesagt ...
... hatte ich nur selten Sex ...
Ich wurde als unzulänglich abgestempelt und fallen gelassen ...
WIDERSTANDSLOS

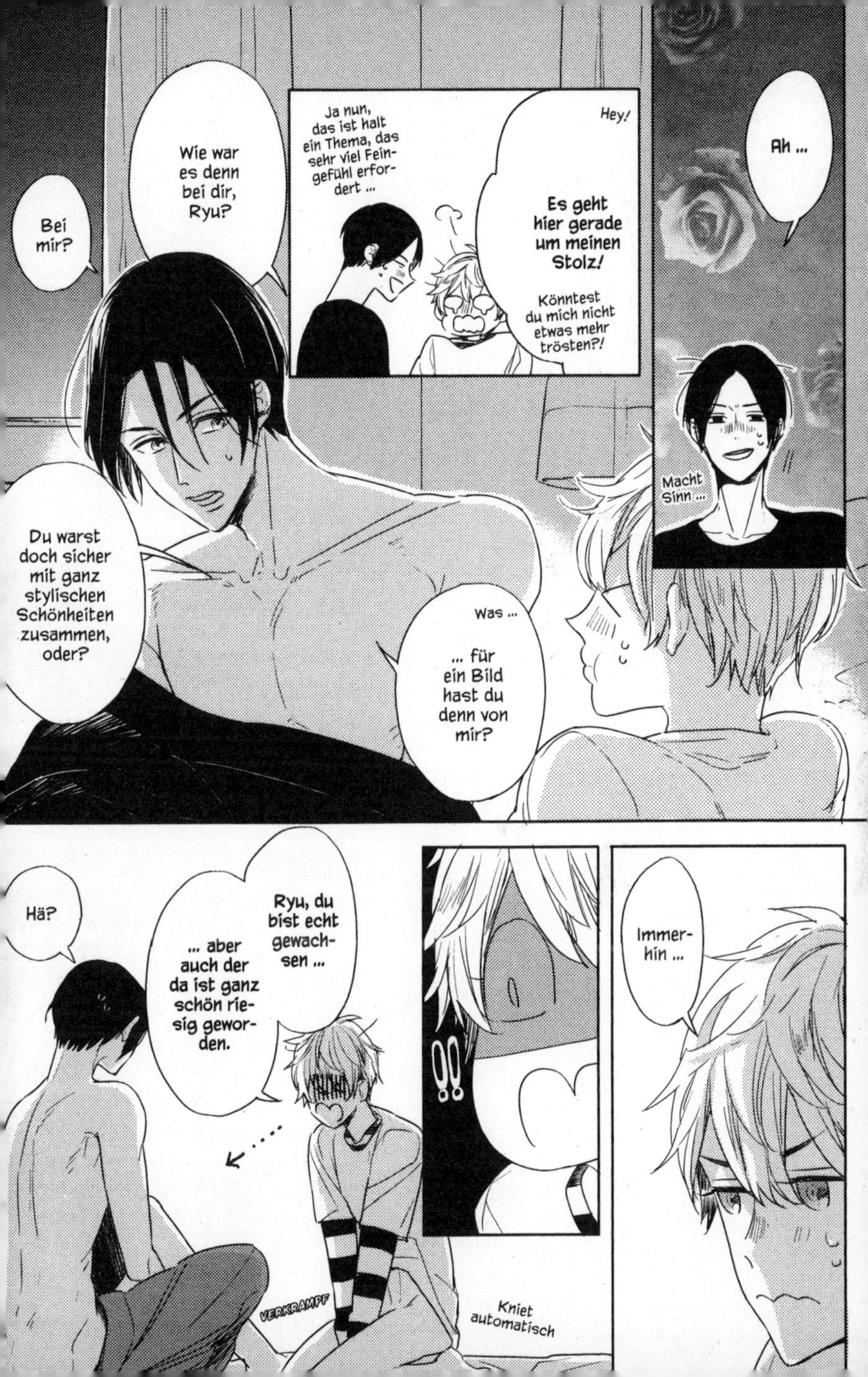
Ah ...
Macht Sinn ...
Hey!
Es geht hier gerade um meinen Stolz!
Könntest du mich nicht etwas mehr trösten?!
Ja nun, das ist halt ein Thema, das sehr viel Feingefühl erfordert ...
Wie war es denn bei dir, Ryu?
Bei mir?
Du warst doch sicher mit ganz stylischen Schönheiten zusammen, oder?
Was ...
... für ein Bild hast du denn von mir?
Immerhin ...
!!
Ryu, du bist echt gewachsen ...
... aber auch der da ist ganz schön riesig geworden.
Hä?
Kniet automatisch
VERKRAMPF

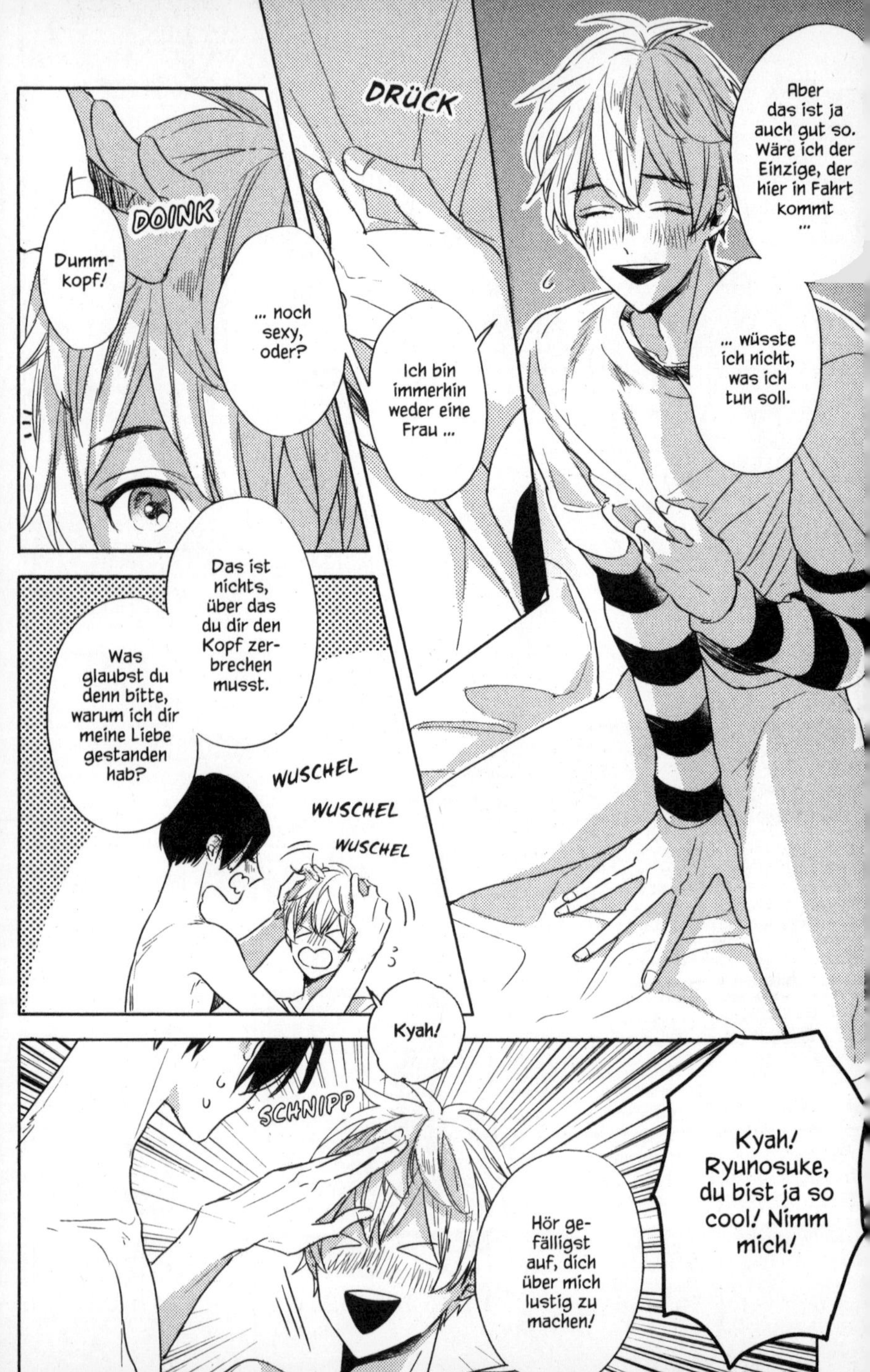

Aber das ist ja auch gut so. Wäre ich der Einzige, der hier in Fahrt kommt ...
... wüsste ich nicht, was ich tun soll.
DRÜCK
Ich bin immerhin weder eine Frau ...
... noch sexy, oder?
DOINK
Dummkopf!
Das ist nichts, über das du dir den Kopf zerbrechen musst.
Was glaubst du denn bitte, warum ich dir meine Liebe gestanden hab?
WUSCHEL
WUSCHEL
WUSCHEL
Kyah!
Kyah! Ryunosuke, du bist ja so cool! Nimm mich!
SCHNIPP
Hör gefälligst auf, dich über mich lustig zu machen!

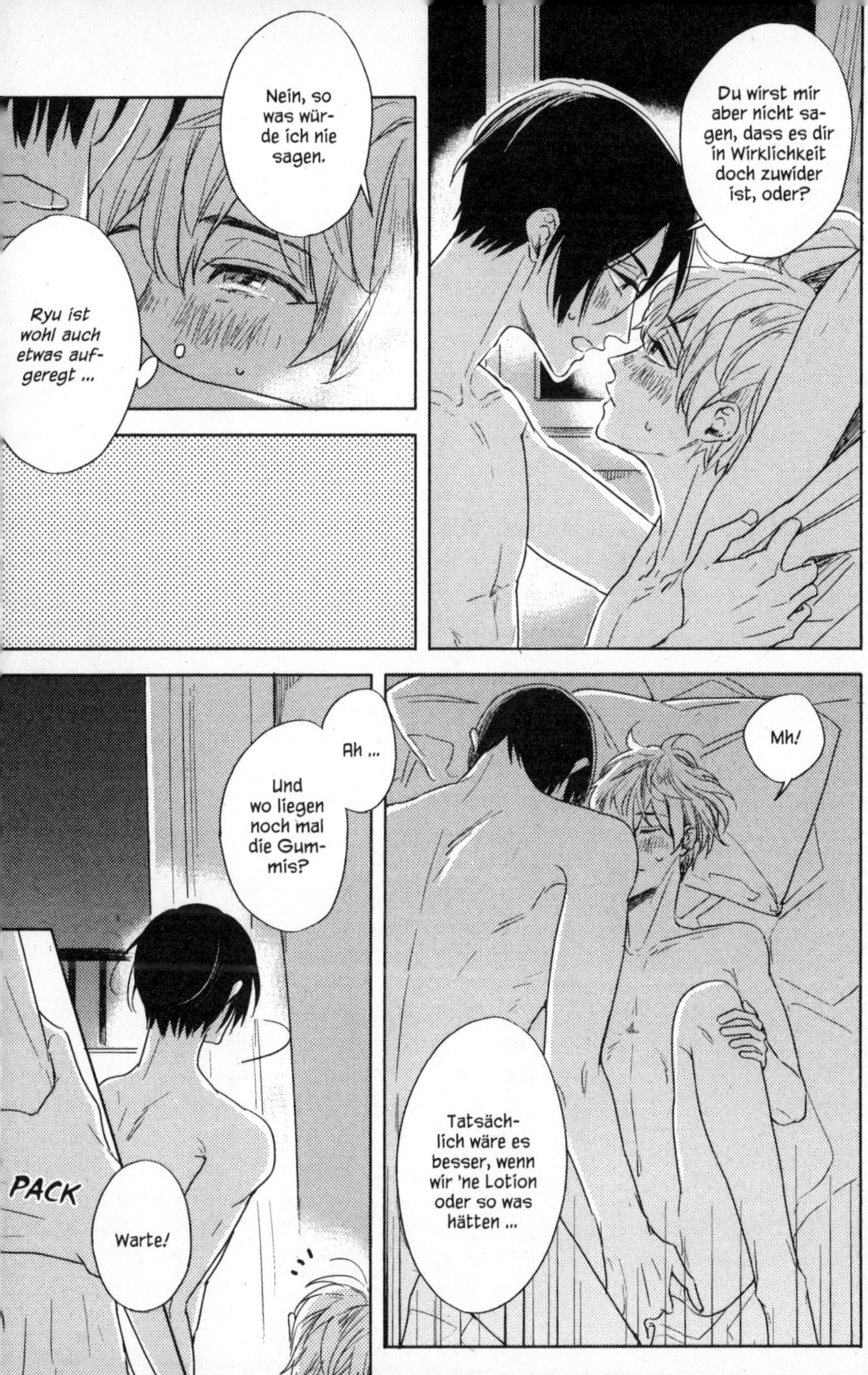

Du wirst mir aber nicht sagen, dass es dir in Wirklichkeit doch zuwider ist, oder?

Nein, so was würde ich nie sagen.

Ryu ist wohl auch etwas aufgeregt ...

Mh!

Tatsächlich wäre es besser, wenn wir 'ne Lotion oder so was hätten ...

Ah ...

Und wo liegen noch mal die Gummis?

PACK

Warte!

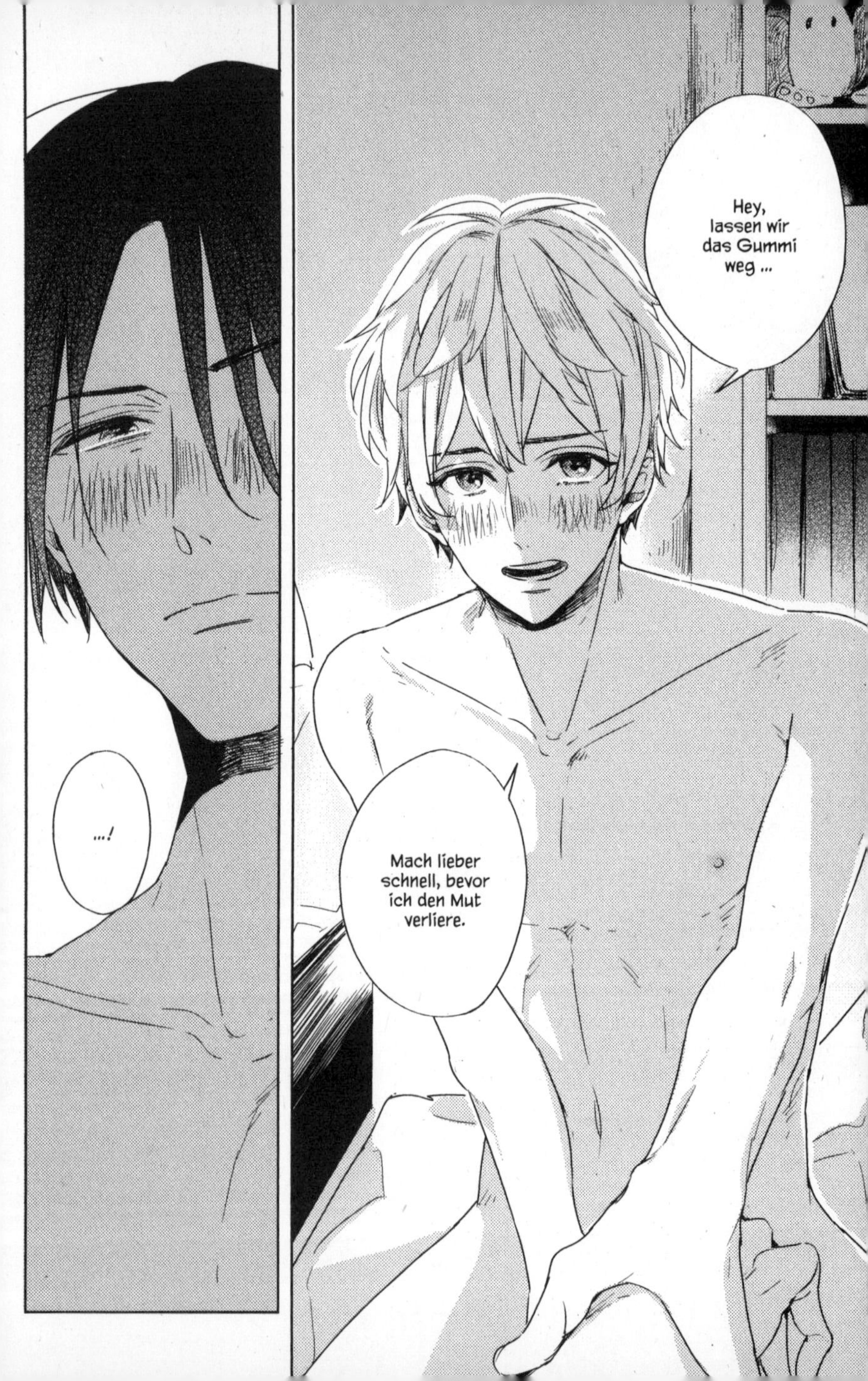
Hey, lassen wir das Gummi weg ...
Mach lieber schnell, bevor ich den Mut verliere.
...!

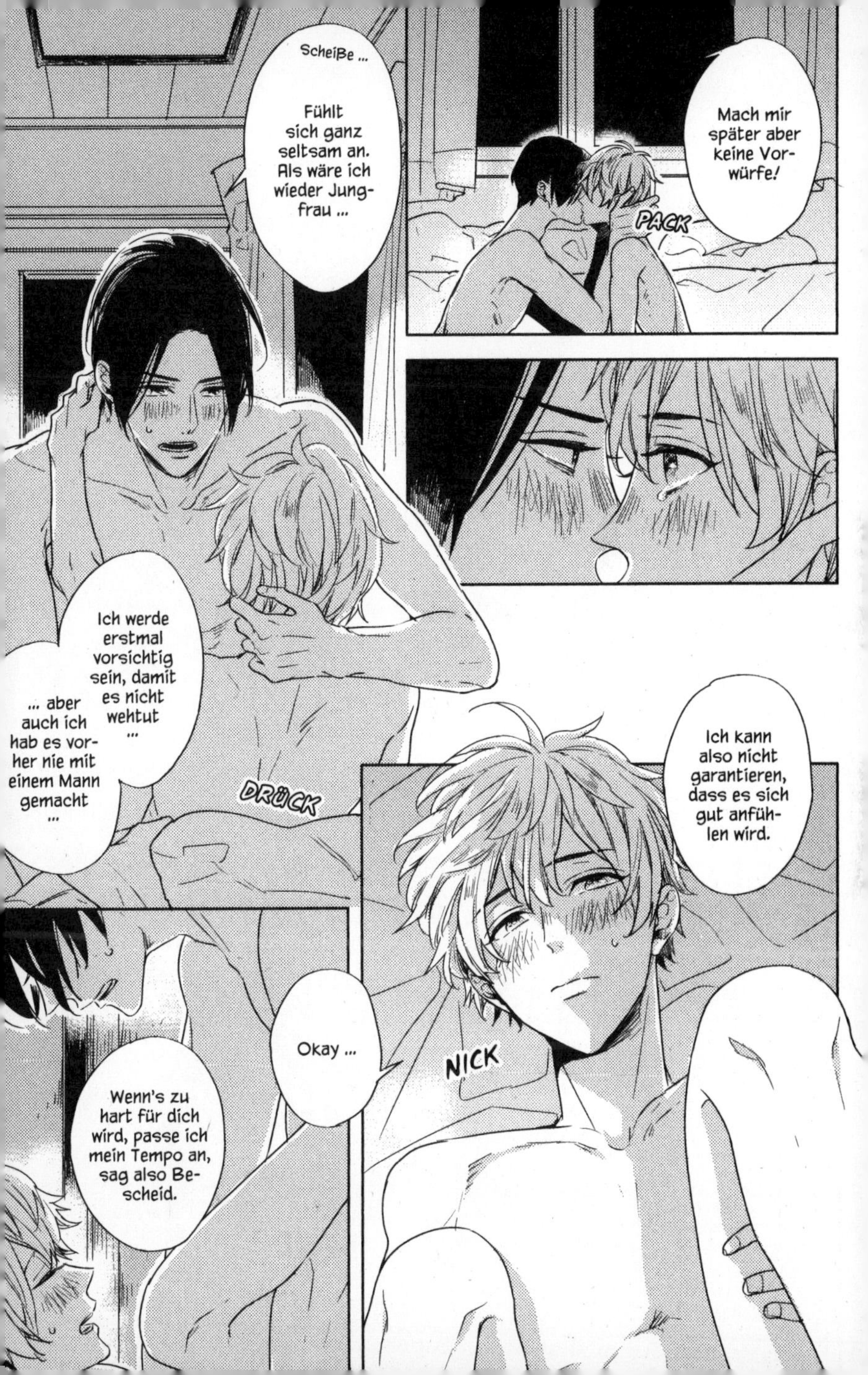
Scheiße ...
Fühlt sich ganz seltsam an. Als wäre ich wieder Jungfrau ...
Mach mir später aber keine Vorwürfe!
PACK
Ich werde erstmal vorsichtig sein, damit es nicht wehtut ...
... aber auch ich hab es vorher nie mit einem Mann gemacht ...
DRÜCK
Ich kann also nicht garantieren, dass es sich gut anfühlen wird.
NICK
Okay ...
Wenn's zu hart für dich wird, passe ich mein Tempo an, sag also Bescheid.

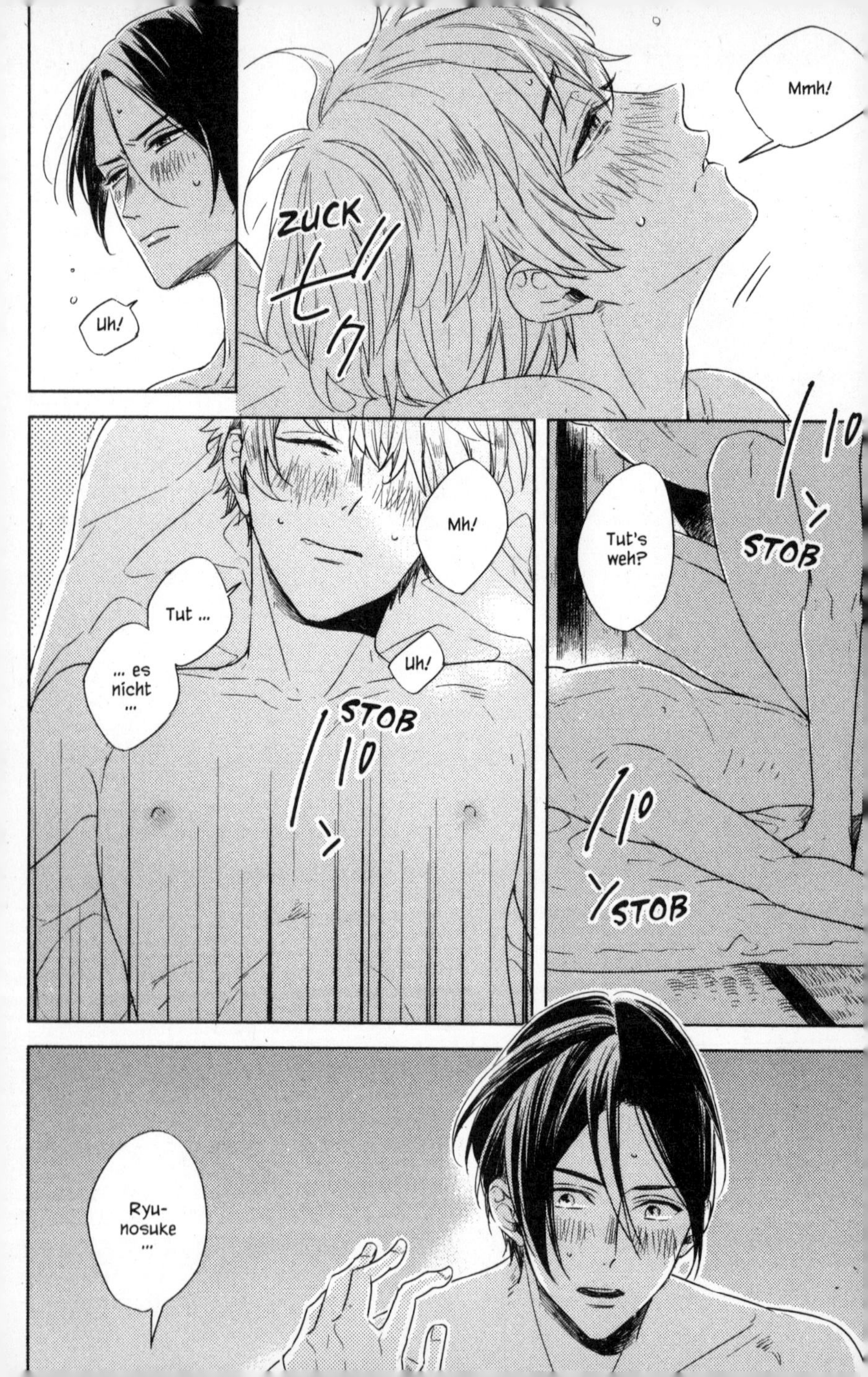
Mmh!
ZUCK
Uh!
Tut's weh?
STOB
STOB
Mh!
Tut ...
... es nicht ...
Uh!
STOB
Ryu-nosuke ...

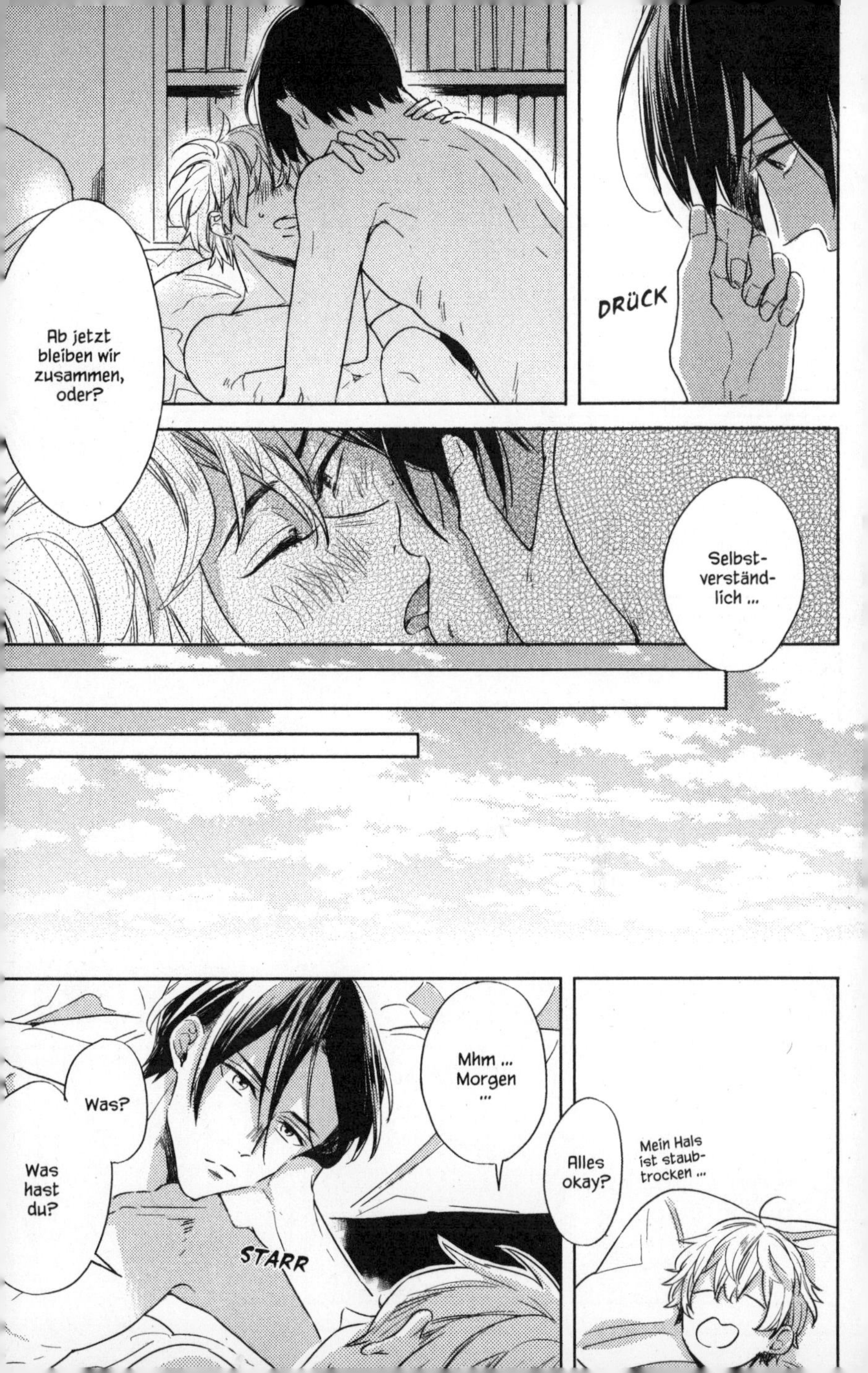

DRÜCK

Ab jetzt bleiben wir zusammen, oder?

Selbstverständlich ...

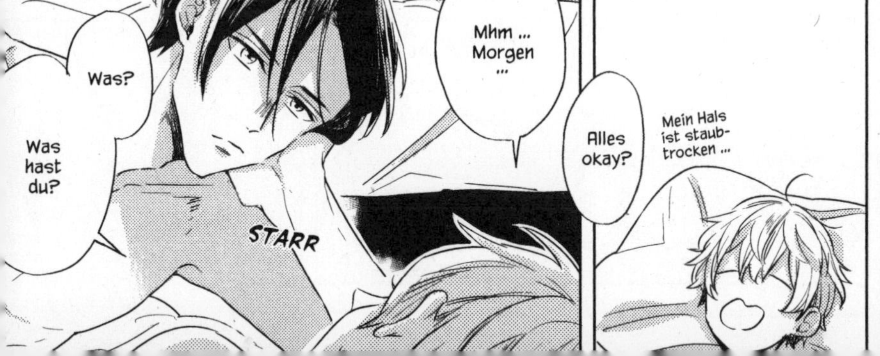

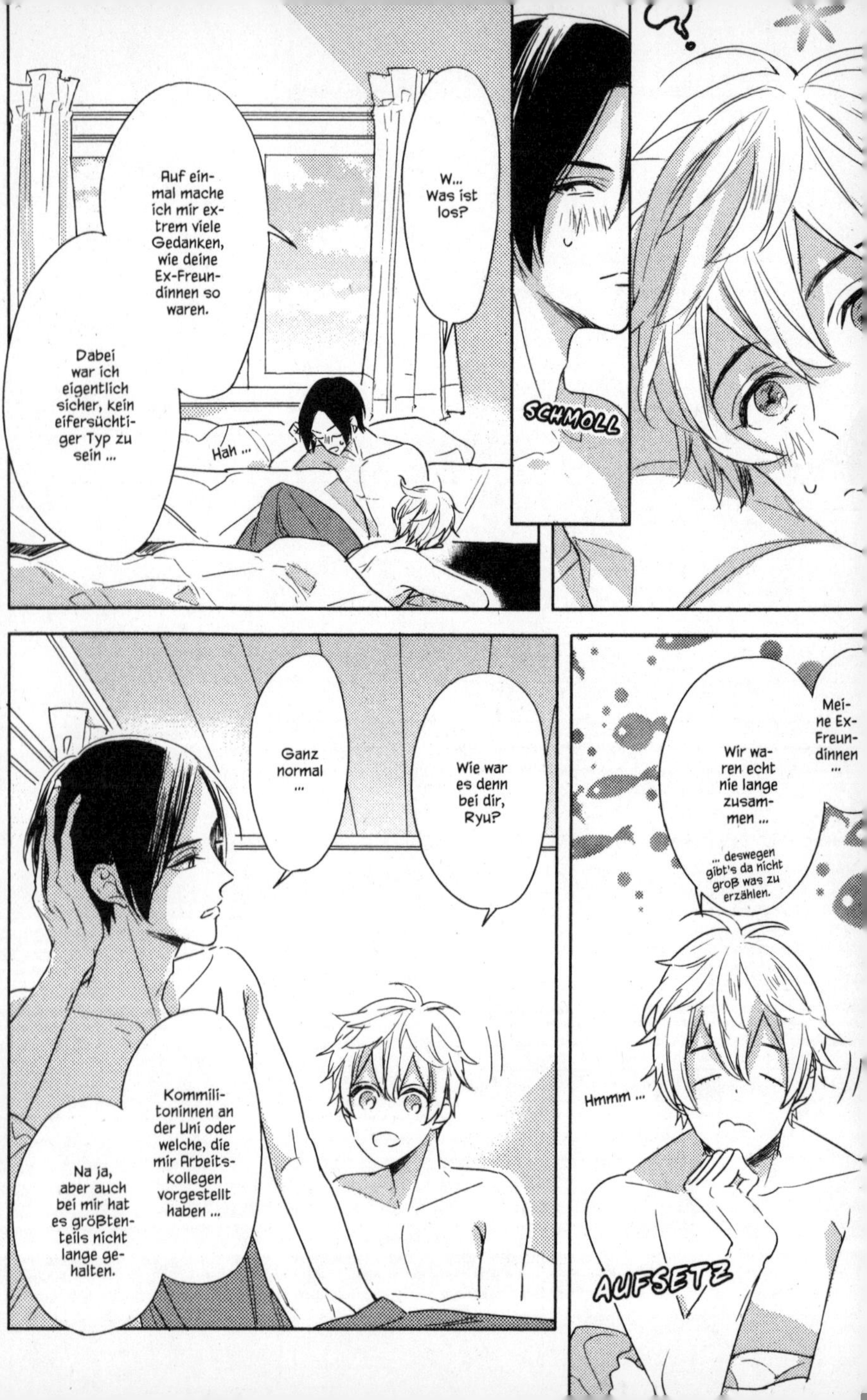

SCHMOLL

W... Was ist los?

Auf einmal mache ich mir extrem viele Gedanken, wie deine Ex-Freundinnen so waren.

Dabei war ich eigentlich sicher, kein eifersüchtiger Typ zu sein ...

Hah ...

Meine Ex-Freundinnen ...

Wir waren echt nie lange zusammen ...

... deswegen gibt's da nicht groß was zu erzählen.

Hmmm ...

AUFSETZ

Wie war es denn bei dir, Ryu?

Ganz normal ...

Kommilitoninnen an der Uni oder welche, die mir Arbeitskollegen vorgestellt haben ...

Na ja, aber auch bei mir hat es größtenteils nicht lange gehalten.

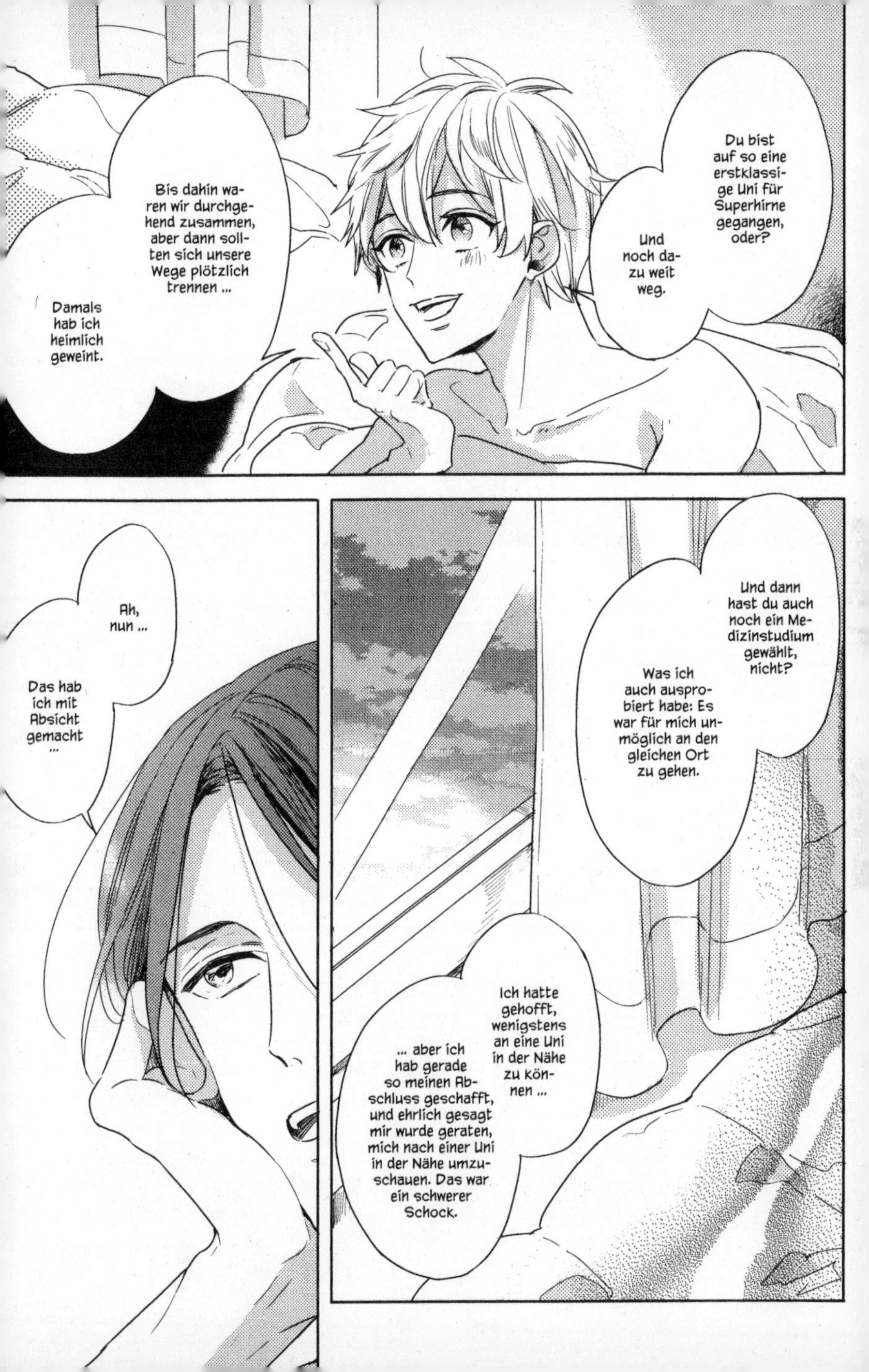

Du bist auf so eine erstklassige Uni für Superhirne gegangen, oder?

Und noch dazu weit weg.

Bis dahin waren wir durchgehend zusammen, aber dann sollten sich unsere Wege plötzlich trennen ...

Damals hab ich heimlich geweint.

Und dann hast du auch noch ein Medizinstudium gewählt, nicht?

Was ich auch ausprobiert habe: Es war für mich unmöglich an den gleichen Ort zu gehen.

Ich hatte gehofft, wenigstens an eine Uni in der Nähe zu können ...

... aber ich hab gerade so meinen Abschluss geschafft, und ehrlich gesagt mir wurde geraten, mich nach einer Uni in der Nähe umzuschauen. Das war ein schwerer Schock.

Ah, nun ...

Das hab ich mit Absicht gemacht ...

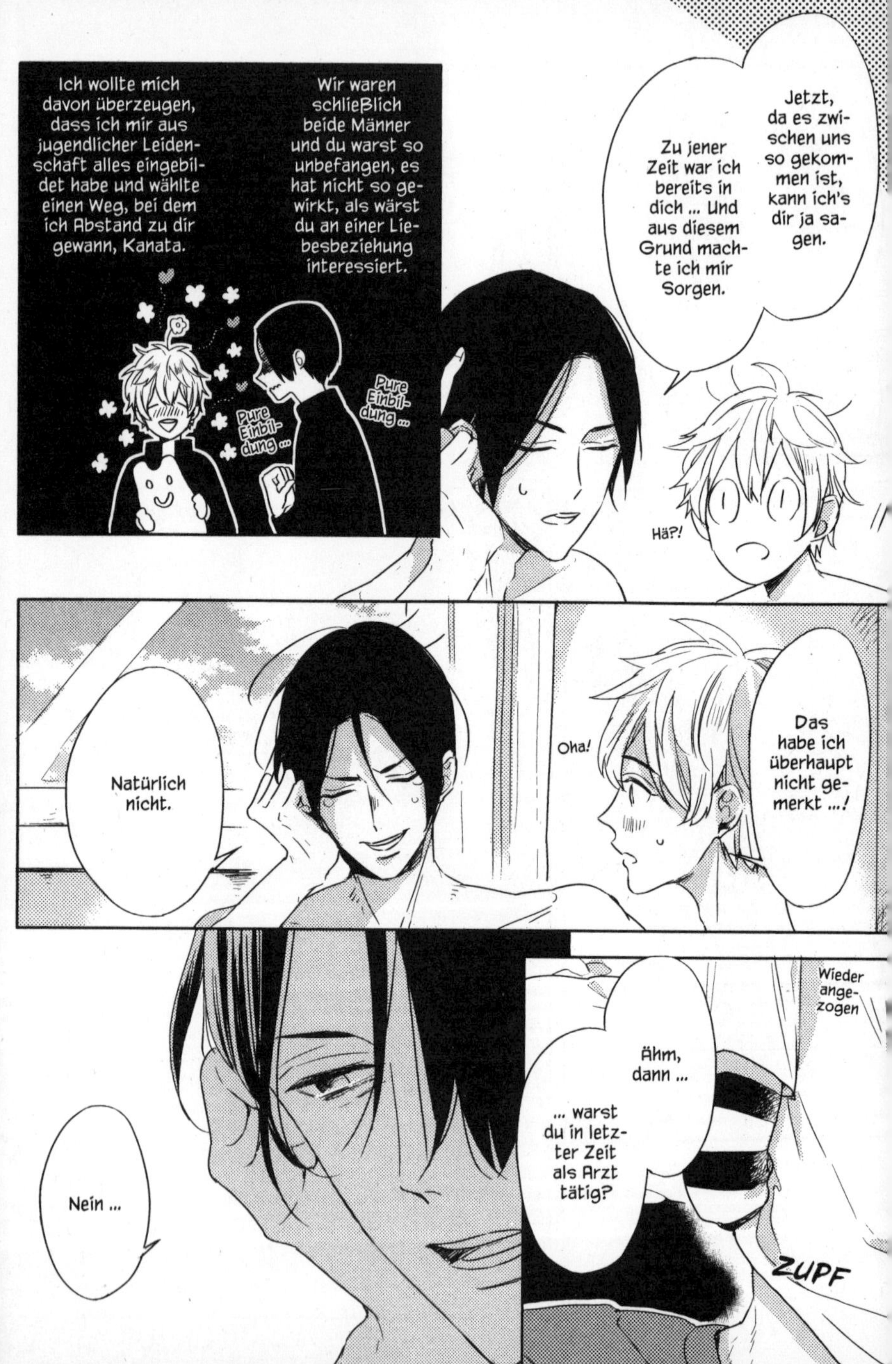
Jetzt, da es zwischen uns so gekommen ist, kann ich's dir ja sagen.
Zu jener Zeit war ich bereits in dich ... Und aus diesem Grund machte ich mir Sorgen.
Wir waren schließlich beide Männer und du warst so unbefangen, es hat nicht so gewirkt, als wärst du an einer Liebesbeziehung interessiert.
Ich wollte mich davon überzeugen, dass ich mir aus jugendlicher Leidenschaft alles eingebildet habe und wählte einen Weg, bei dem ich Abstand zu dir gewann, Kanata.
Pure Einbildung ...
Pure Einbildung ...
Hä?!
Das habe ich überhaupt nicht gemerkt ...!
Oha!
Natürlich nicht.
Wieder angezogen
Ähm, dann ...
... warst du in letzter Zeit als Arzt tätig?
ZUPF
Nein ...

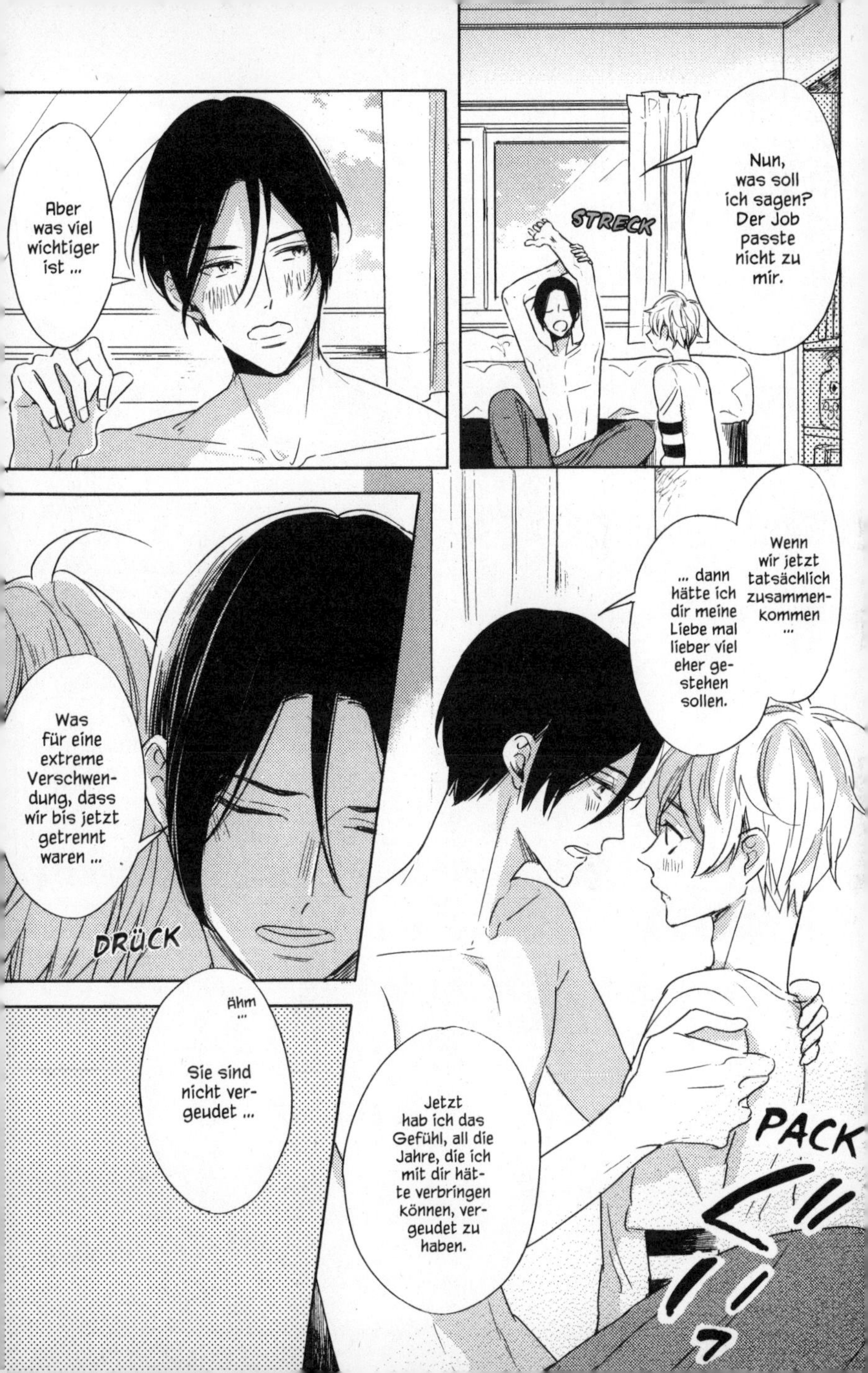
Nun, was soll ich sagen? Der Job passte nicht zu mir.
STRECK
Aber was viel wichtiger ist ...
Wenn wir jetzt tatsächlich zusammenkommen ...
... dann hätte ich dir meine Liebe mal lieber viel eher gestehen sollen.
Was für eine extreme Verschwendung, dass wir bis jetzt getrennt waren ...
DRÜCK
Jetzt hab ich das Gefühl, all die Jahre, die ich mit dir hätte verbringen können, vergeudet zu haben.
PACK
Ähm ...
Sie sind nicht vergeudet ...

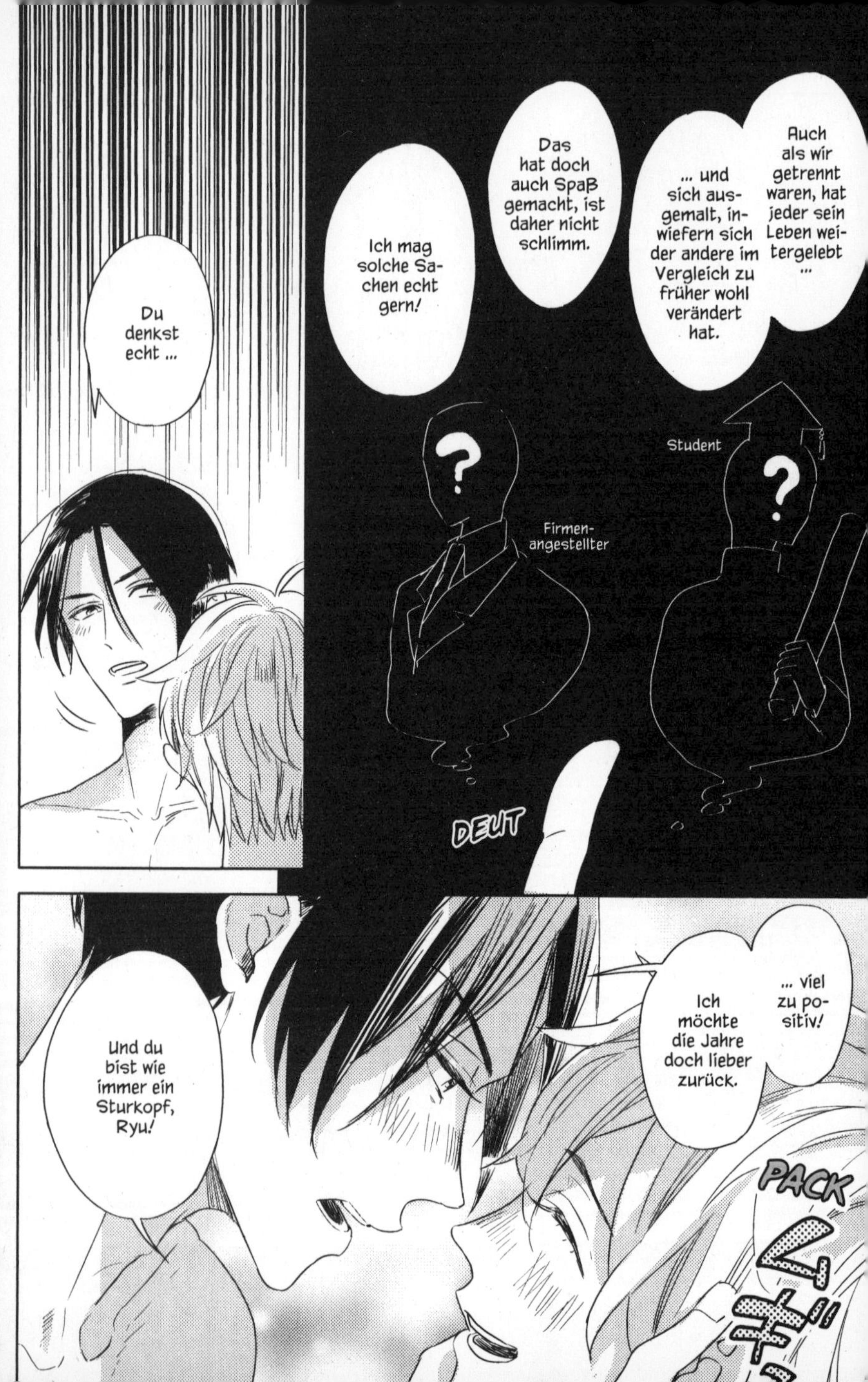
Auch als wir getrennt waren, hat jeder sein Leben weitergelebt ...
... und sich ausgemalt, inwiefern sich der andere im Vergleich zu früher wohl verändert hat.
Das hat doch auch Spaß gemacht, ist daher nicht schlimm.
Ich mag solche Sachen echt gern!
Student
Firmenangestellter
Du denkst echt ...
DEUT
... viel zu positiv!
Ich möchte die Jahre doch lieber zurück.
Und du bist wie immer ein Sturkopf, Ryu!
PACK

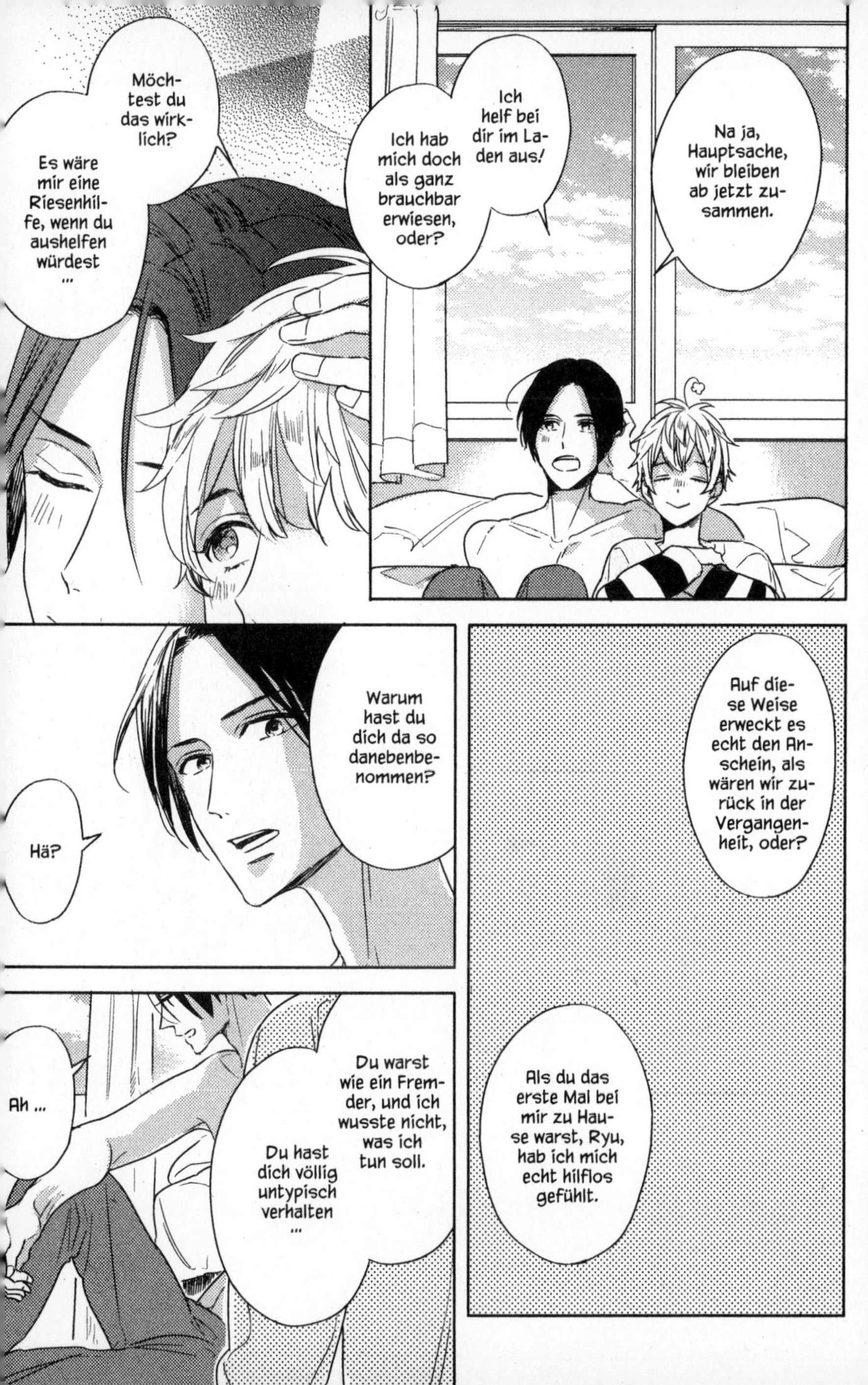
Na ja, Hauptsache, wir bleiben ab jetzt zusammen.
Ich helf bei dir im Laden aus!
Ich hab mich doch als ganz brauchbar erwiesen, oder?
Möchtest du das wirklich?
Es wäre mir eine Riesenhilfe, wenn du aushelfen würdest ...
Auf diese Weise erweckt es echt den Anschein, als wären wir zurück in der Vergangenheit, oder?
Warum hast du dich da so danebenbenommen?
Hä?
Als du das erste Mal bei mir zu Hause warst, Ryu, hab ich mich echt hilflos gefühlt.
Du warst wie ein Fremder, und ich wusste nicht, was ich tun soll.
Du hast dich völlig untypisch verhalten ...
Ah ...

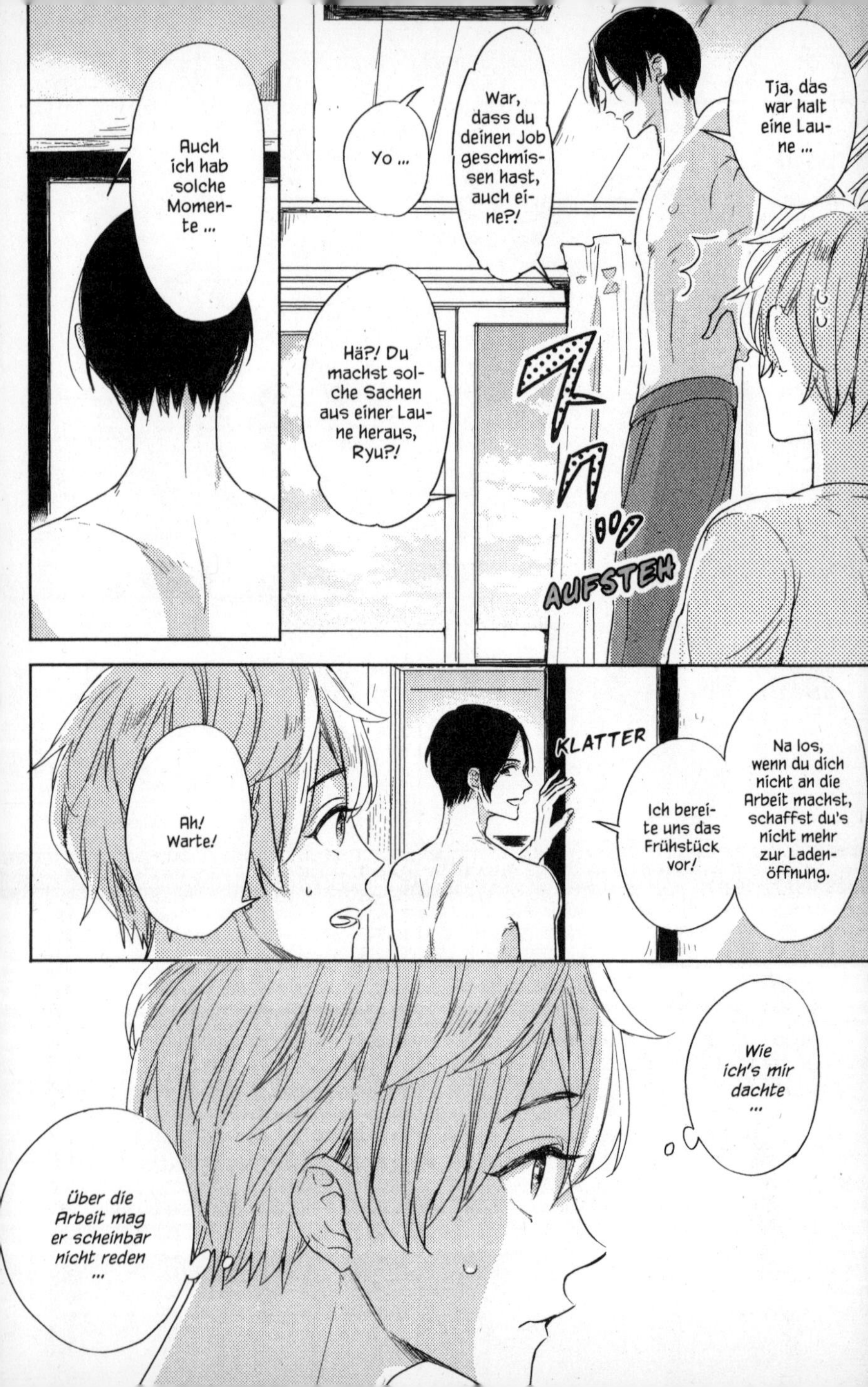
Tja, das war halt eine Laune ...
War, dass du deinen Job geschmissen hast, auch eine?!
Yo ...
Auch ich hab solche Momente ...
Hä?! Du machst solche Sachen aus einer Laune heraus, Ryu?!
AUFSTEH
Na los, wenn du dich nicht an die Arbeit machst, schaffst du's nicht mehr zur Ladenöffnung.
Ich bereite uns das Frühstück vor!
KLATTER
Ah! Warte!
Wie ich's mir dachte ...
Über die Arbeit mag er scheinbar nicht reden ...

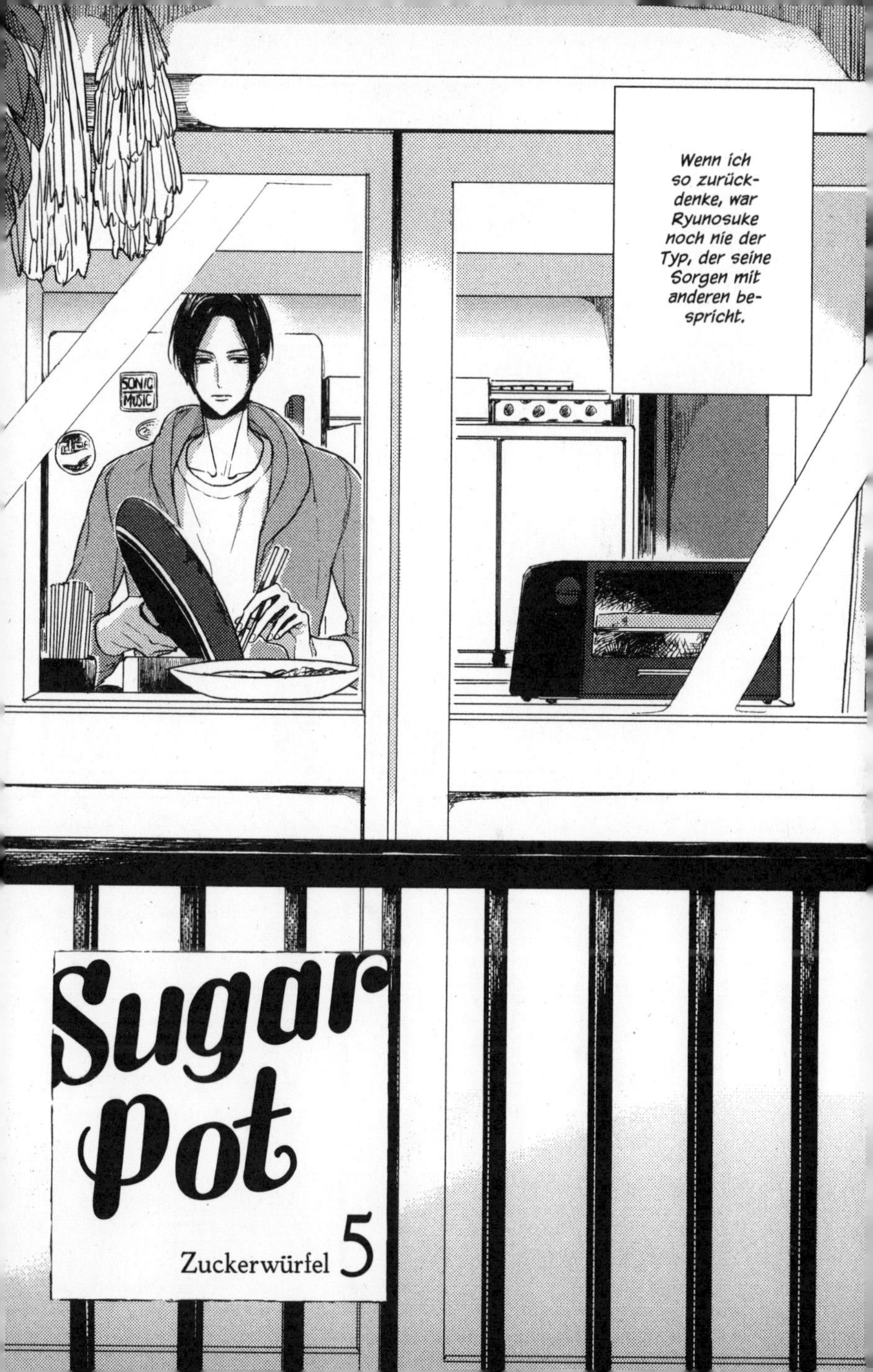
Wenn ich so zurückdenke, war Ryunosuke noch nie der Typ, der seine Sorgen mit anderen bespricht.
SONIC MUSIC
Sugar Pot
Zuckerwürfel 5

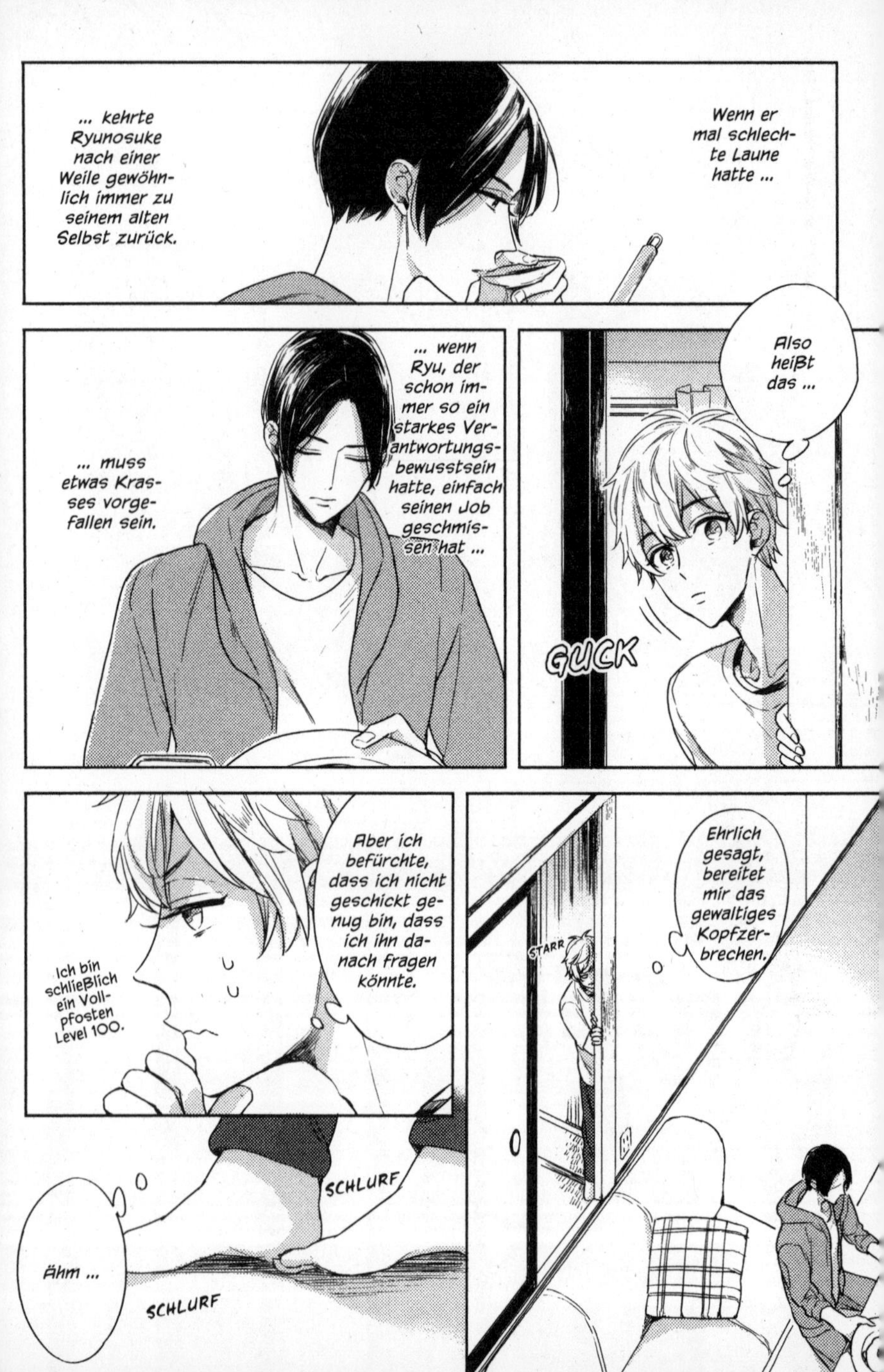

Wenn er mal schlechte Laune hatte ...
... kehrte Ryunosuke nach einer Weile gewöhnlich immer zu seinem alten Selbst zurück.
Also heißt das ...
GUCK
... wenn Ryu, der schon immer so ein starkes Verantwortungsbewusstsein hatte, einfach seinen Job geschmissen hat ...
... muss etwas Krasses vorgefallen sein.
Ehrlich gesagt, bereitet mir das gewaltiges Kopfzerbrechen.
STARR
Aber ich befürchte, dass ich nicht geschickt genug bin, dass ich ihn danach fragen könnte.
Ich bin schließlich ein Vollpfosten Level 100.
SCHLURF
Ähm ...
SCHLURF

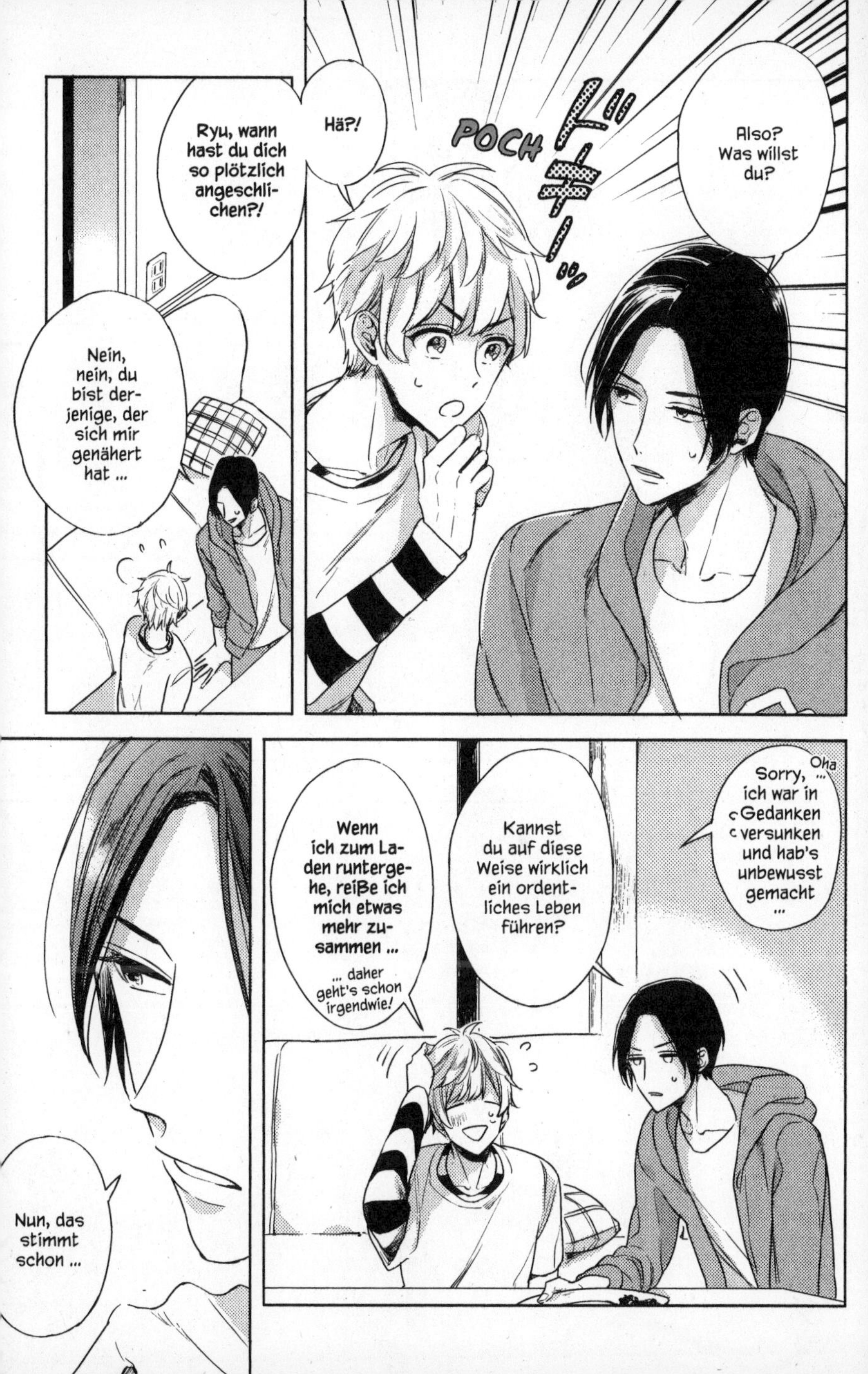
Also? Was willst du?
POCH
Hä?!
Ryu, wann hast du dich so plötzlich angeschlichen?!
Nein, nein, du bist derjenige, der sich mir genähert hat ...
Oha ...
Sorry, ich war in Gedanken versunken und hab's unbewusst gemacht ...
Kannst du auf diese Weise wirklich ein ordentliches Leben führen?
Wenn ich zum Laden runtergehe, reiße ich mich etwas mehr zusammen ...
... daher geht's schon irgendwie!
Nun, das stimmt schon ...

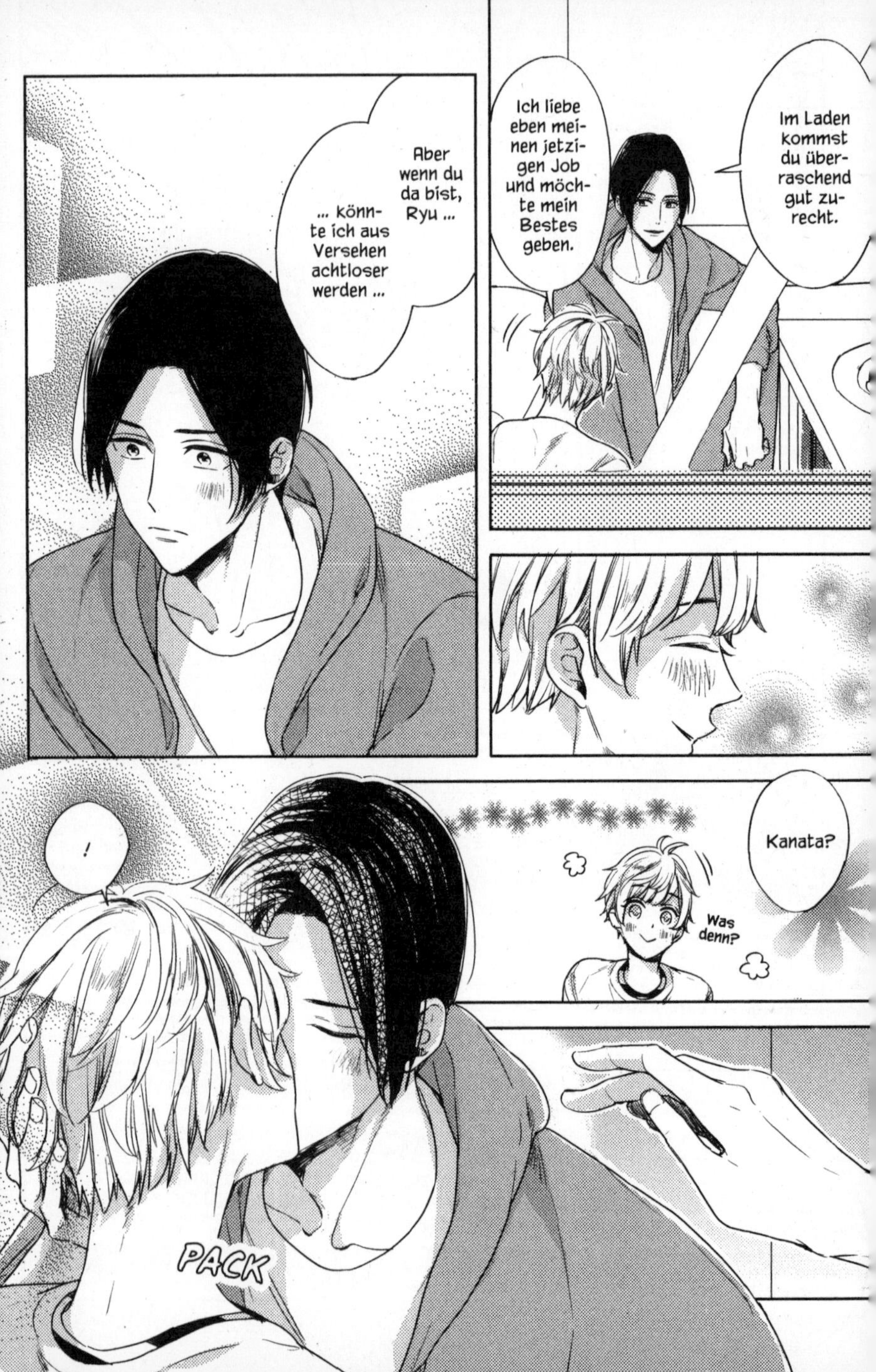
Im Laden kommst du überraschend gut zurecht.
Ich liebe eben meinen jetzigen Job und möchte mein Bestes geben.
Aber wenn du da bist, Ryu ...
... könnte ich aus Versehen achtloser werden ...
Kanata?
Was denn?
!
PACK

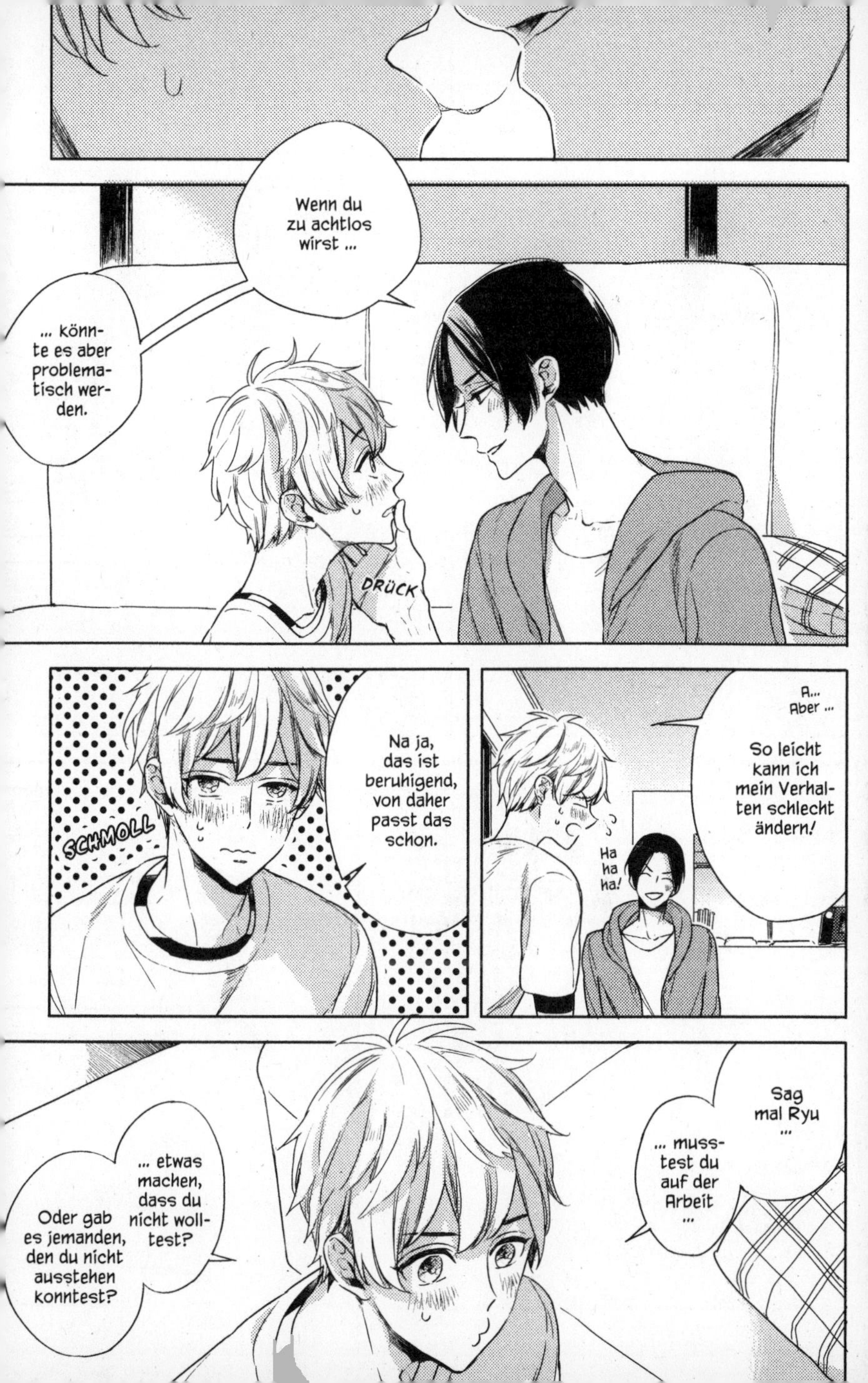
Wenn du zu achtlos wirst ...
... könnte es aber problematisch werden.
DRÜCK
A... Aber ...
So leicht kann ich mein Verhalten schlecht ändern!
Ha ha ha!
Na ja, das ist beruhigend, von daher passt das schon.
SCHMOLL
Sag mal Ryu ...
... musstest du auf der Arbeit ...
... etwas machen, dass du nicht wolltest?
Oder gab es jemanden, den du nicht ausstehen konntest?

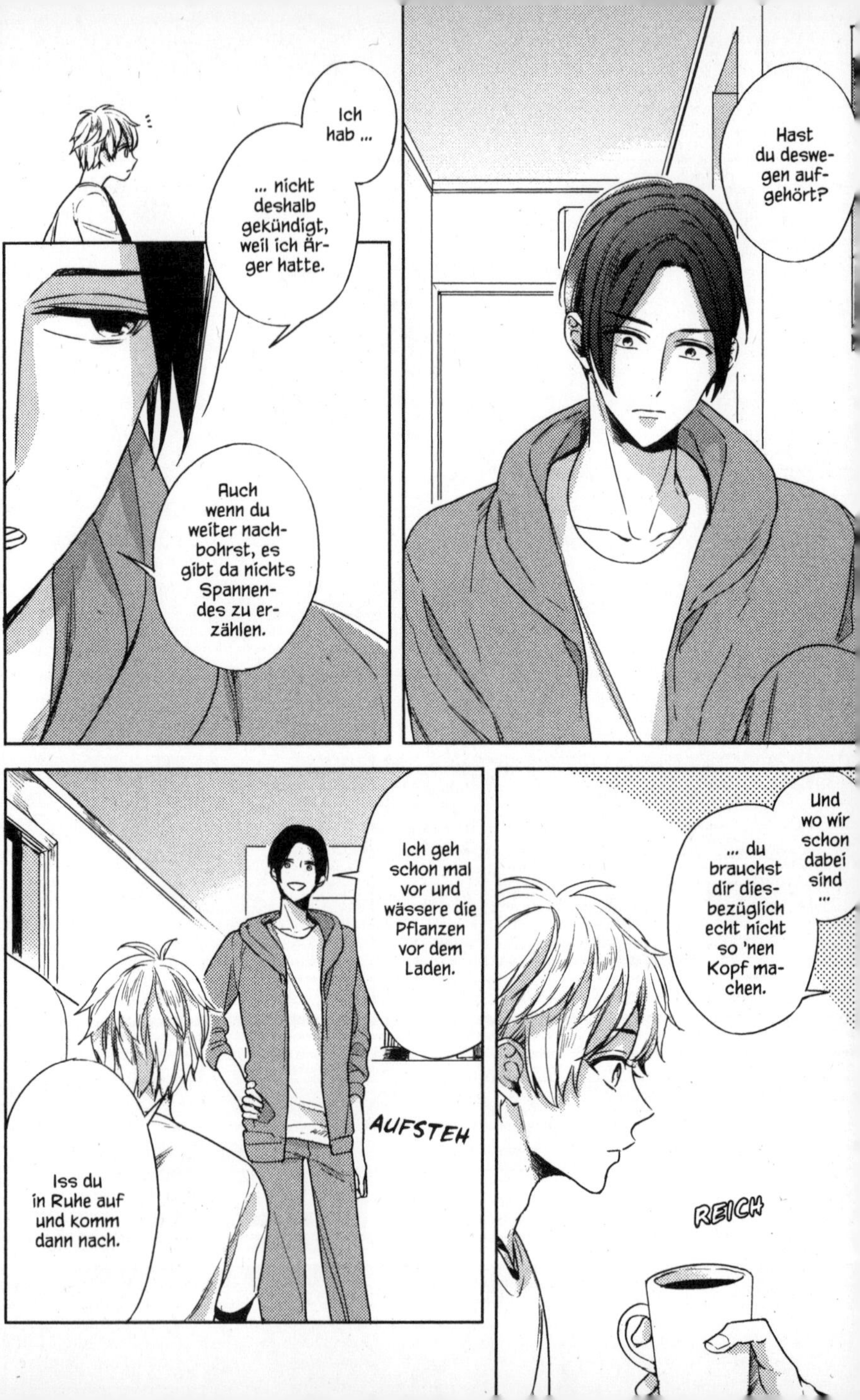

Hast du deswegen aufgehört?
Ich hab ...
... nicht deshalb gekündigt, weil ich Ärger hatte.
Auch wenn du weiter nachbohrst, es gibt da nichts Spannendes zu erzählen.
Und wo wir schon dabei sind ...
... du brauchst dir diesbezüglich echt nicht so 'nen Kopf machen.
REICH
AUFSTEH
Ich geh schon mal vor und wässere die Pflanzen vor dem Laden.
Iss du in Ruhe auf und komm dann nach.

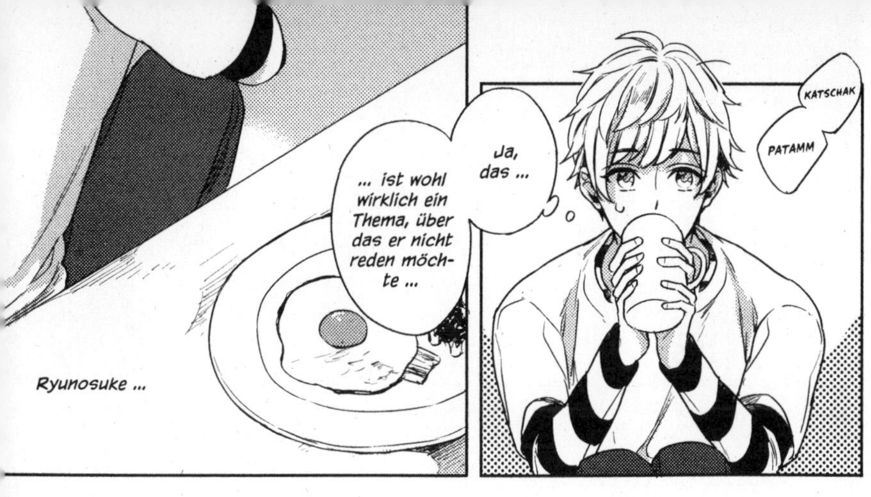

... weiß genau, dass ich nicht weiter nachhaken kann, wenn er mir das so sagt..

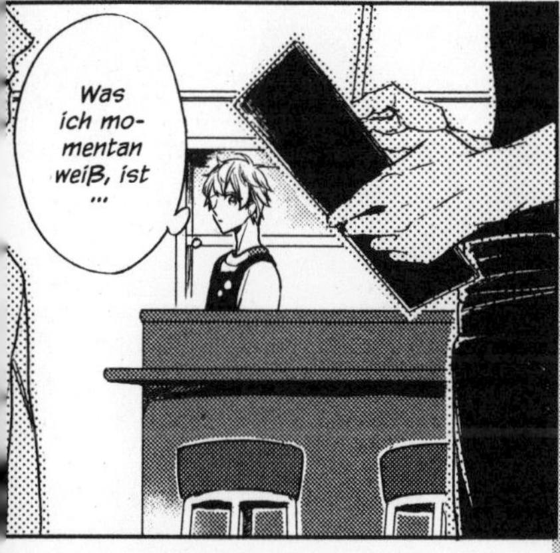

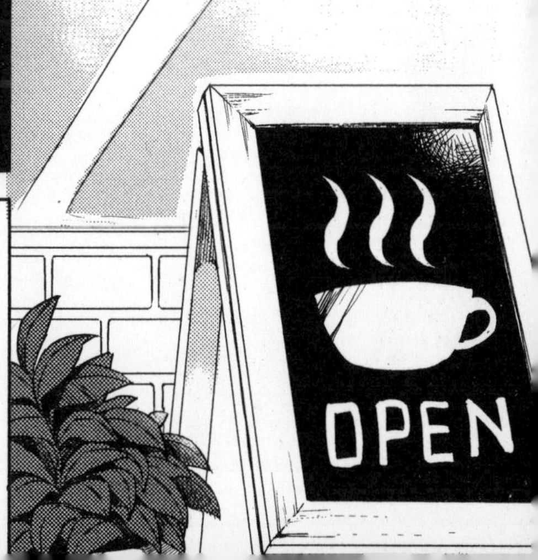

... dass er Medizin studiert hat ...

... dass er seinen Job geschmissen hat ...

... und dass seine Bezahlung wohl gut gewesen ist (er hatte schließlich einen rätselhaft hohen Geldbetrag bei sich).

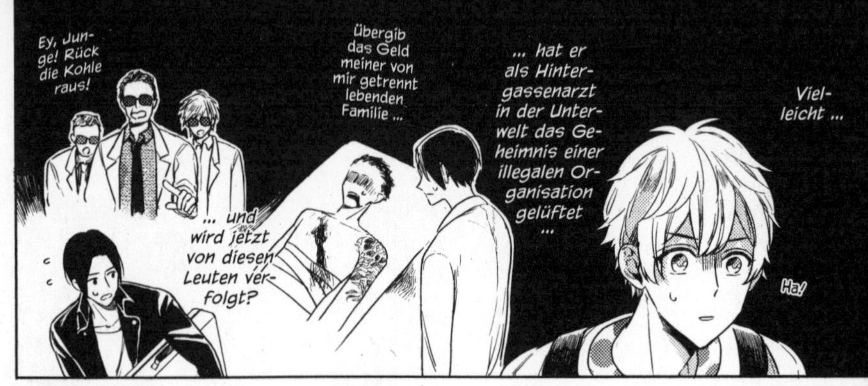

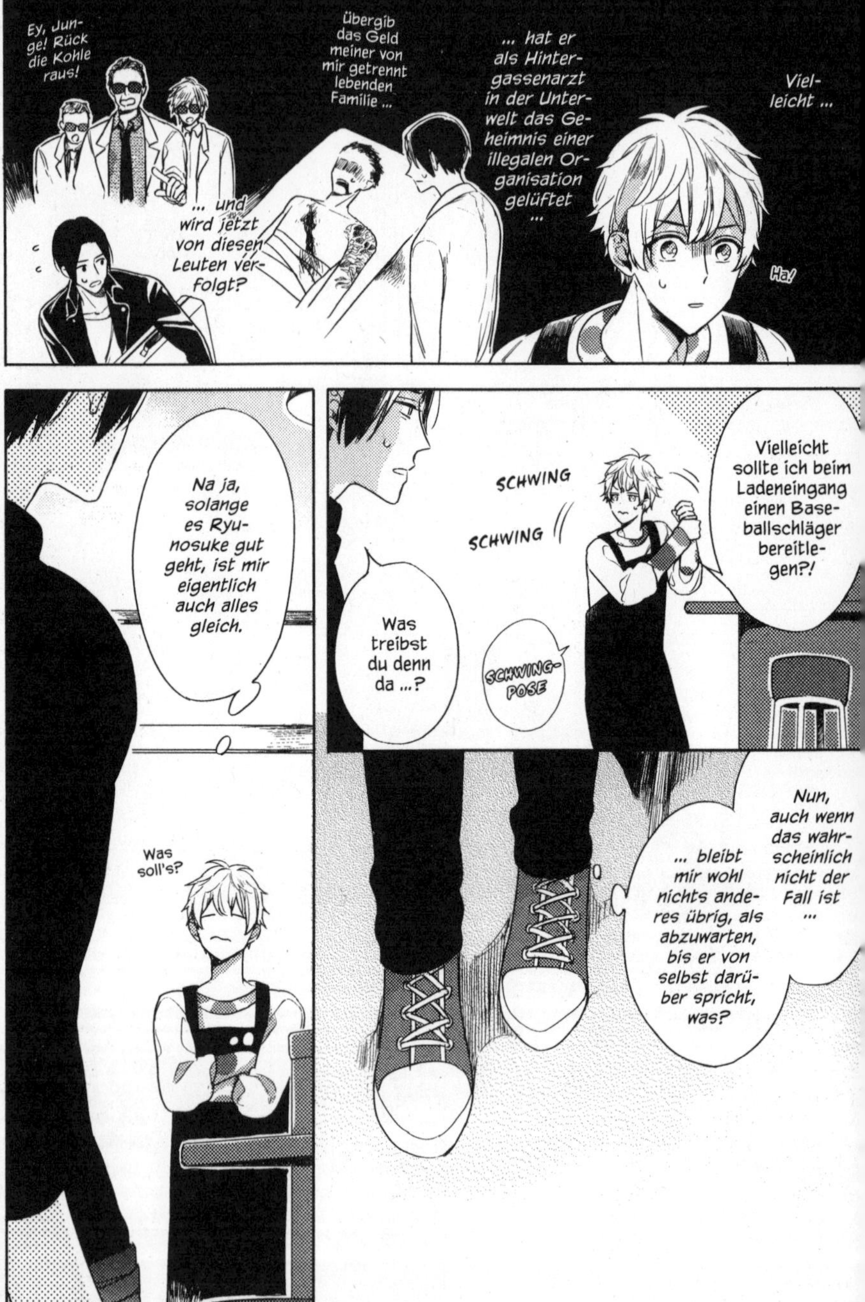

Vielleicht sollte ich beim Ladeneingang einen Baseballschläger bereitlegen?!

SCHWING

SCHWING

SCHWING-POSE

Was treibst du denn da ...?

Na ja, solange es Ryunosuke gut geht, ist mir eigentlich auch alles gleich.

Nun, auch wenn das wahrscheinlich nicht der Fall ist ...

... bleibt mir wohl nichts anderes übrig, als abzuwarten, bis er von selbst darüber spricht, was?

Was soll's?

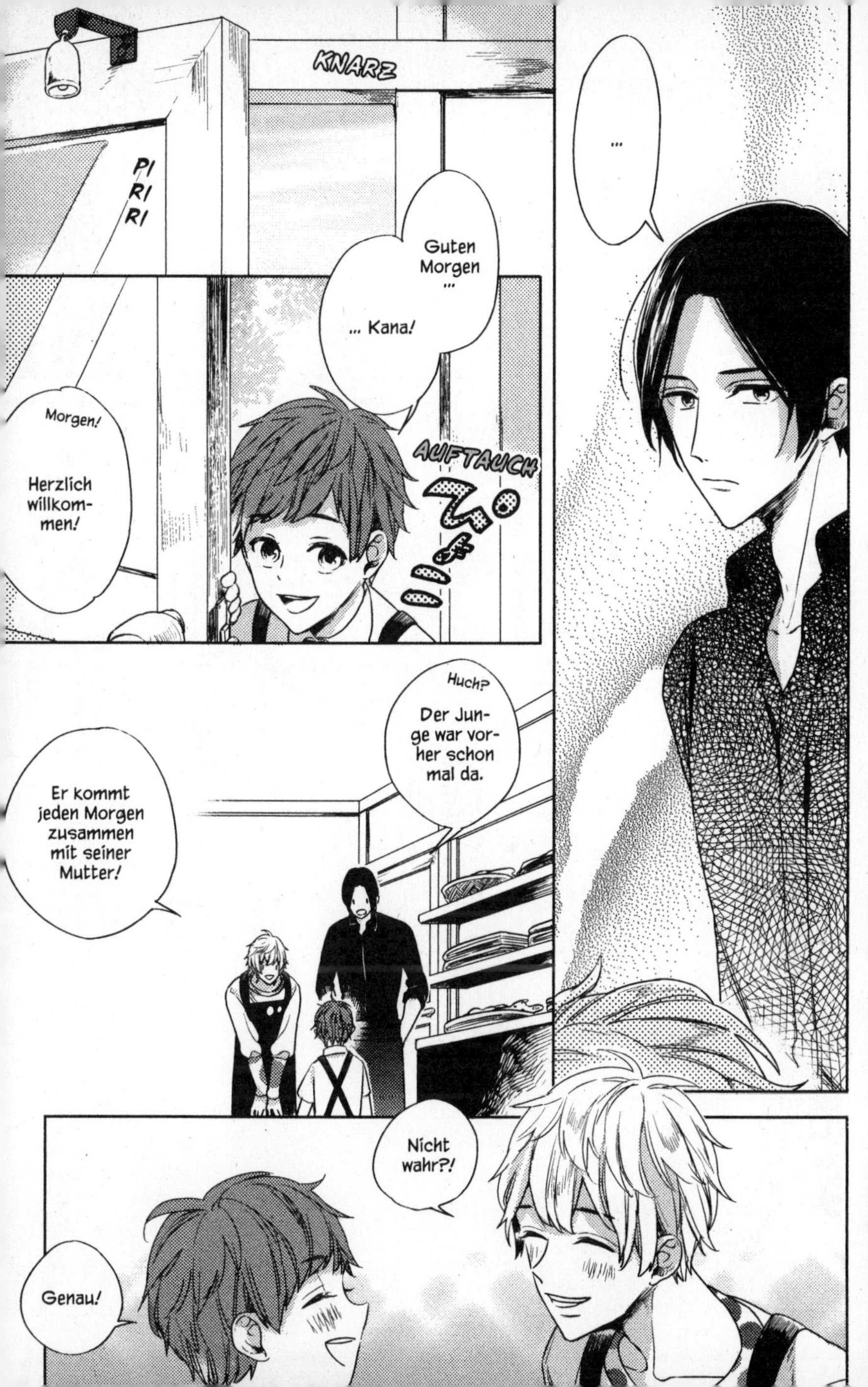
KNARZ
PI RI RI
...
Guten Morgen ...
... Kana!
Morgen!
Herzlich willkommen!
AUFTAUCH
Huch?
Der Junge war vorher schon mal da.
Er kommt jeden Morgen zusammen mit seiner Mutter!
Nicht wahr?!
Genau!

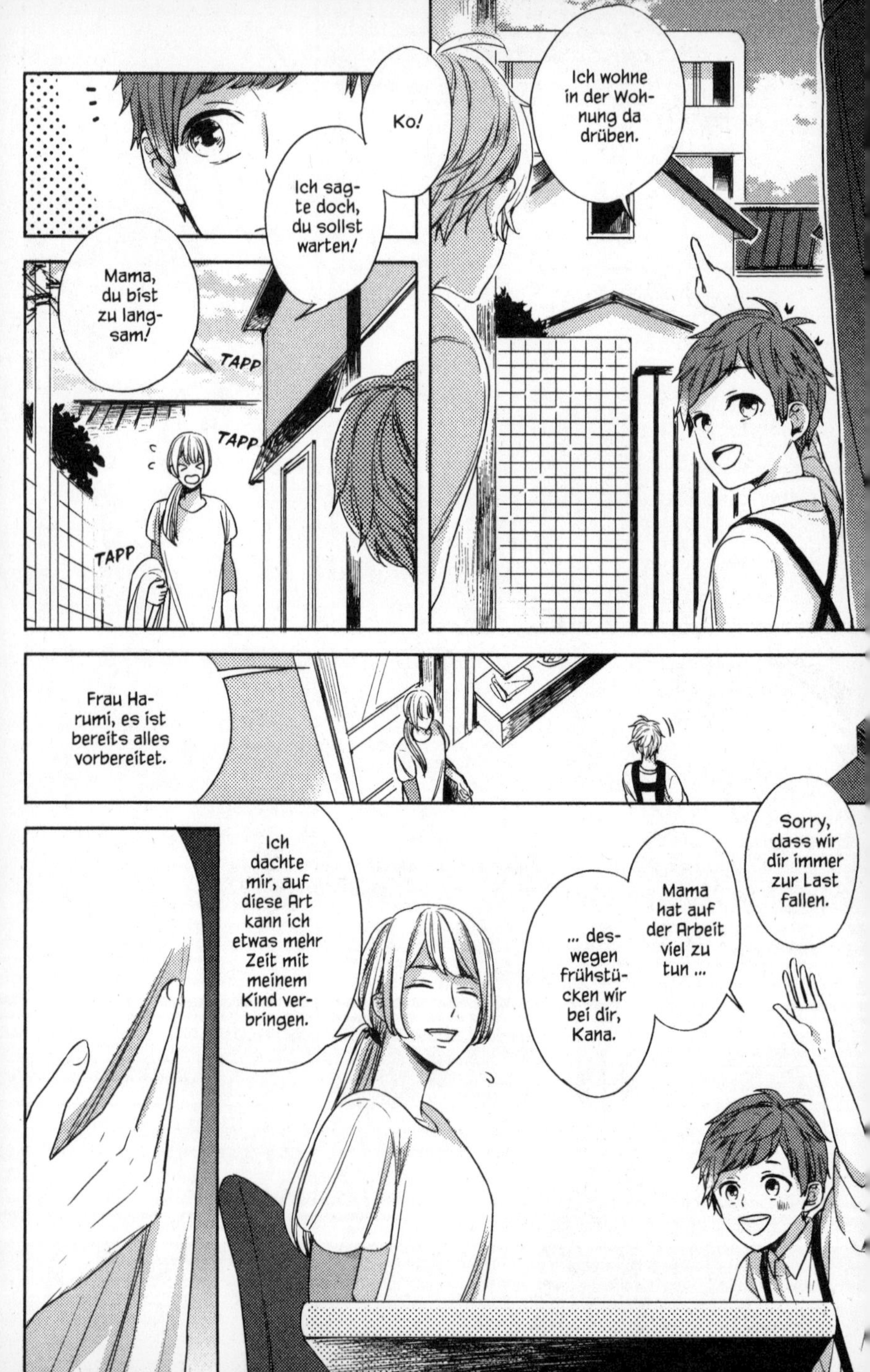
Ich wohne in der Wohnung da drüben.
Ko!
Ich sagte doch, du sollst warten!
Mama, du bist zu langsam!
TAPP
TAPP
TAPP
Frau Harumi, es ist bereits alles vorbereitet.
Sorry, dass wir dir immer zur Last fallen.
Mama hat auf der Arbeit viel zu tun ...
... deswegen frühstücken wir bei dir, Kana.
Ich dachte mir, auf diese Art kann ich etwas mehr Zeit mit meinem Kind verbringen.

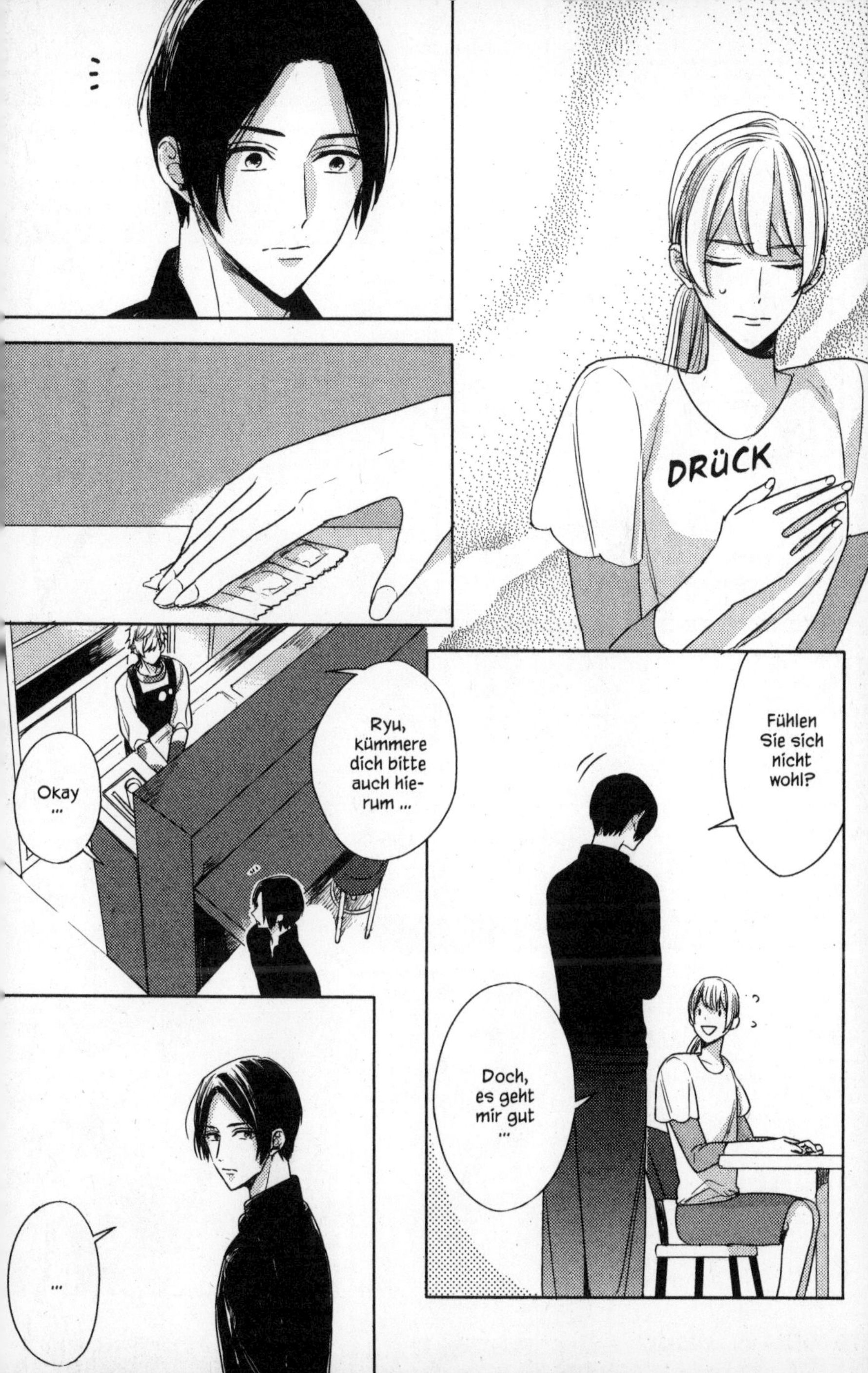
DRÜCK
Fühlen Sie sich nicht wohl?
Doch, es geht mir gut ...
Ryu, kümmere dich bitte auch hierum ...
Okay ...
...

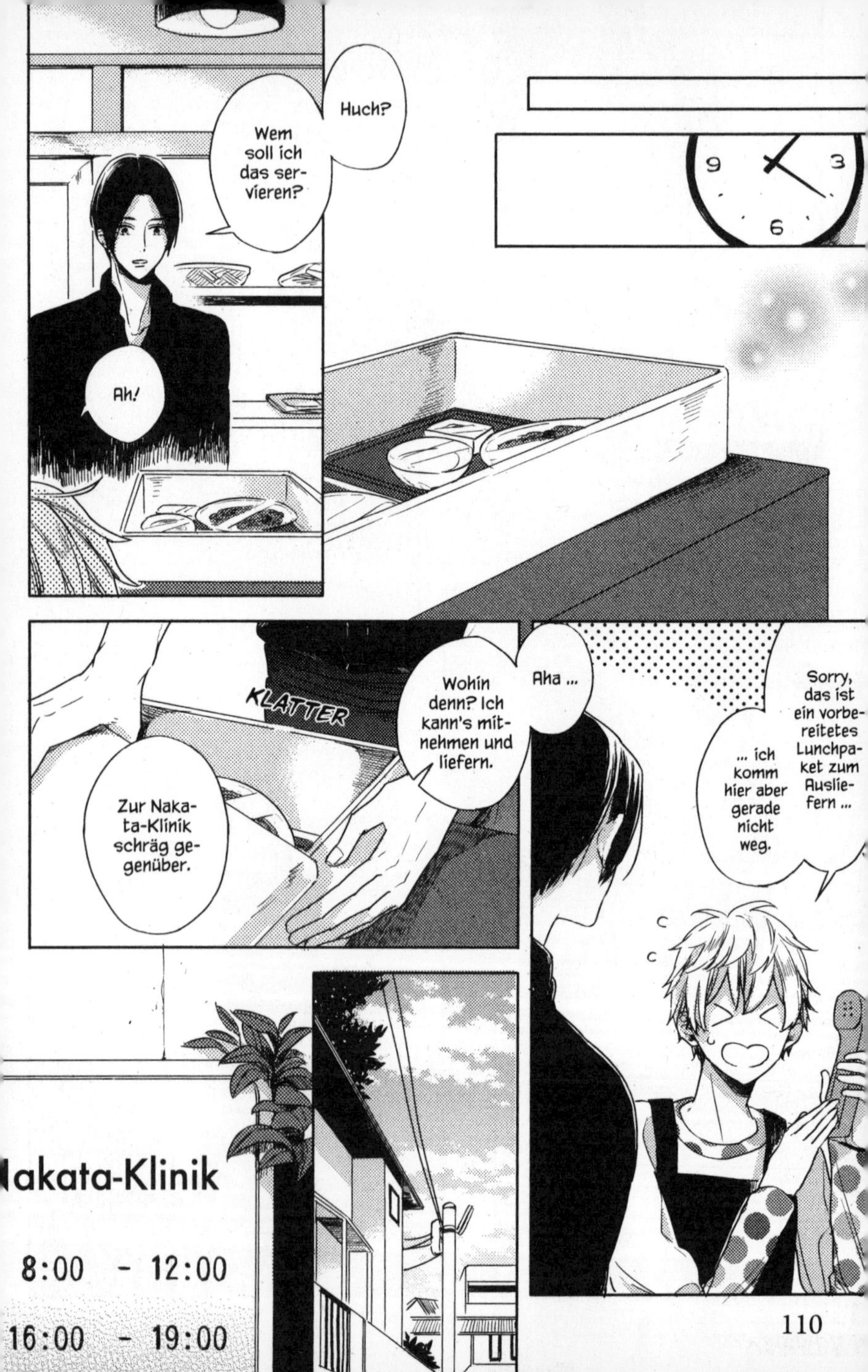
Huch?
Wem soll ich das servieren?
Ah!
Aha ...
Wohin denn? Ich kann's mitnehmen und liefern.
KLATTER
Zur Nakata-Klinik schräg gegenüber.
Sorry, das ist ein vorbereitetes Lunchpaket zum Ausliefern ...
... ich komm hier aber gerade nicht weg.
akata-Klinik
8:00 - 12:00
16:00 - 19:00

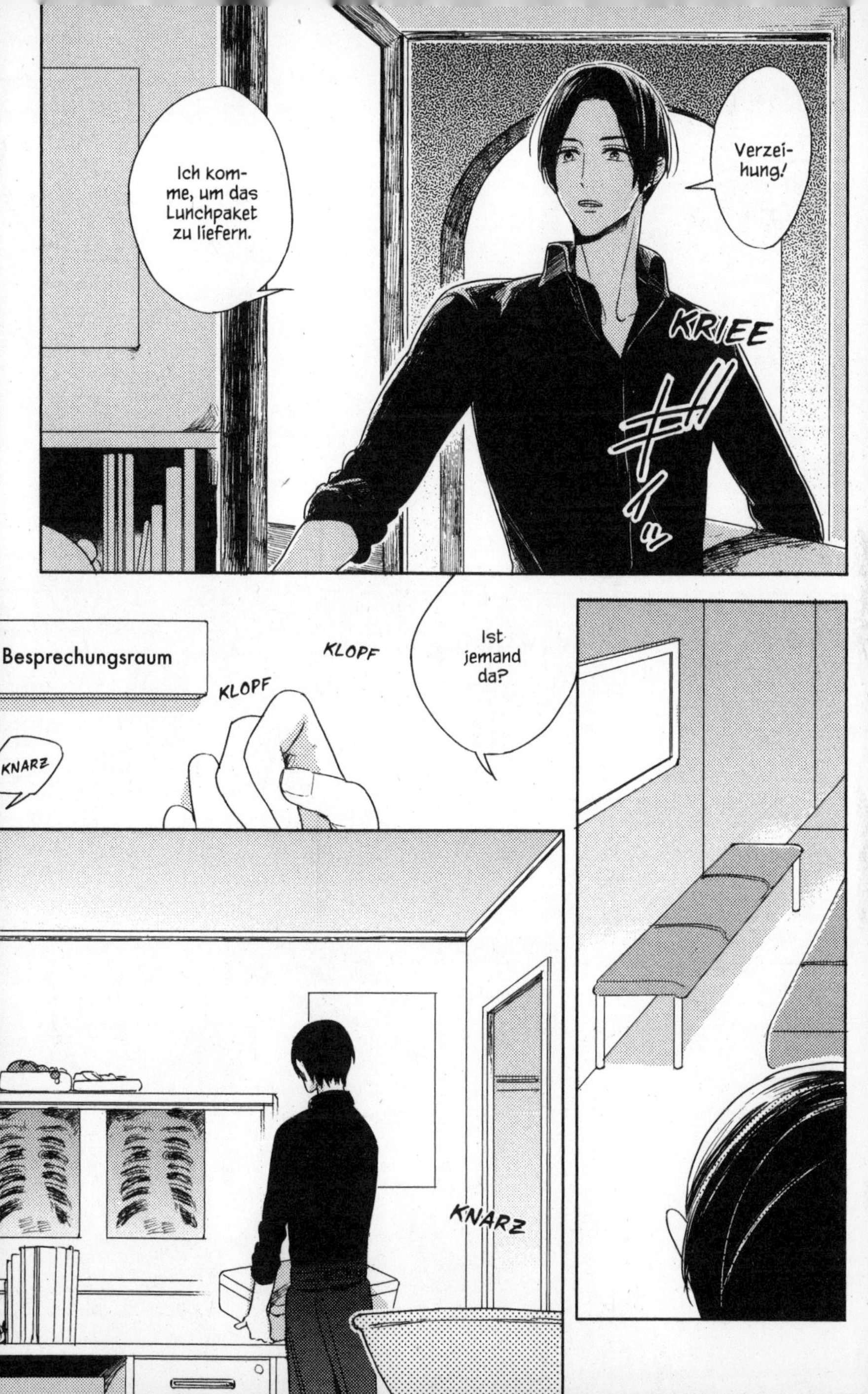
Verzei-
hung!
Ich kom-
me, um das
Lunchpaket
zu liefern.
KRIEE
Ist
jemand
da?
KLOPF
KLOPF
Besprechungsraum
KNARZ
KNARZ

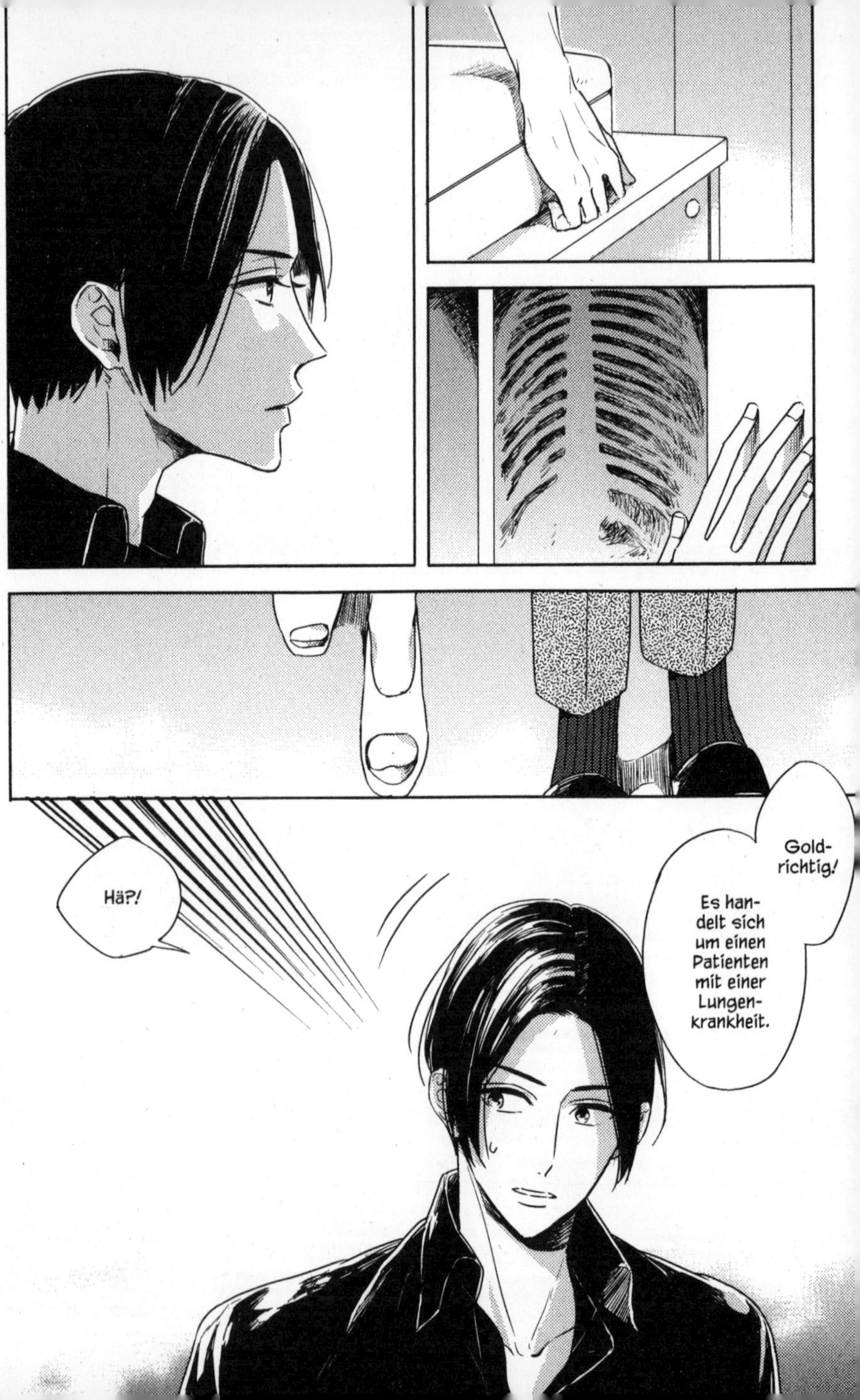

Goldrichtig!
Es handelt sich um einen Patienten mit einer Lungenkrankheit.
Hä?!

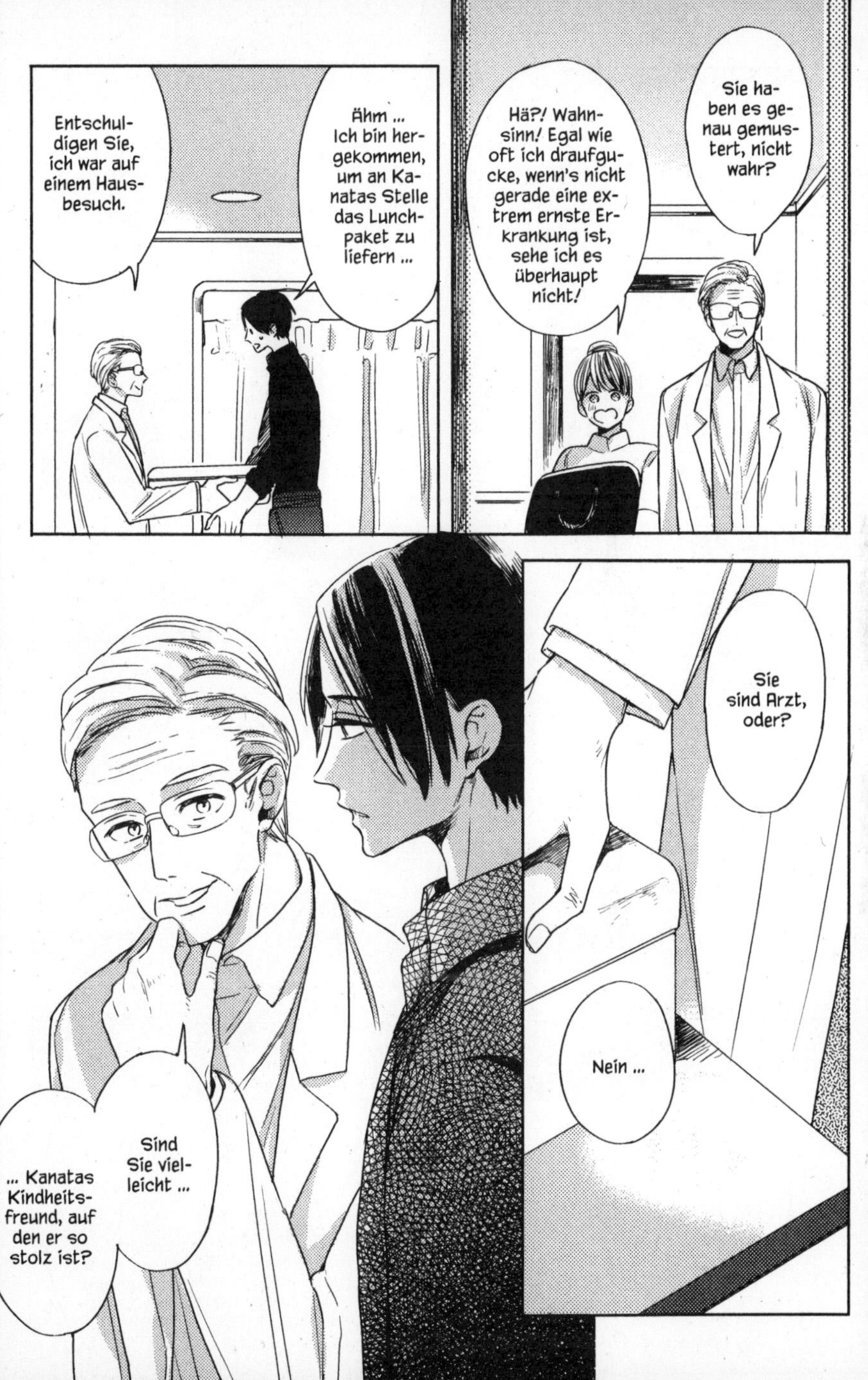
Sie haben es genau gemustert, nicht wahr?
Hä?! Wahnsinn! Egal wie oft ich draufgucke, wenn's nicht gerade eine extrem ernste Erkrankung ist, sehe ich es überhaupt nicht!
Ähm ... Ich bin hergekommen, um an Kanatas Stelle das Lunchpaket zu liefern ...
Entschuldigen Sie, ich war auf einem Hausbesuch.
Sie sind Arzt, oder?
Nein ...
Sind Sie vielleicht ...
... Kanatas Kindheitsfreund, auf den er so stolz ist?

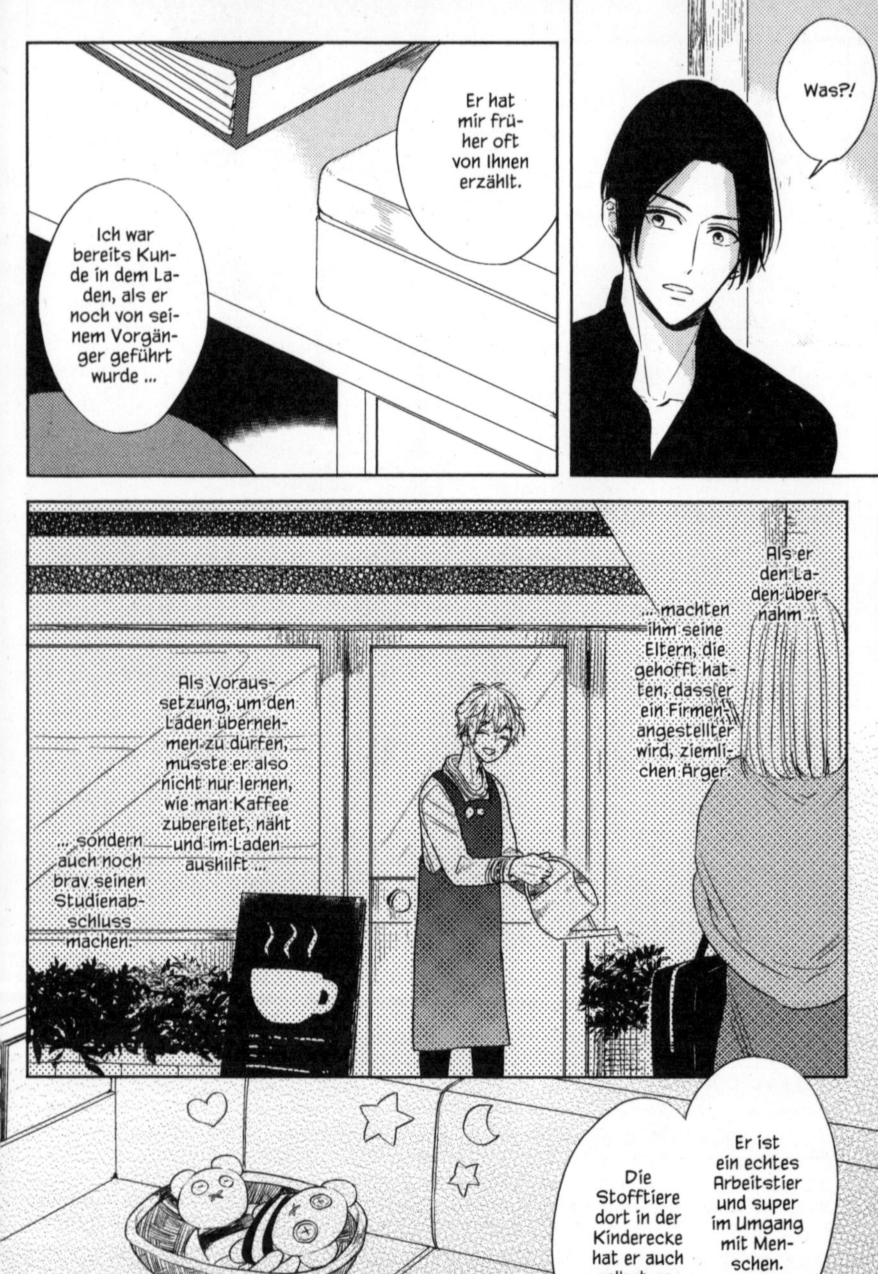
Was?!
Er hat mir früher oft von Ihnen erzählt.
Ich war bereits Kunde in dem Laden, als er noch von seinem Vorgänger geführt wurde ...
Als er den Laden übernahm ...
... machten ihm seine Eltern, die gehofft hatten, dass er ein Firmenangestellter wird, ziemlichen Ärger.
Als Voraussetzung, um den Laden übernehmen zu dürfen, musste er also nicht nur lernen, wie man Kaffee zubereitet, näht und im Laden aushilft ...
... sondern auch noch brav seinen Studienabschluss machen.
Er ist ein echtes Arbeitstier und super im Umgang mit Menschen.
Die Stofftiere dort in der Kinderecke hat er auch selbst gebastelt!

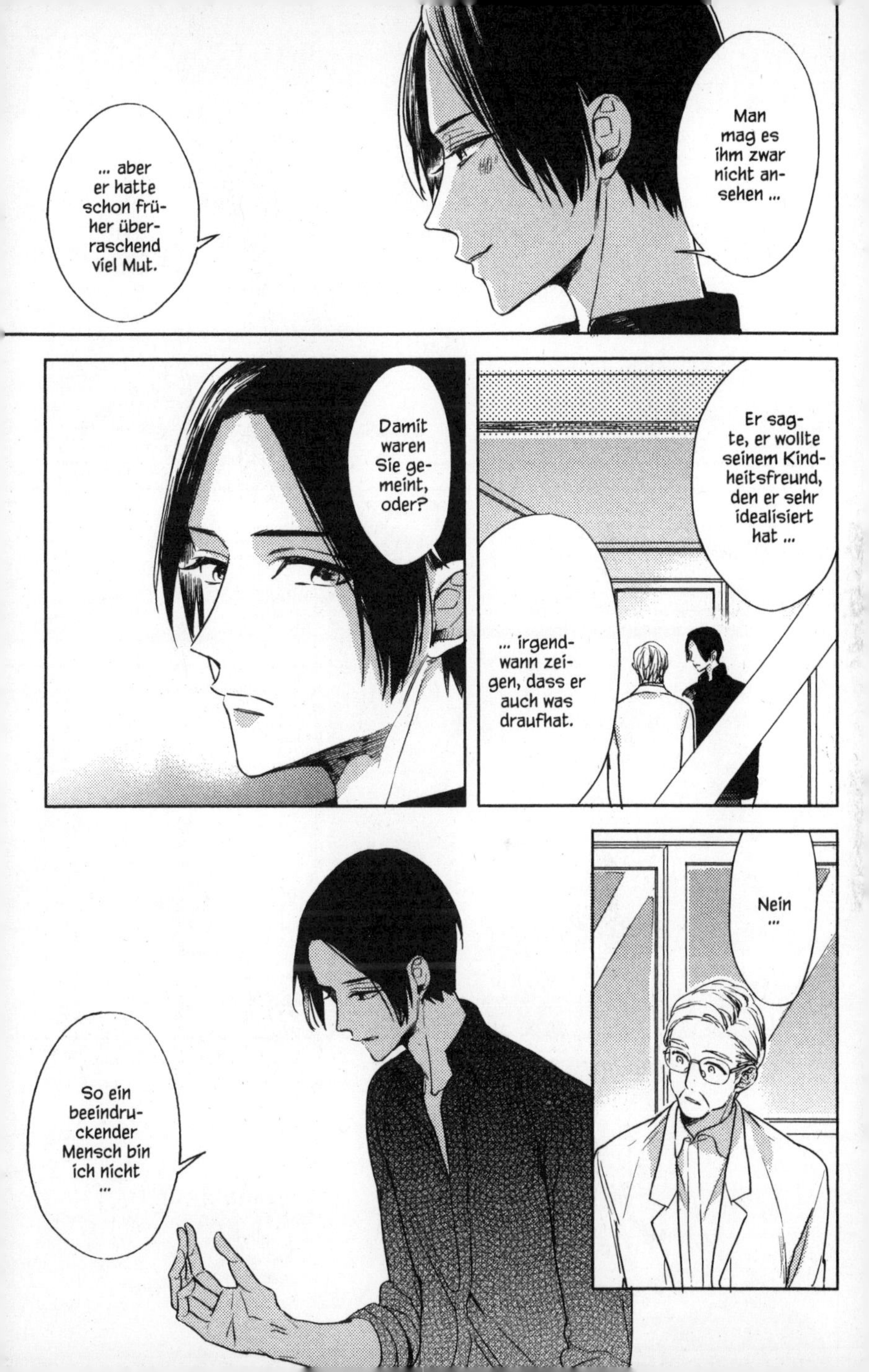

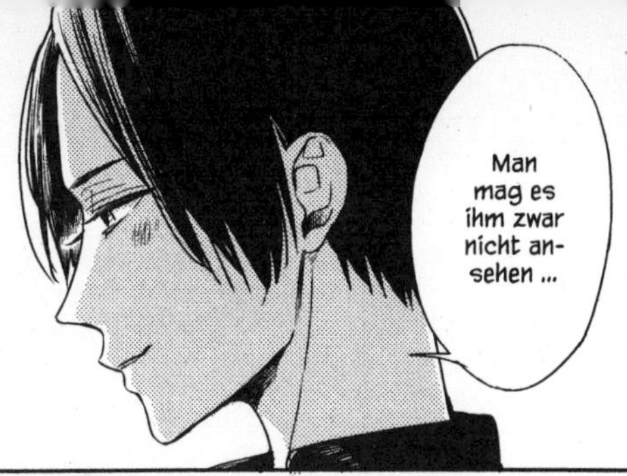

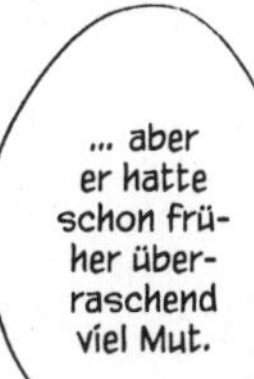

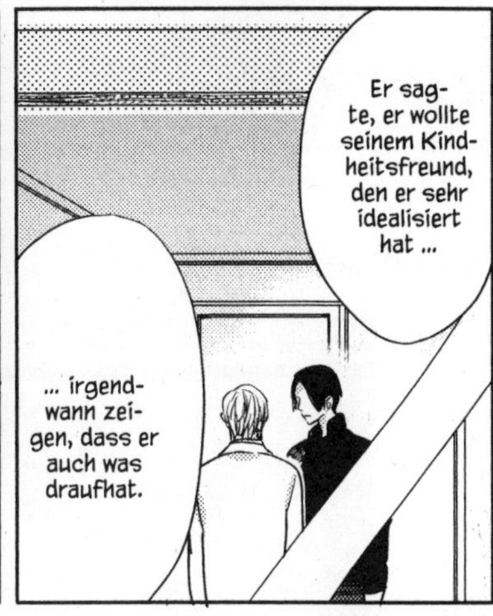

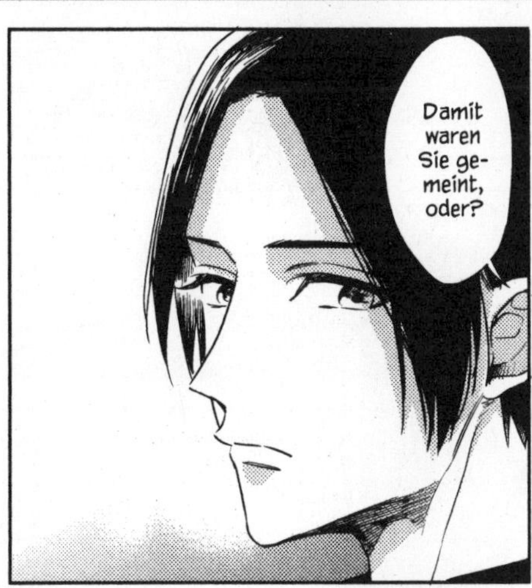

Nein ...

So ein beeindruckender Mensch bin ich nicht ...

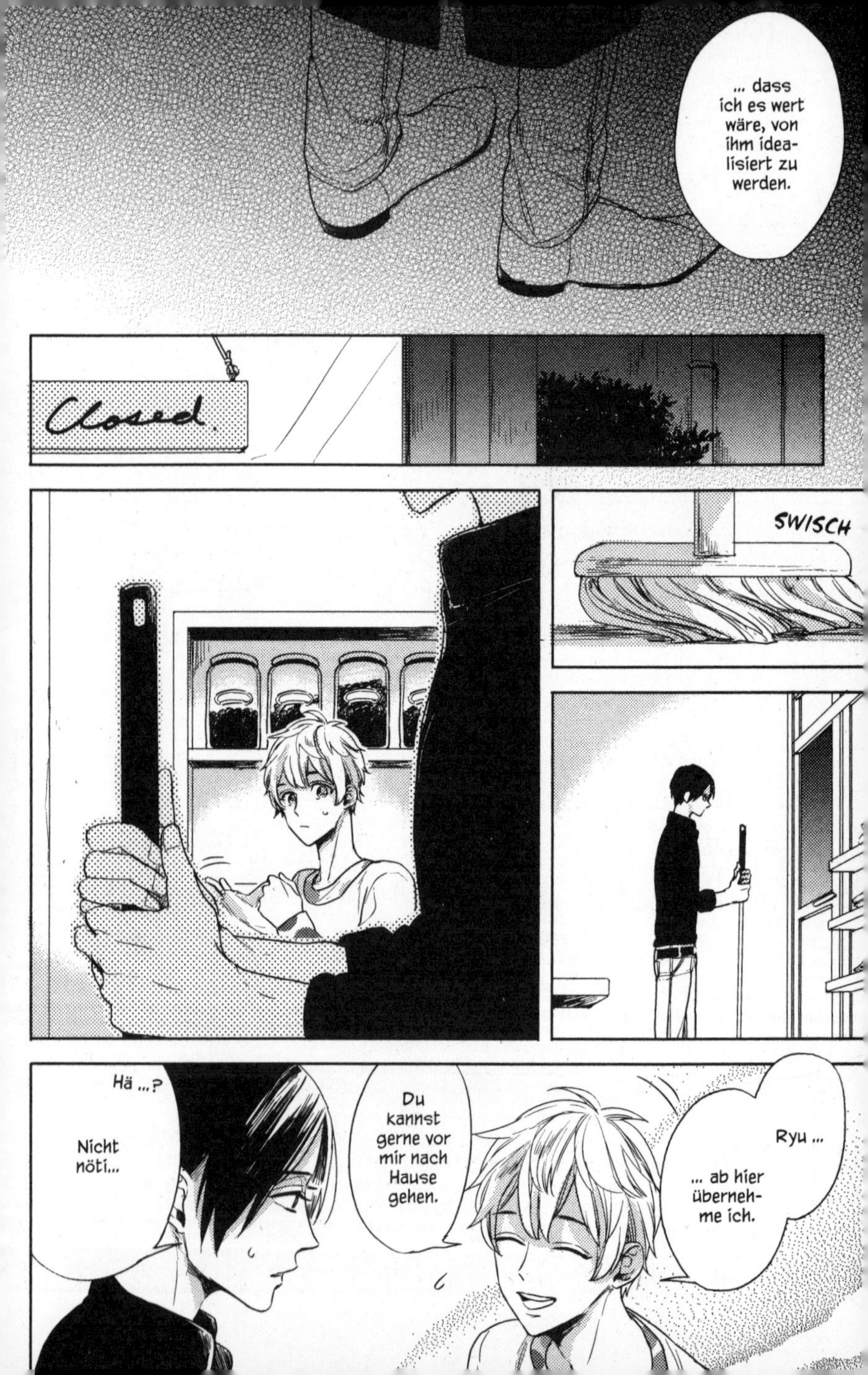

... dass ich es wert wäre, von ihm idealisiert zu werden.

Closed

SWISCH

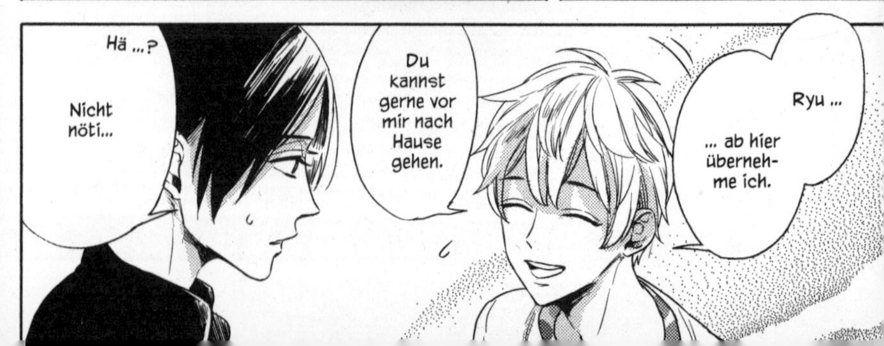

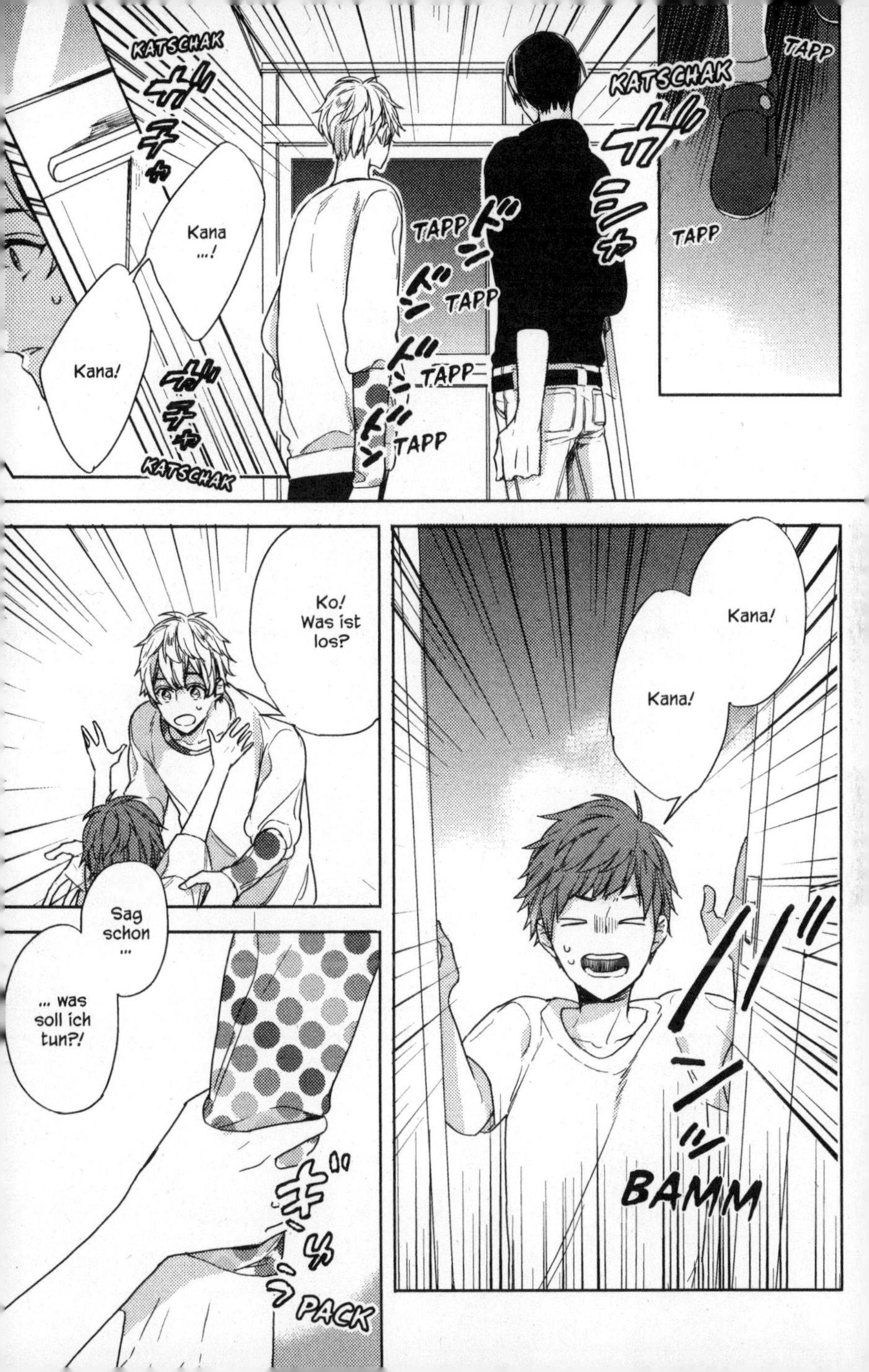

TAPP

KATSCHAK

TAPP

TAPP

TAPP

TAPP

TAPP

Kana ...!

Kana!

KATSCHAK

KATSCHAK

Kana!

Kana!

BAMM

Ko! Was ist los?

Sag schon ...

... was soll ich tun?!

PACK

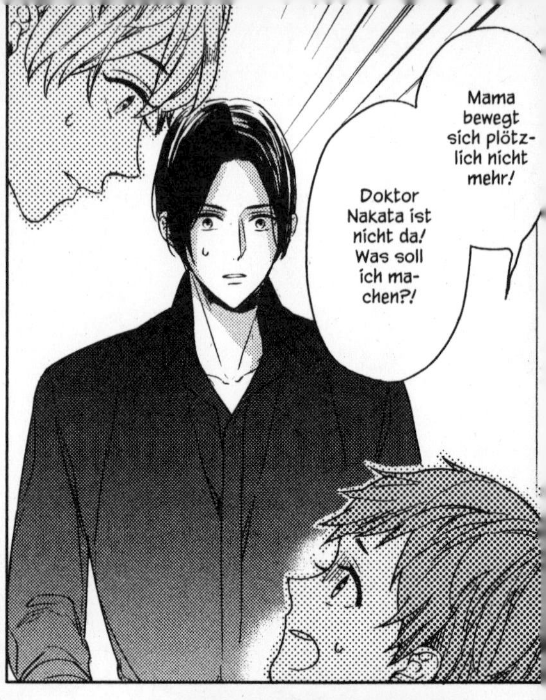
Mama bewegt sich plötzlich nicht mehr!
Doktor Nakata ist nicht da! Was soll ich machen?!

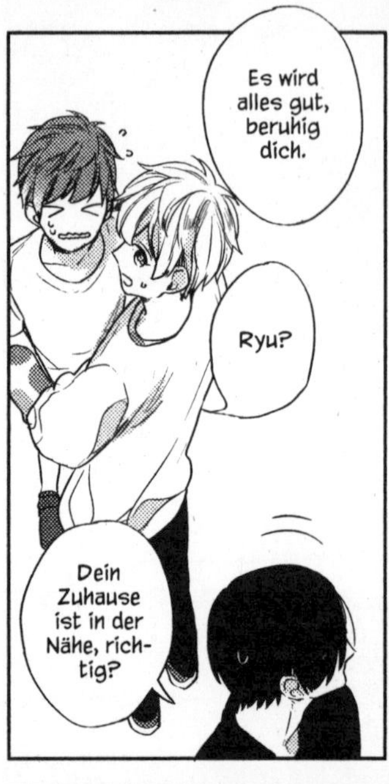
Es wird alles gut, beruhig dich.
Ryu?
Dein Zuhause ist in der Nähe, richtig?

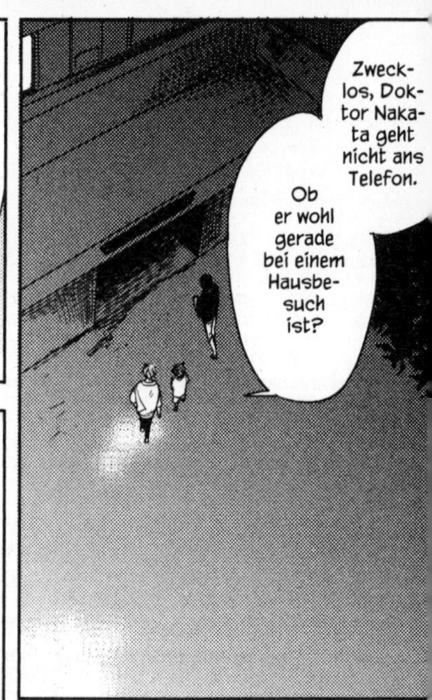
Zwecklos, Doktor Nakata geht nicht ans Telefon.
Ob er wohl gerade bei einem Hausbesuch ist?

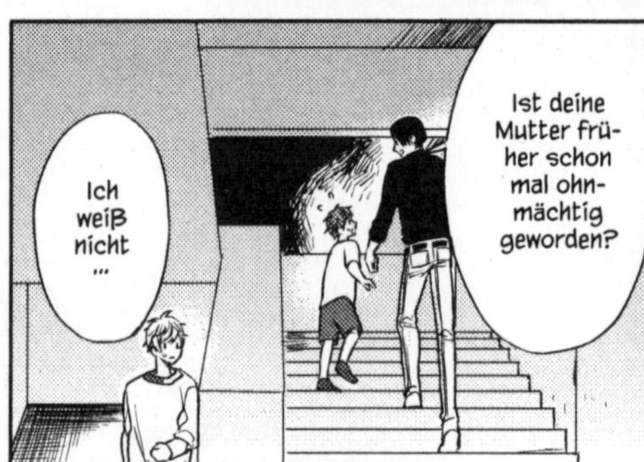
Ist deine Mutter früher schon mal ohnmächtig geworden?
Ich weiß nicht ...

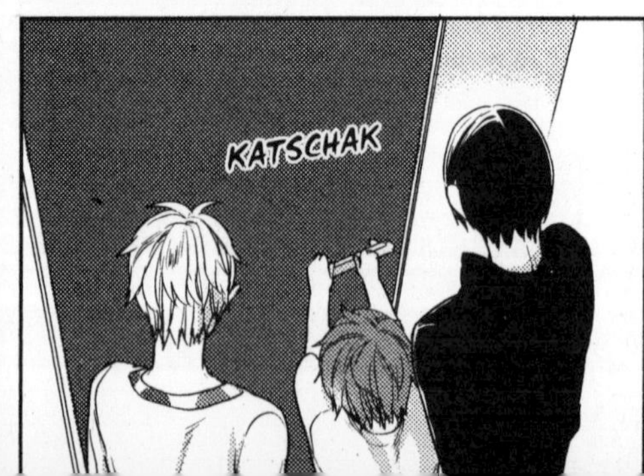
KATSCHAK

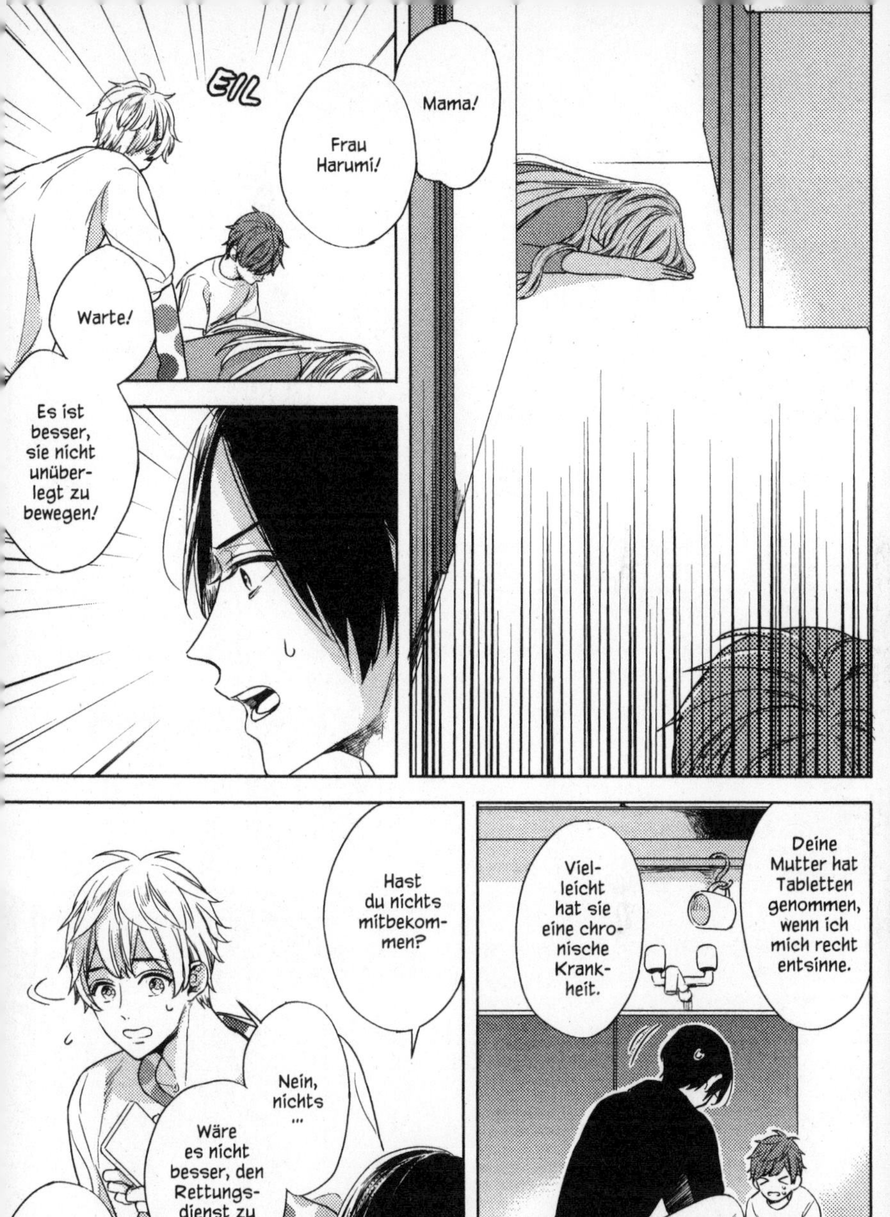
Mama!
Frau Harumi!
EIL
Warte!
Es ist besser, sie nicht unüberlegt zu bewegen!
Deine Mutter hat Tabletten genommen, wenn ich mich recht entsinne.
Vielleicht hat sie eine chronische Krankheit.
Hast du nichts mitbekommen?
Nein, nichts ...
Wäre es nicht besser, den Rettungsdienst zu rufen?
Nein ...

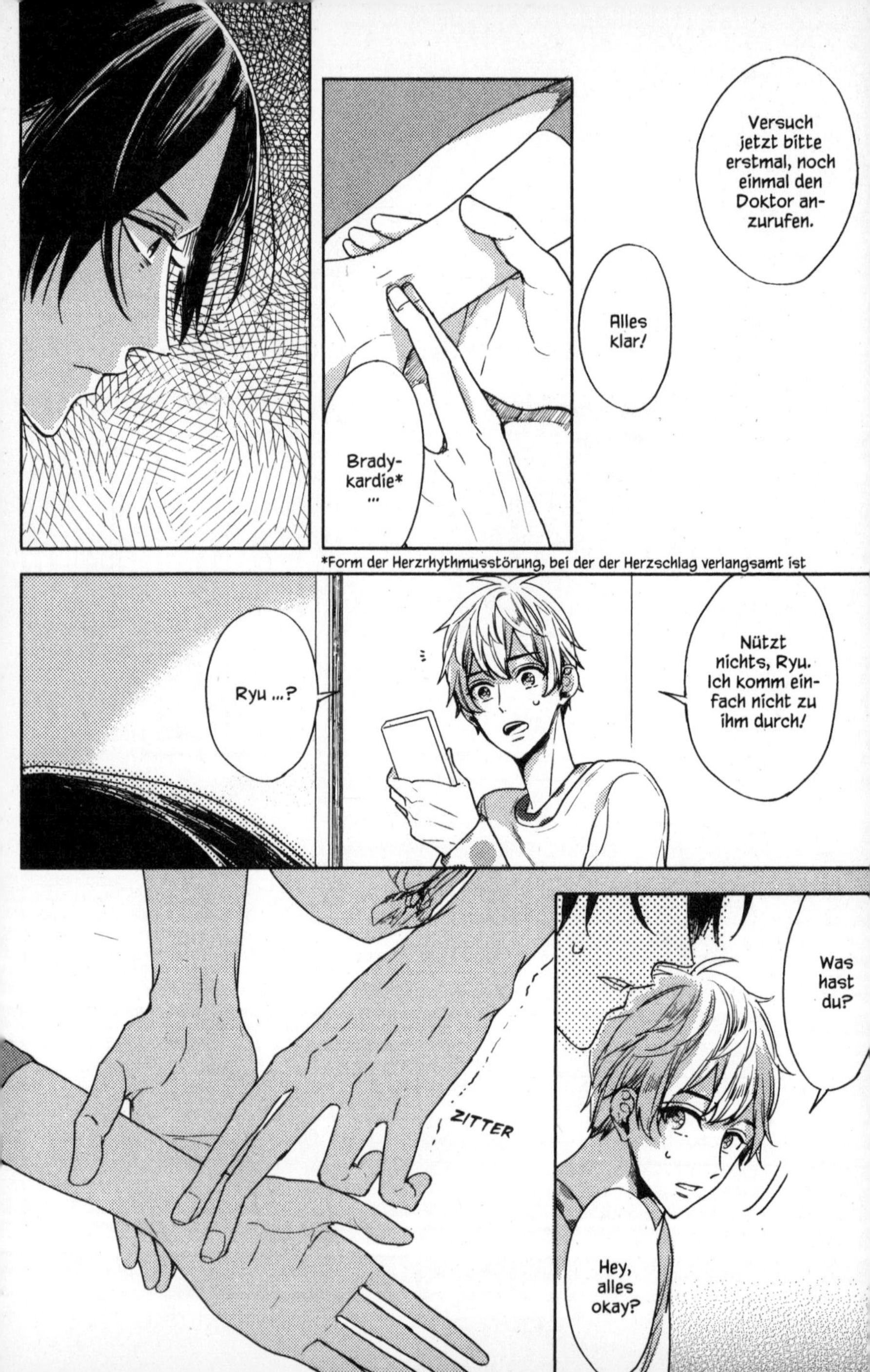

*Form der Herzrhythmusstörung, bei der der Herzschlag verlangsamt ist

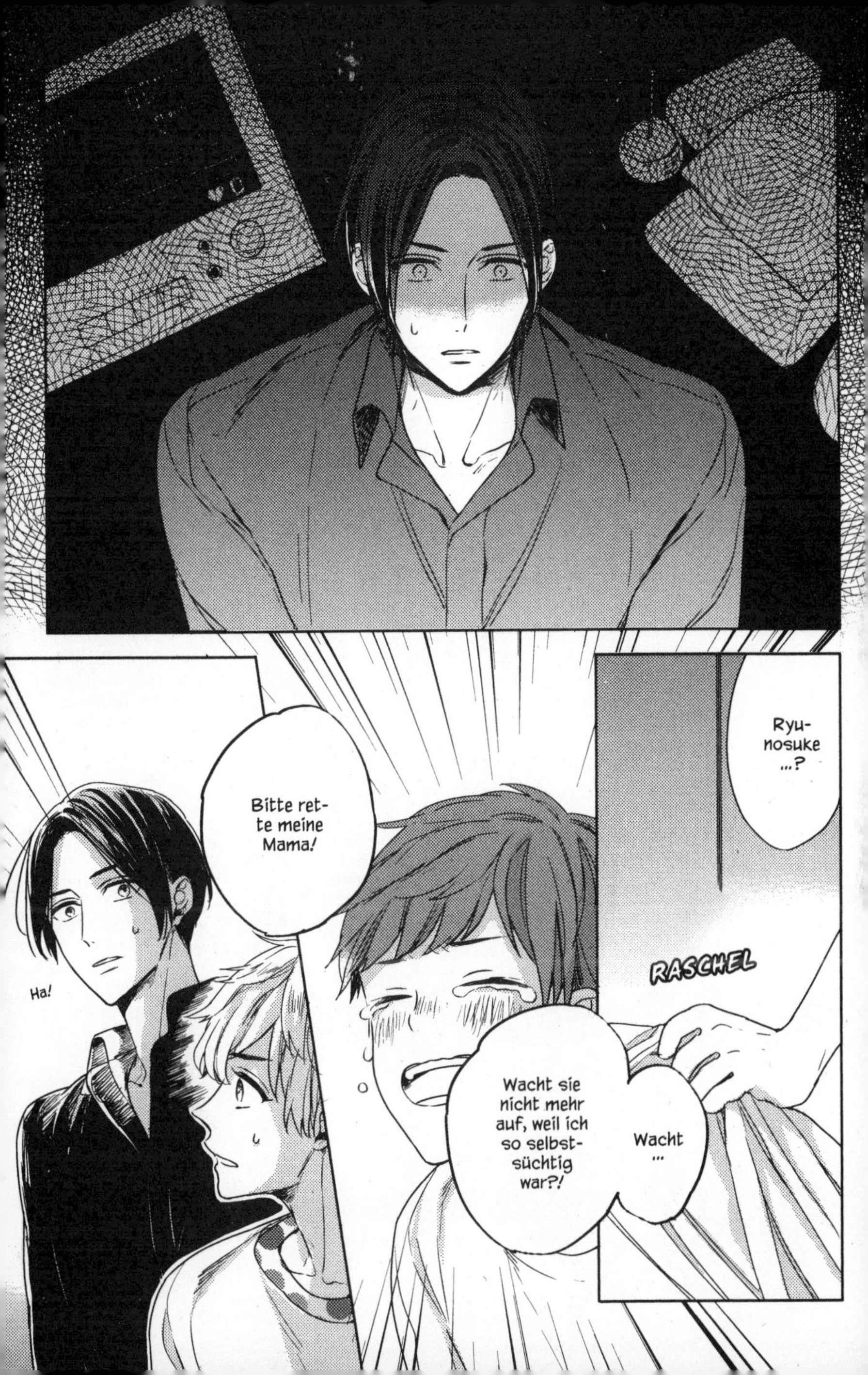
Ryu-
nosuke
...?
Bitte ret-
te meine
Mama!
Ha!
RASCHEL
Wacht
...
Wacht sie
nicht mehr
auf, weil ich
so selbst-
süchtig
war?!

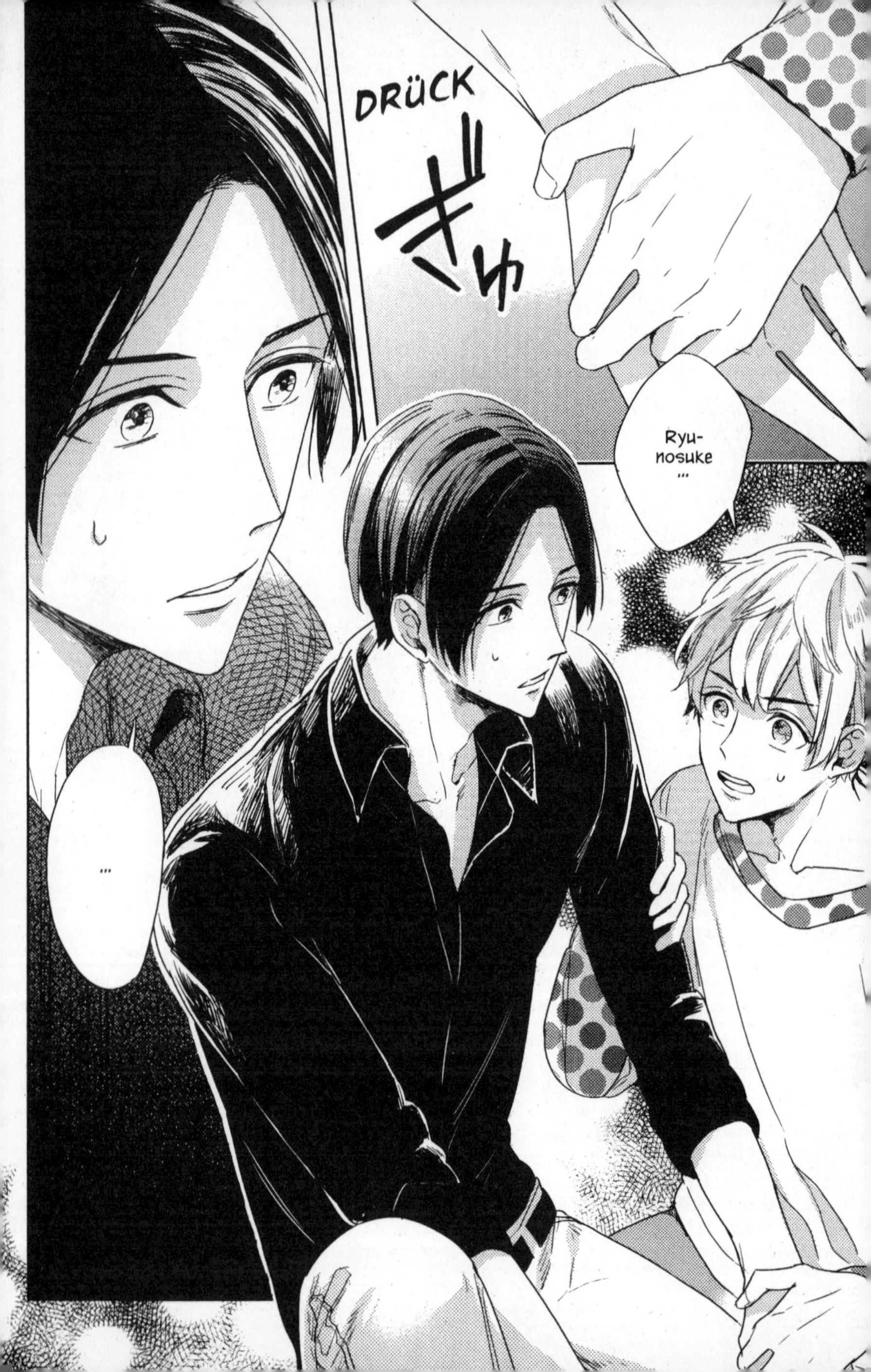
DRÜCK
ぎゅ
Ryu-
nosuke
...
...

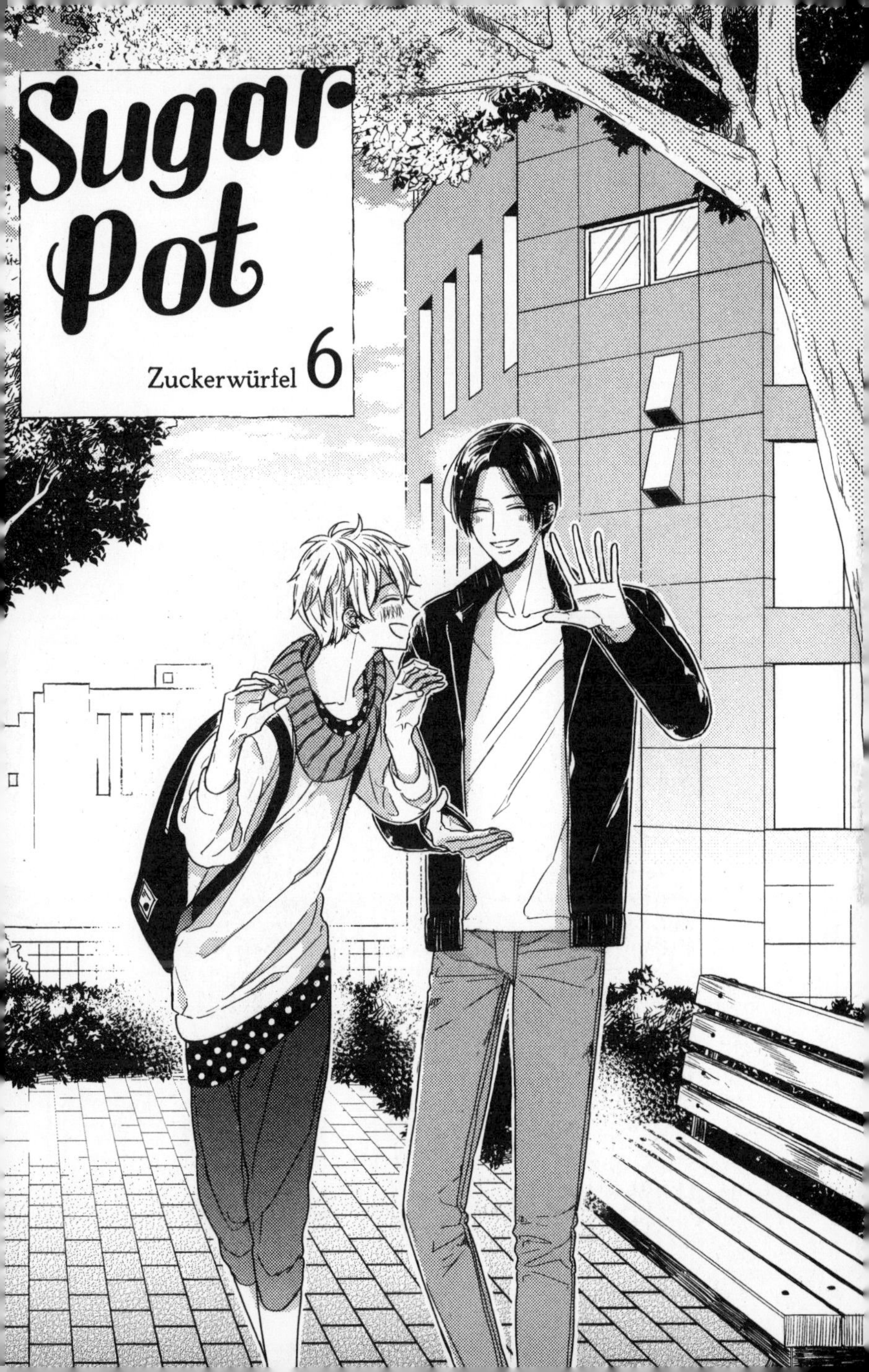
Sugar Pot
Zuckerwürfel 6

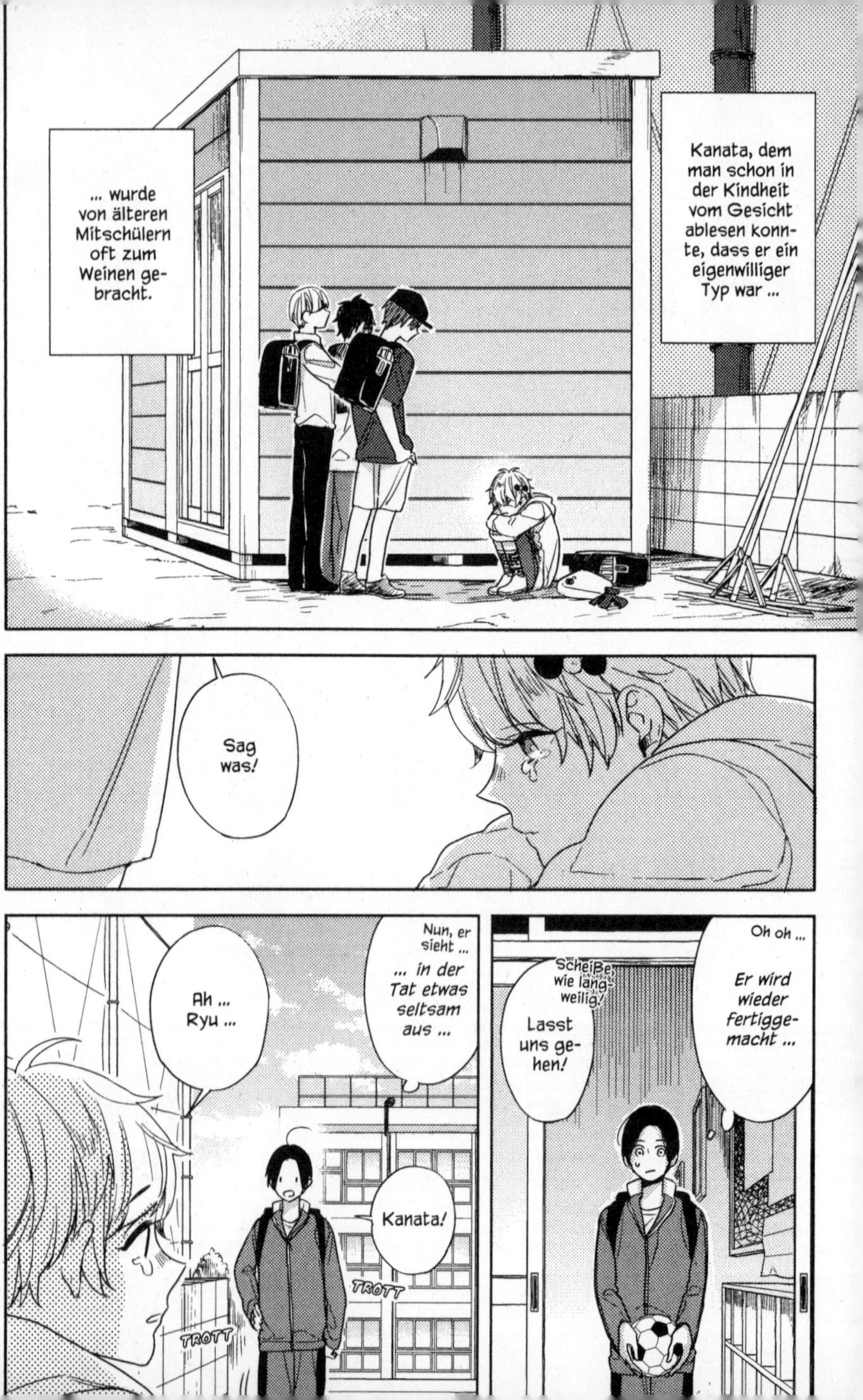

Kanata, dem man schon in der Kindheit vom Gesicht ablesen konnte, dass er ein eigenwilliger Typ war ...

... wurde von älteren Mitschülern oft zum Weinen gebracht.

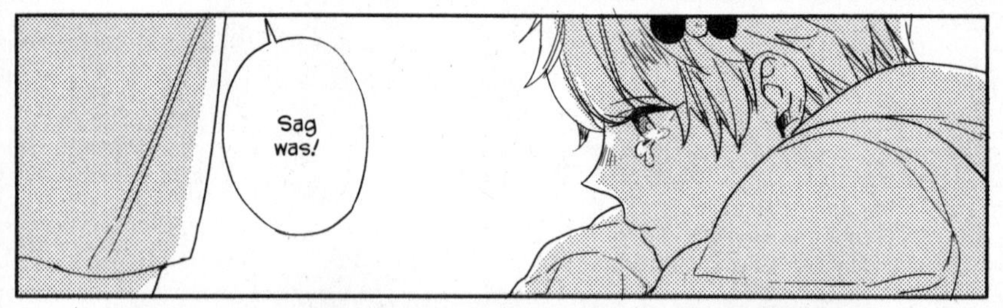

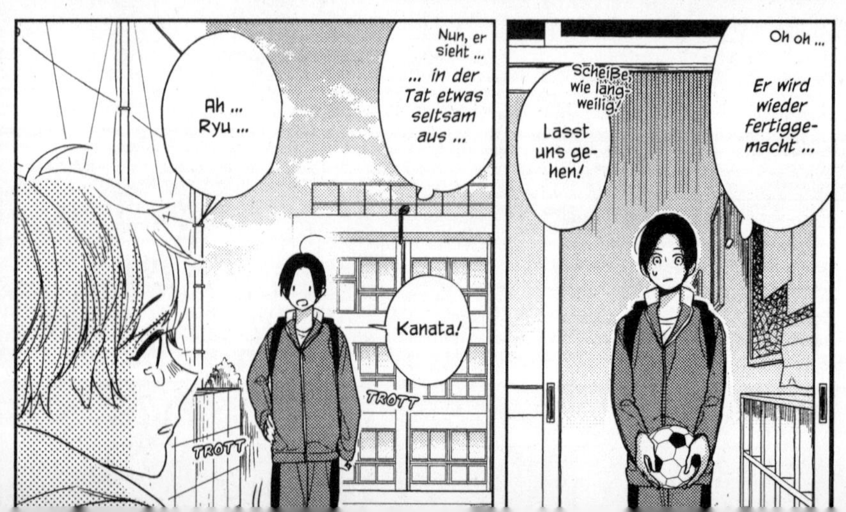

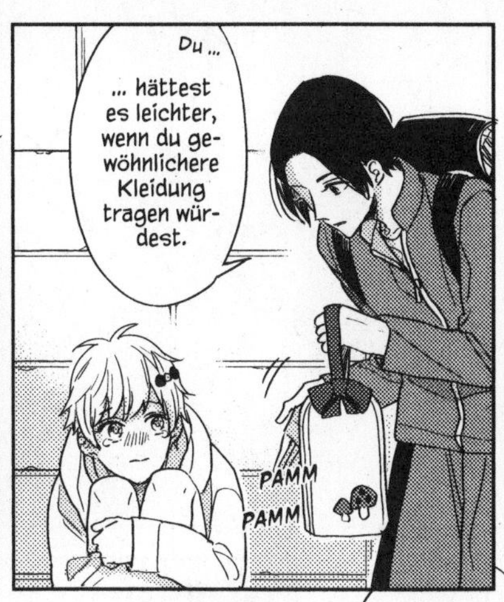
Du ...
... hättest es leichter, wenn du gewöhnlichere Kleidung tragen würdest.
PAMM
PAMM

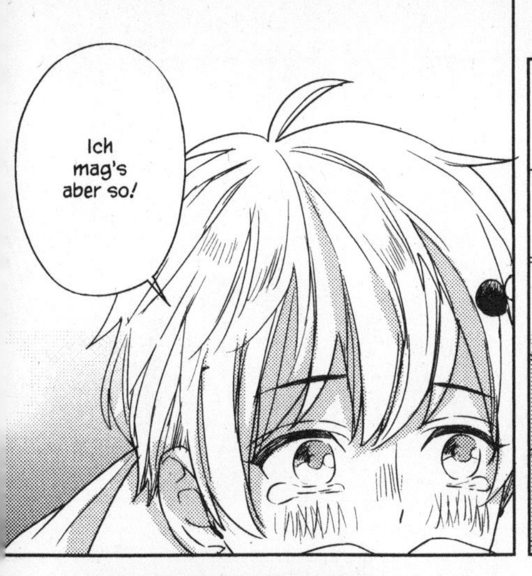
Ich mag's aber so!

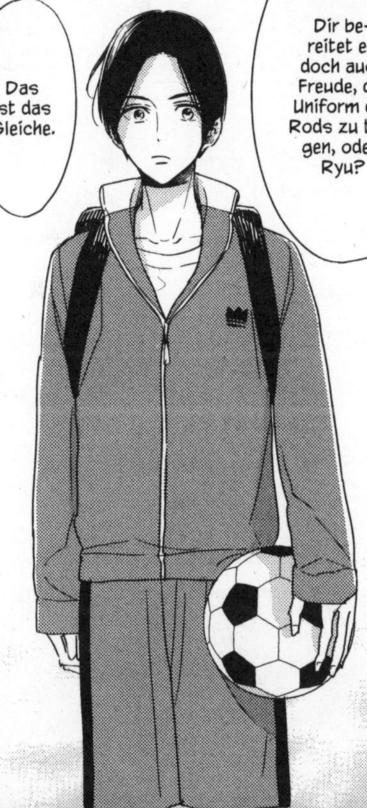
Dir bereitet es doch auch Freude, die Uniform der Rods zu tragen, oder, Ryu?
Das ist das Gleiche.

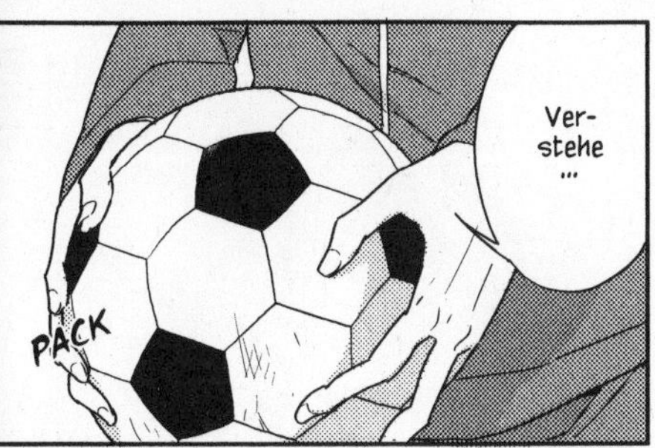
Verstehe ...
PACK

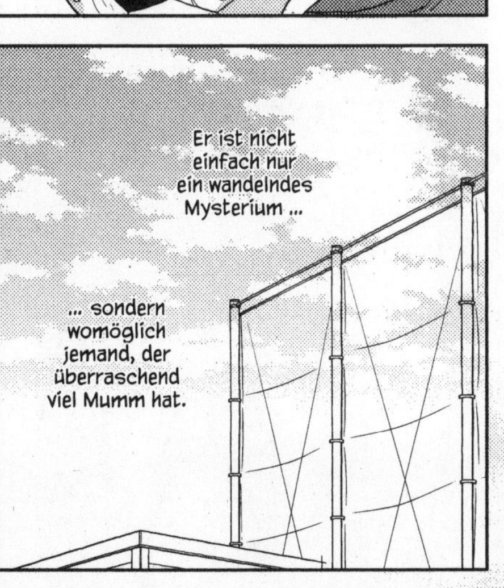
Er ist nicht einfach nur ein wandelndes Mysterium ...
... sondern womöglich jemand, der überraschend viel Mumm hat.

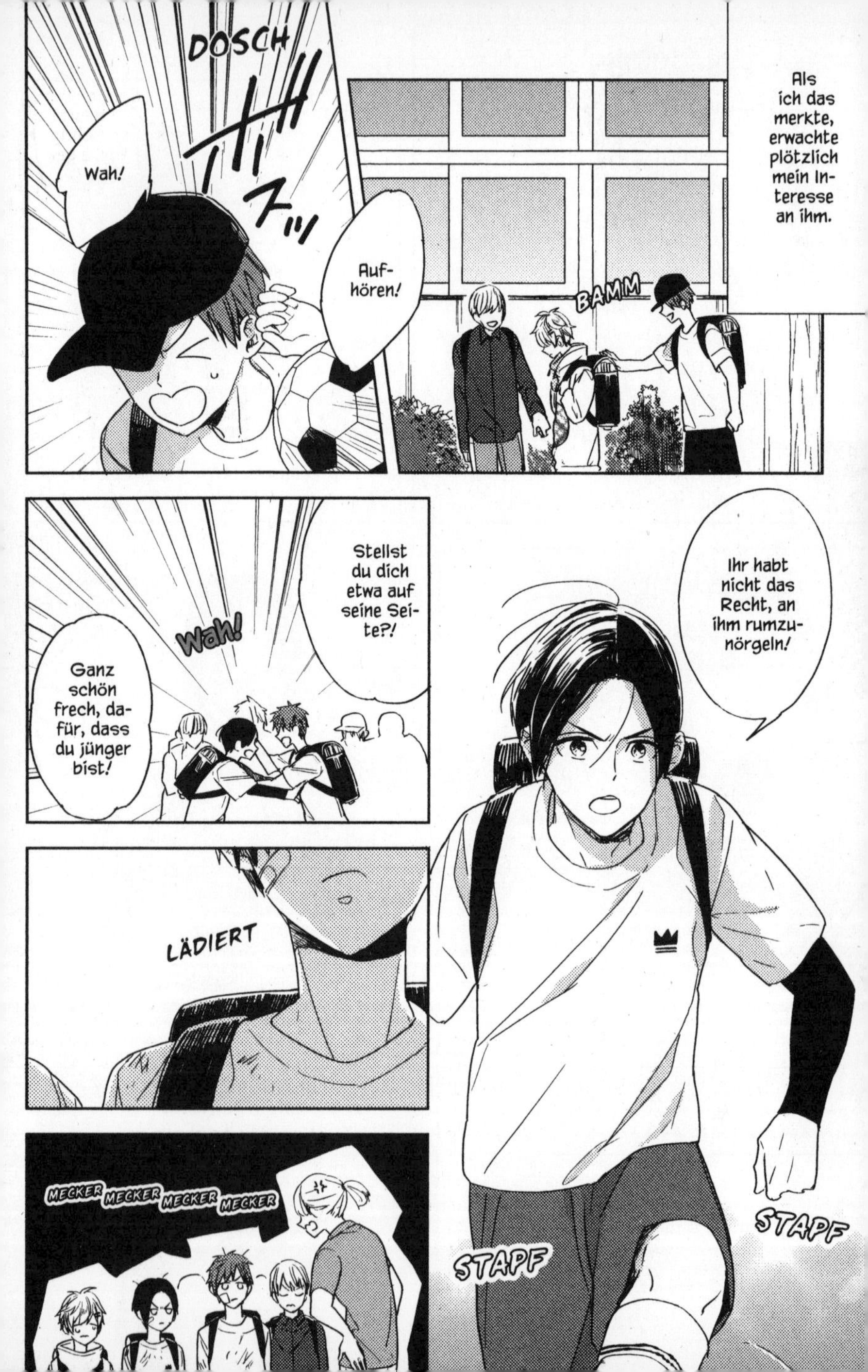
Als ich das merkte, erwachte plötzlich mein Interesse an ihm.
BAMM
Auf-hören!
DOSCH
Wah!
Ihr habt nicht das Recht, an ihm rumzunörgeln!
Stellst du dich etwa auf seine Seite?!
Wah!
Ganz schön frech, dafür, dass du jünger bist!
LÄDIERT
STAPF
STAPF
MECKER MECKER MECKER MECKER

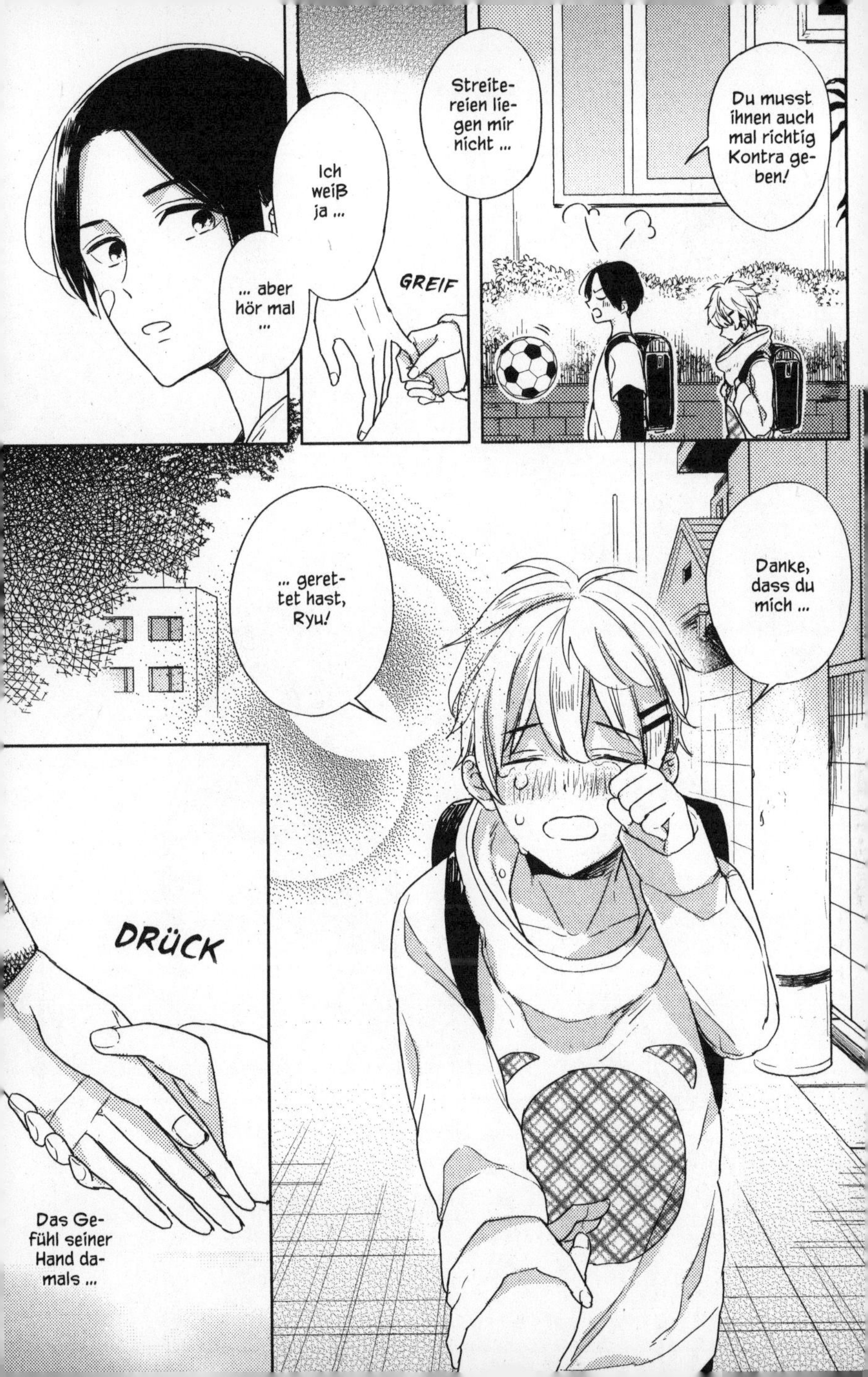
Du musst ihnen auch mal richtig Kontra geben!
Streitereien liegen mir nicht ...
GREIF
Ich weiß ja ...
... aber hör mal ...
Danke, dass du mich ...
... gerettet hast, Ryu!
DRÜCK
Das Gefühl seiner Hand damals ...

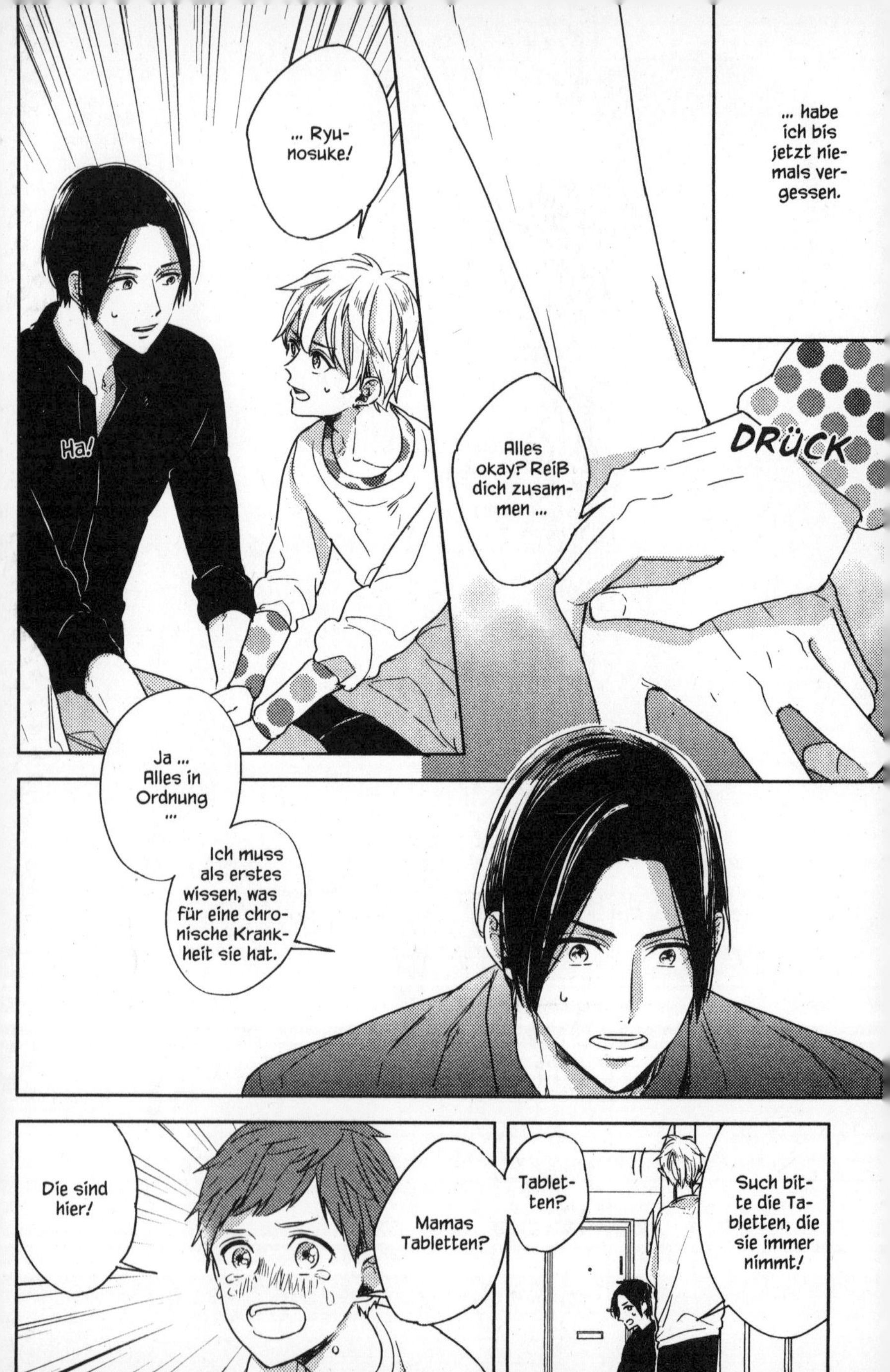
... habe ich bis jetzt niemals vergessen.
DRÜCK
Alles okay? Reiß dich zusammen ...
... Ryunosuke!
Ha!
Ja ... Alles in Ordnung ...
Ich muss als erstes wissen, was für eine chronische Krankheit sie hat.
Such bitte die Tabletten, die sie immer nimmt!
Tabletten?
Mamas Tabletten?
Die sind hier!

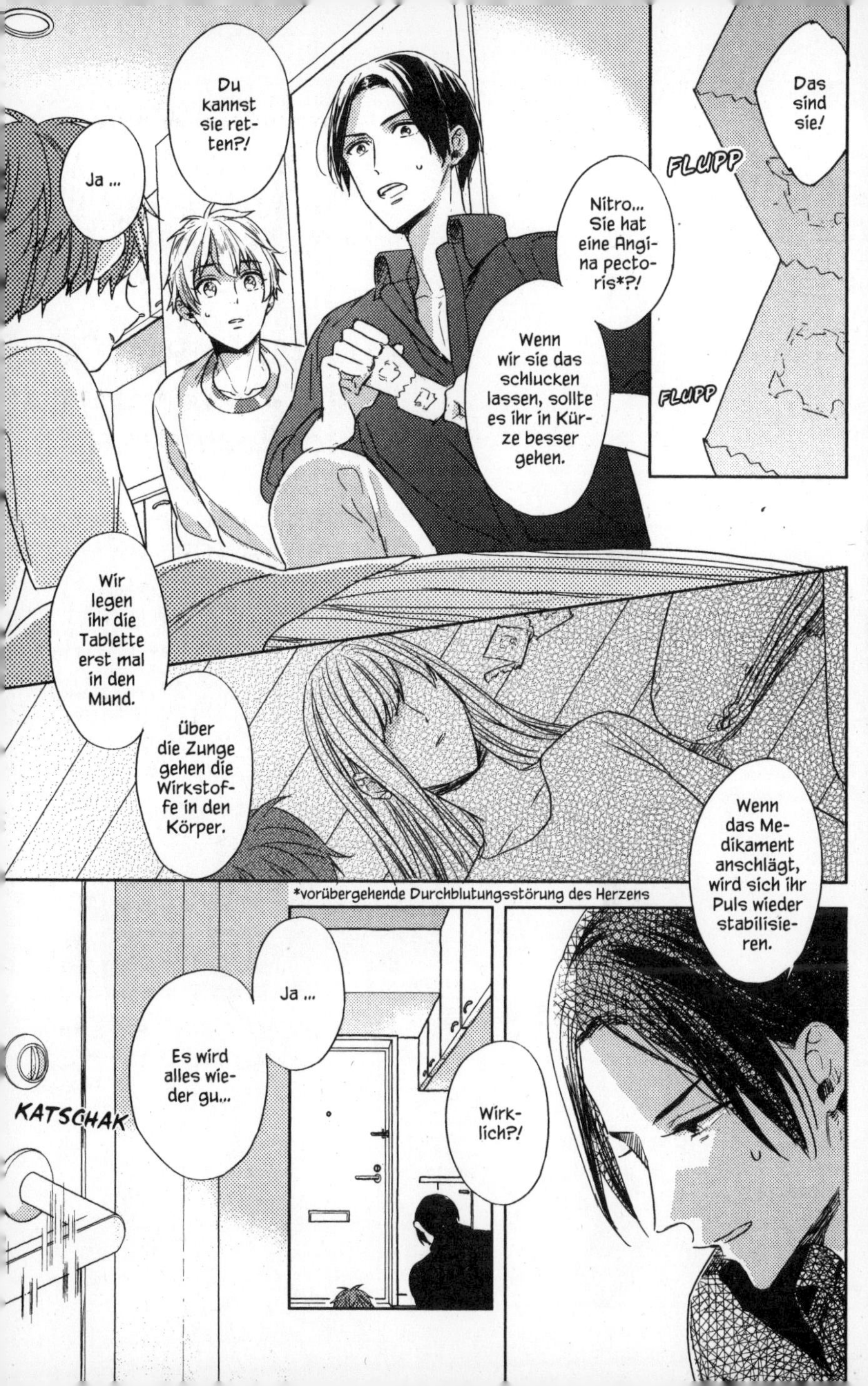

*vorübergehende Durchblutungsstörung des Herzens

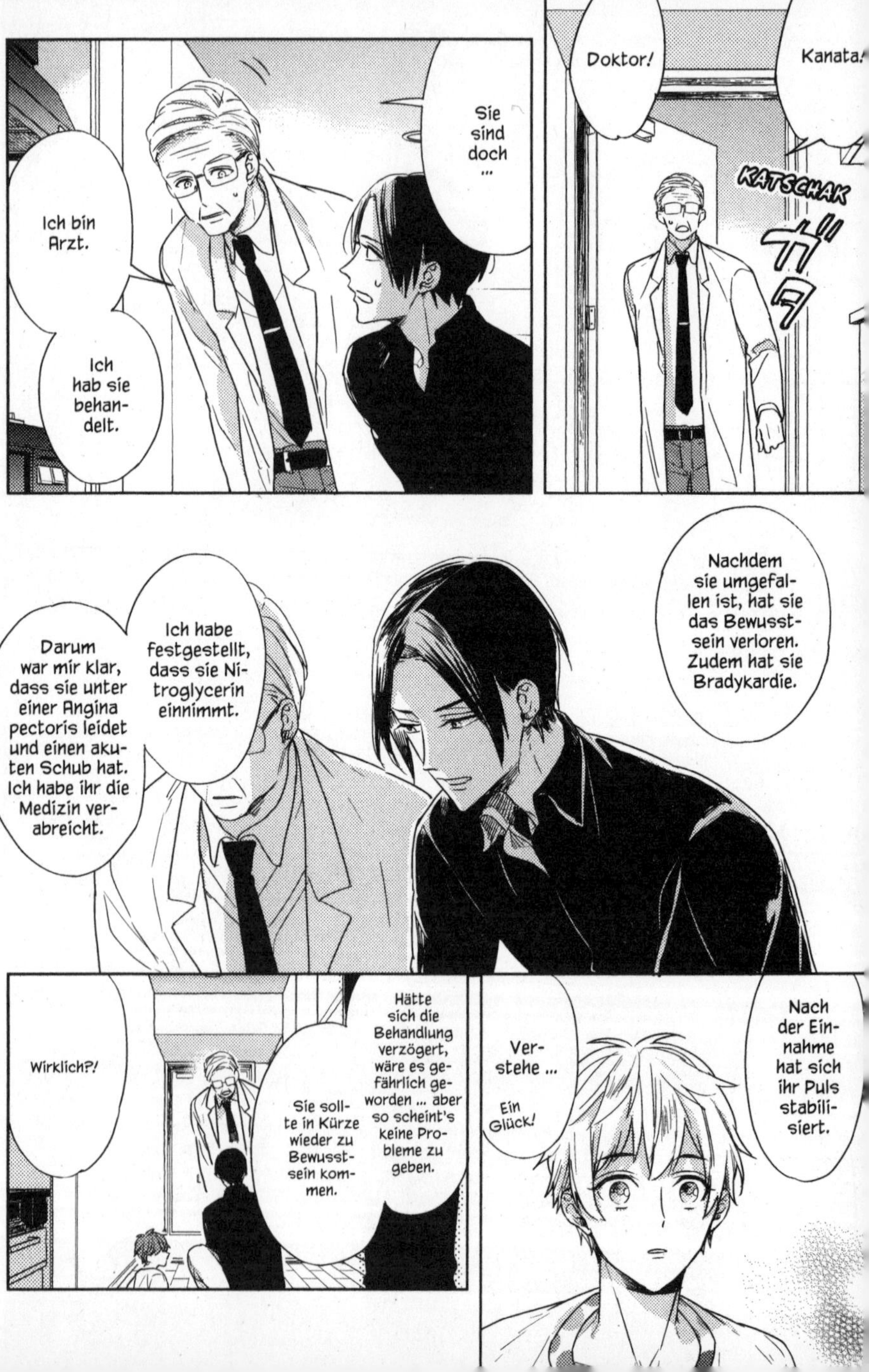

Kanata!

Doktor!

KATSCHAK

ガタ

Sie sind doch ...

Ich bin Arzt.

Ich hab sie behandelt.

Nachdem sie umgefallen ist, hat sie das Bewusstsein verloren. Zudem hat sie Bradykardie.

Ich habe festgestellt, dass sie Nitroglycerin einnimmt.

Darum war mir klar, dass sie unter einer Angina pectoris leidet und einen akuten Schub hat. Ich habe ihr die Medizin verabreicht.

Nach der Einnahme hat sich ihr Puls stabilisiert.

Verstehe ...

Ein Glück!

Hätte sich die Behandlung verzögert, wäre es gefährlich geworden ... aber so scheint's keine Probleme zu geben.

Sie sollte in Kürze wieder zu Bewusstsein kommen.

Wirklich?!

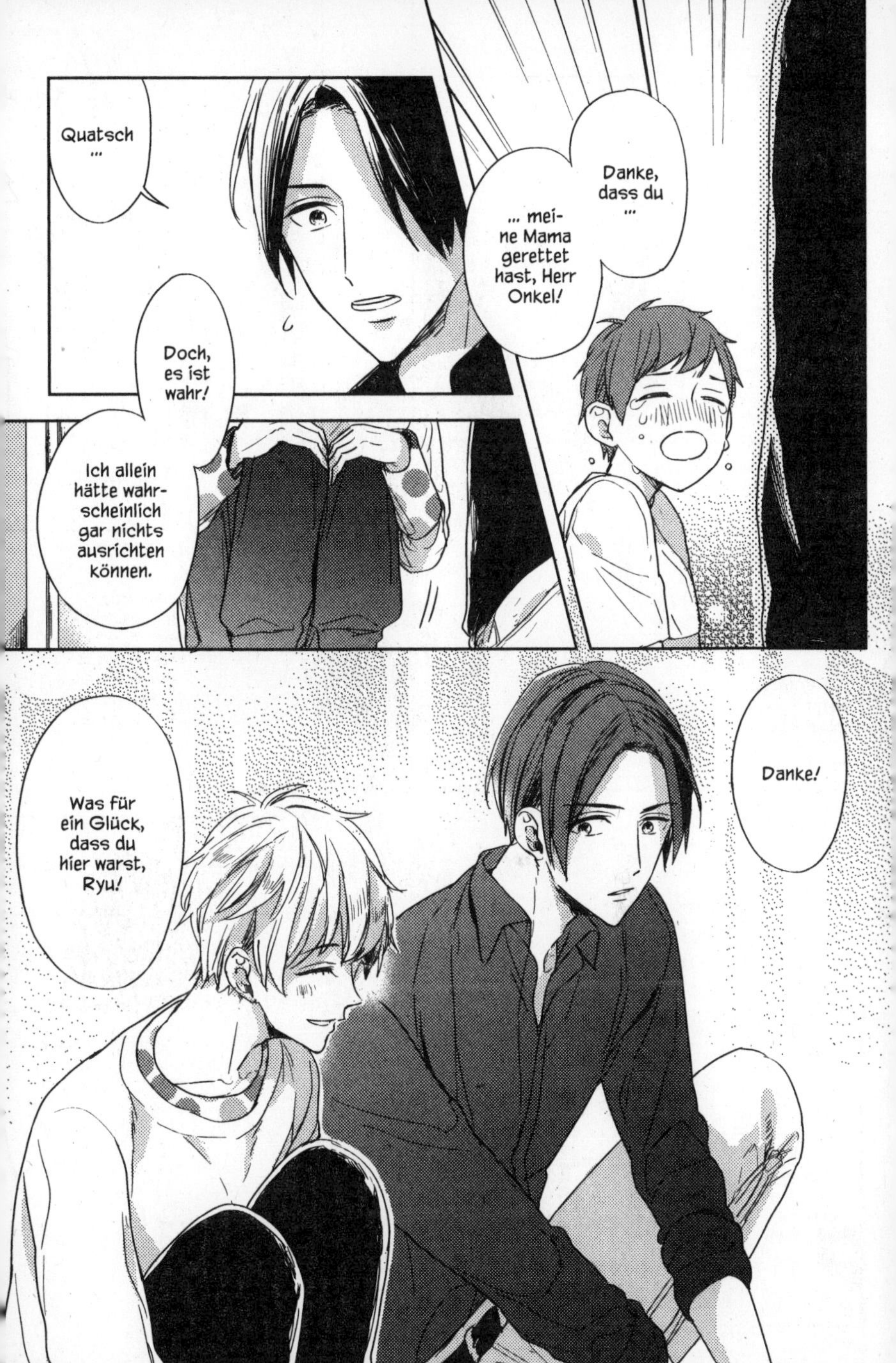
Danke, dass du ...
... meine Mama gerettet hast, Herr Onkel!
Quatsch ...
Doch, es ist wahr!
Ich allein hätte wahrscheinlich gar nichts ausrichten können.
Danke!
Was für ein Glück, dass du hier warst, Ryu!

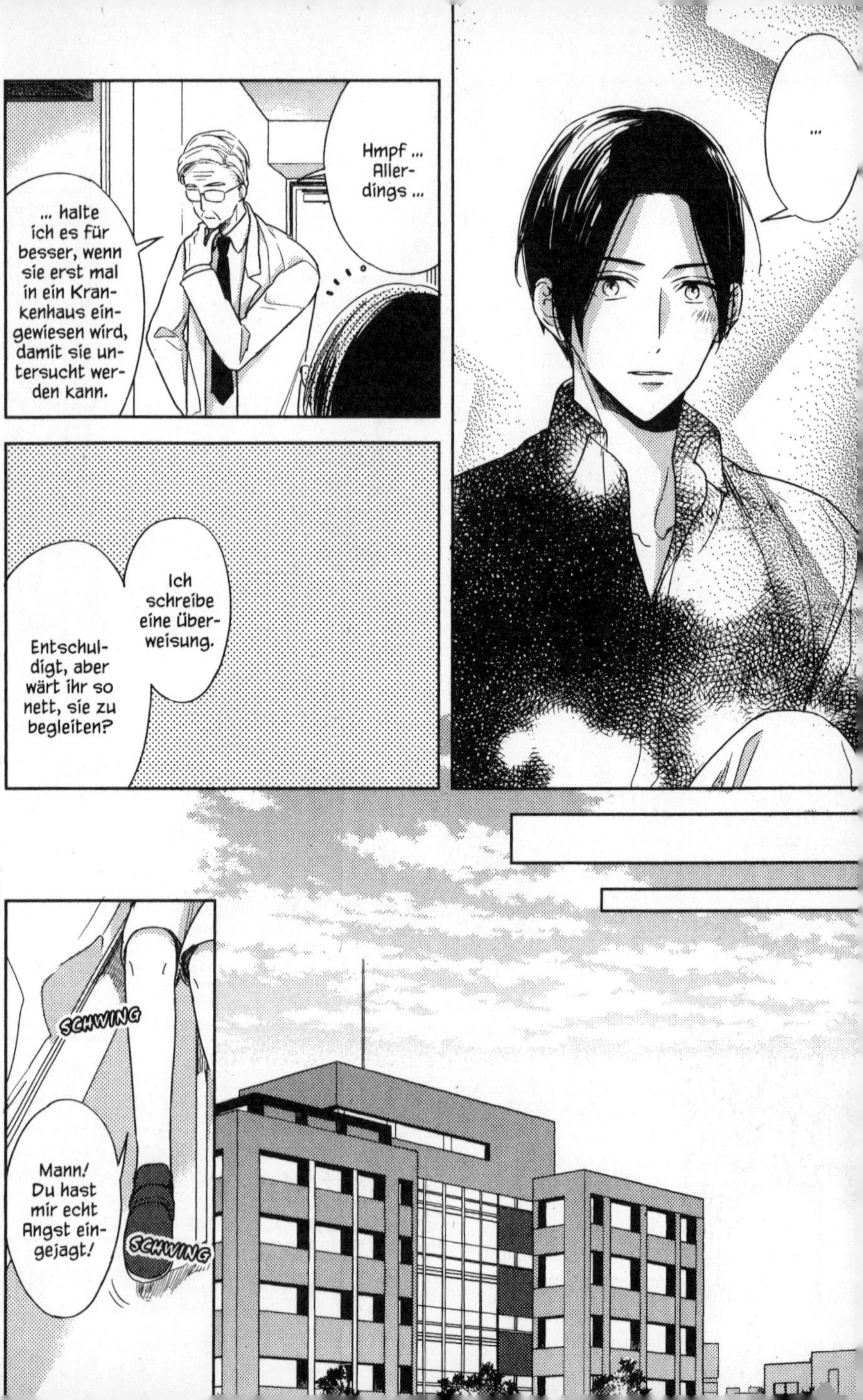

...
Hmpf ... Allerdings ...
... halte ich es für besser, wenn sie erst mal in ein Krankenhaus eingewiesen wird, damit sie untersucht werden kann.
Ich schreibe eine überweisung.
Entschuldigt, aber wärt ihr so nett, sie zu begleiten?
SCHWING
SCHWING
Mann! Du hast mir echt Angst eingejagt!

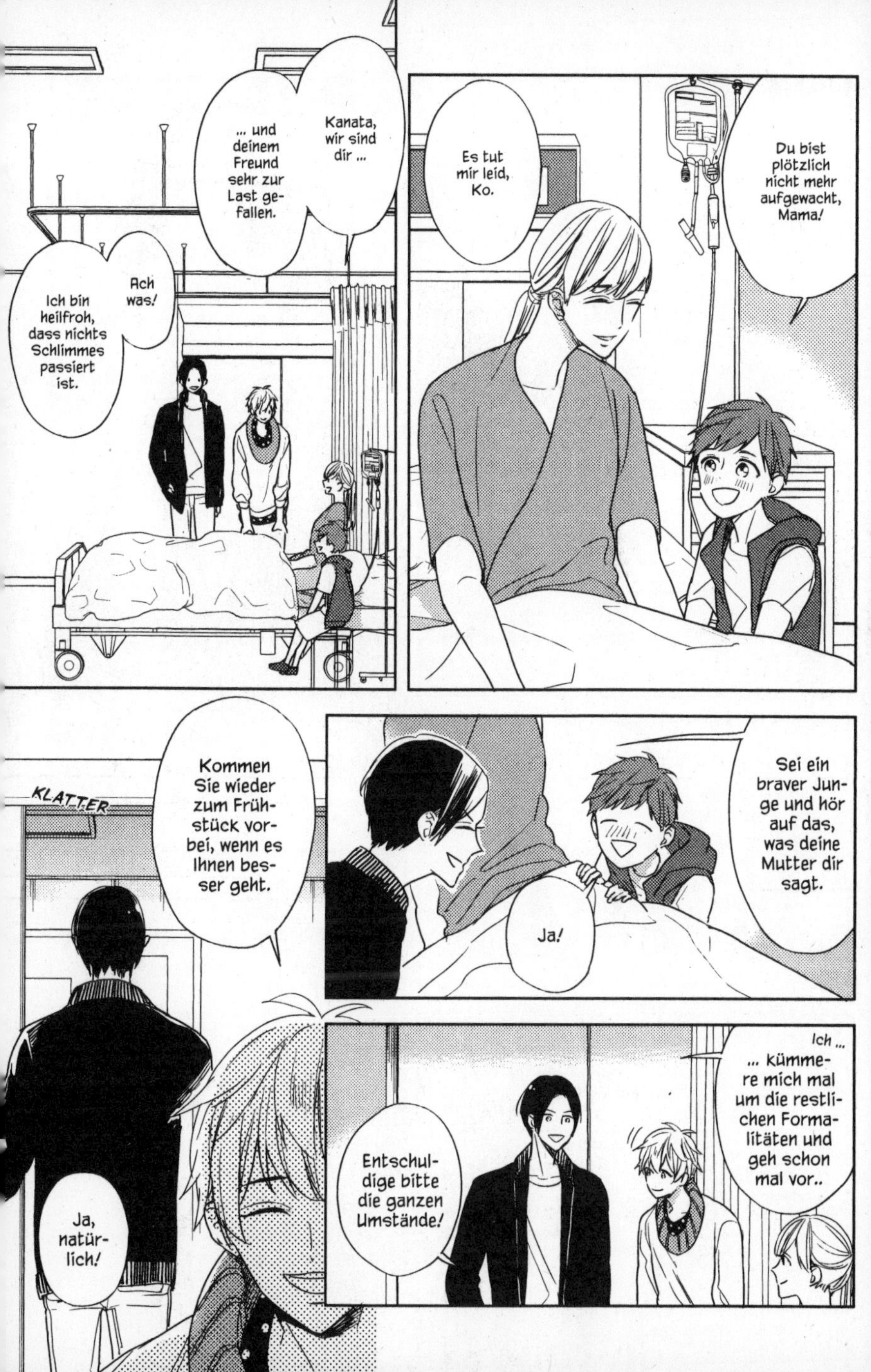
Du bist plötzlich nicht mehr aufgewacht, Mama!
Es tut mir leid, Ko.
Kanata, wir sind dir ...
... und deinem Freund sehr zur Last gefallen.
Ach was!
Ich bin heilfroh, dass nichts Schlimmes passiert ist.
Sei ein braver Junge und hör auf das, was deine Mutter dir sagt.
Ja!
Kommen Sie wieder zum Frühstück vorbei, wenn es Ihnen besser geht.
KLATTER
Ich ...
... kümmere mich mal um die restlichen Formalitäten und geh schon mal vor..
Entschuldige bitte die ganzen Umstände!
Ja, natürlich!

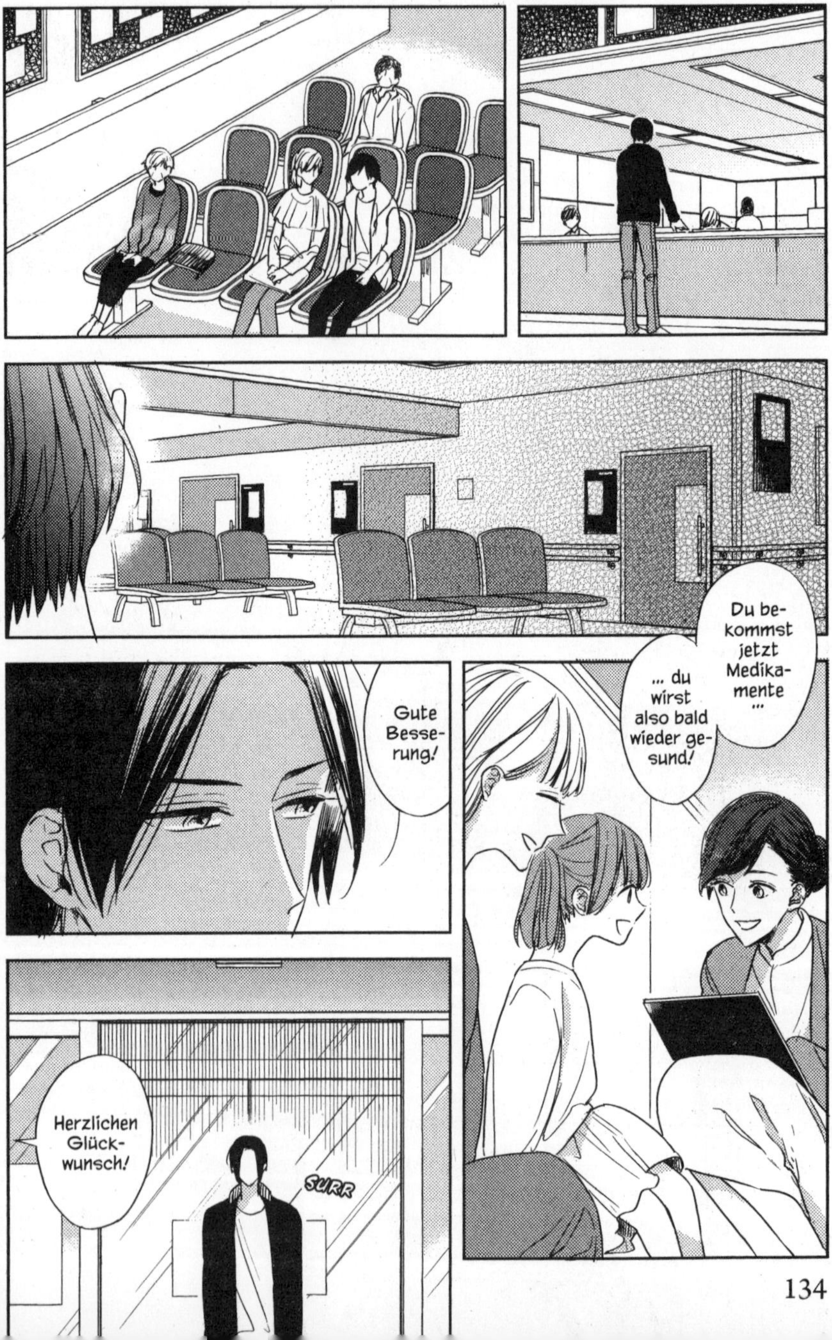

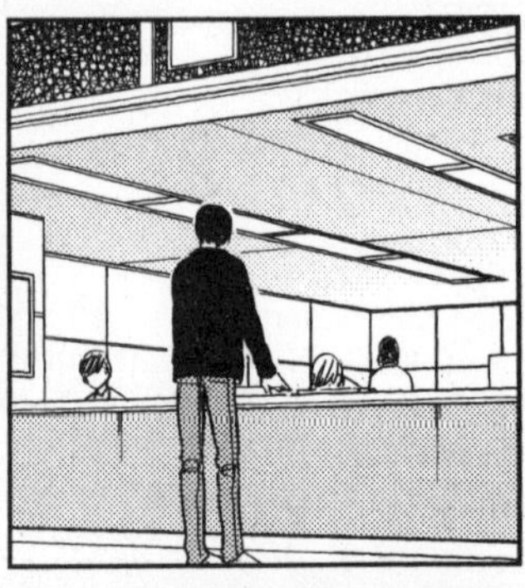

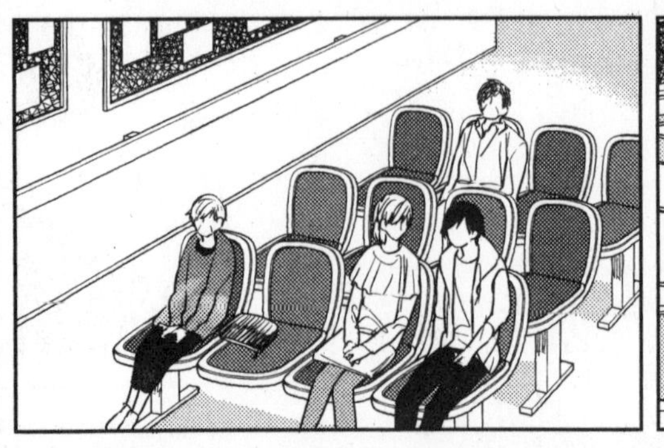

Du bekommst jetzt Medikamente ...
... du wirst also bald wieder gesund!
Gute Besserung!
Herzlichen Glückwunsch!
SURR

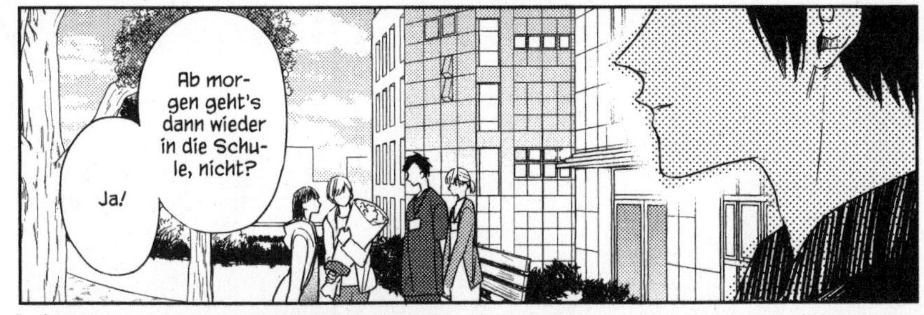
Ab morgen geht's dann wieder in die Schule, nicht?
Ja!

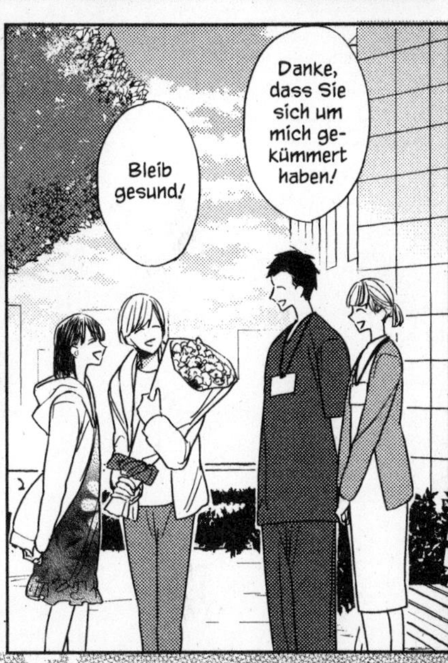
Danke, dass Sie sich um mich gekümmert haben!
Bleib gesund!

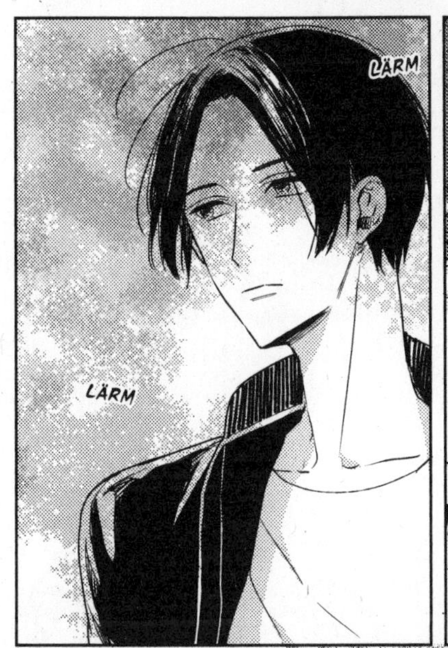
LÄRM
LÄRM

RASCHEL

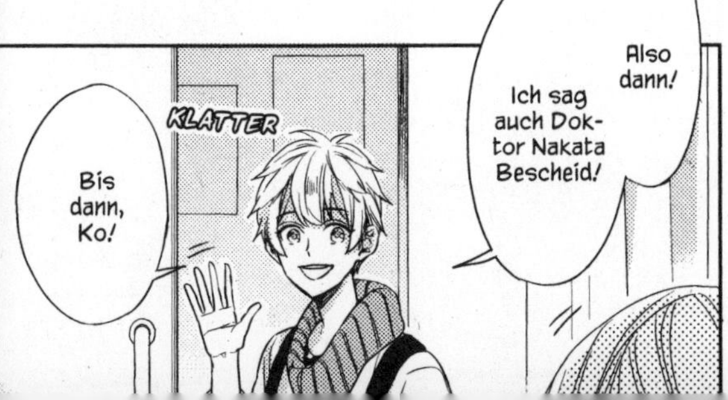
Also dann!
Ich sag auch Doktor Nakata Bescheid!
KLATTER
Bis dann, Ko!

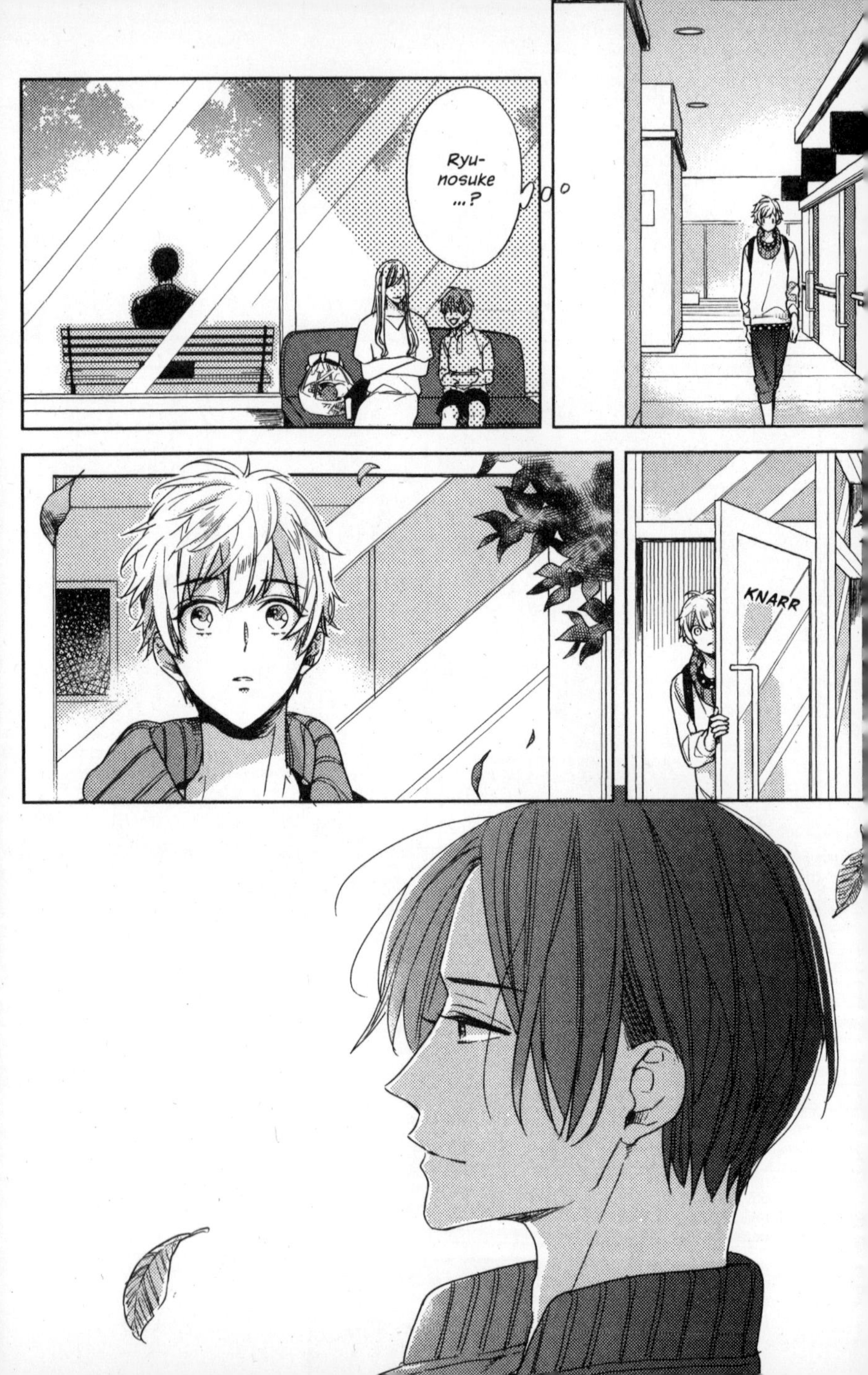

Ryu-
nosuke
...?
KNARR

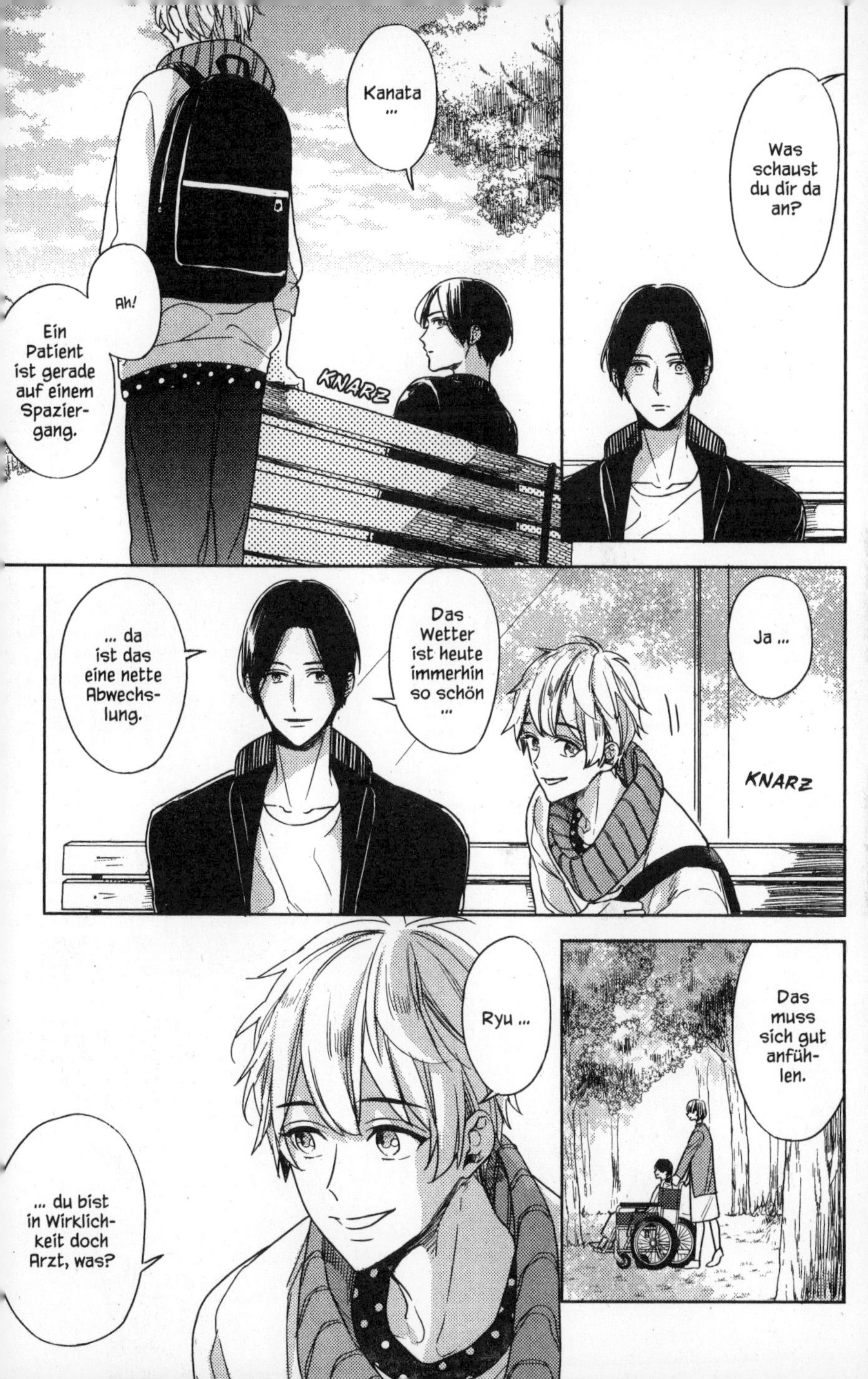
Was schaust du dir da an?
Kanata ...
KNARZ
Ah!
Ein Patient ist gerade auf einem Spazier-gang.
Ja ...
KNARZ
Das Wetter ist heute immerhin so schön ...
... da ist das eine nette Abwechs-lung.
Das muss sich gut anfüh-len.
Ryu ...
... du bist in Wirklich-keit doch Arzt, was?

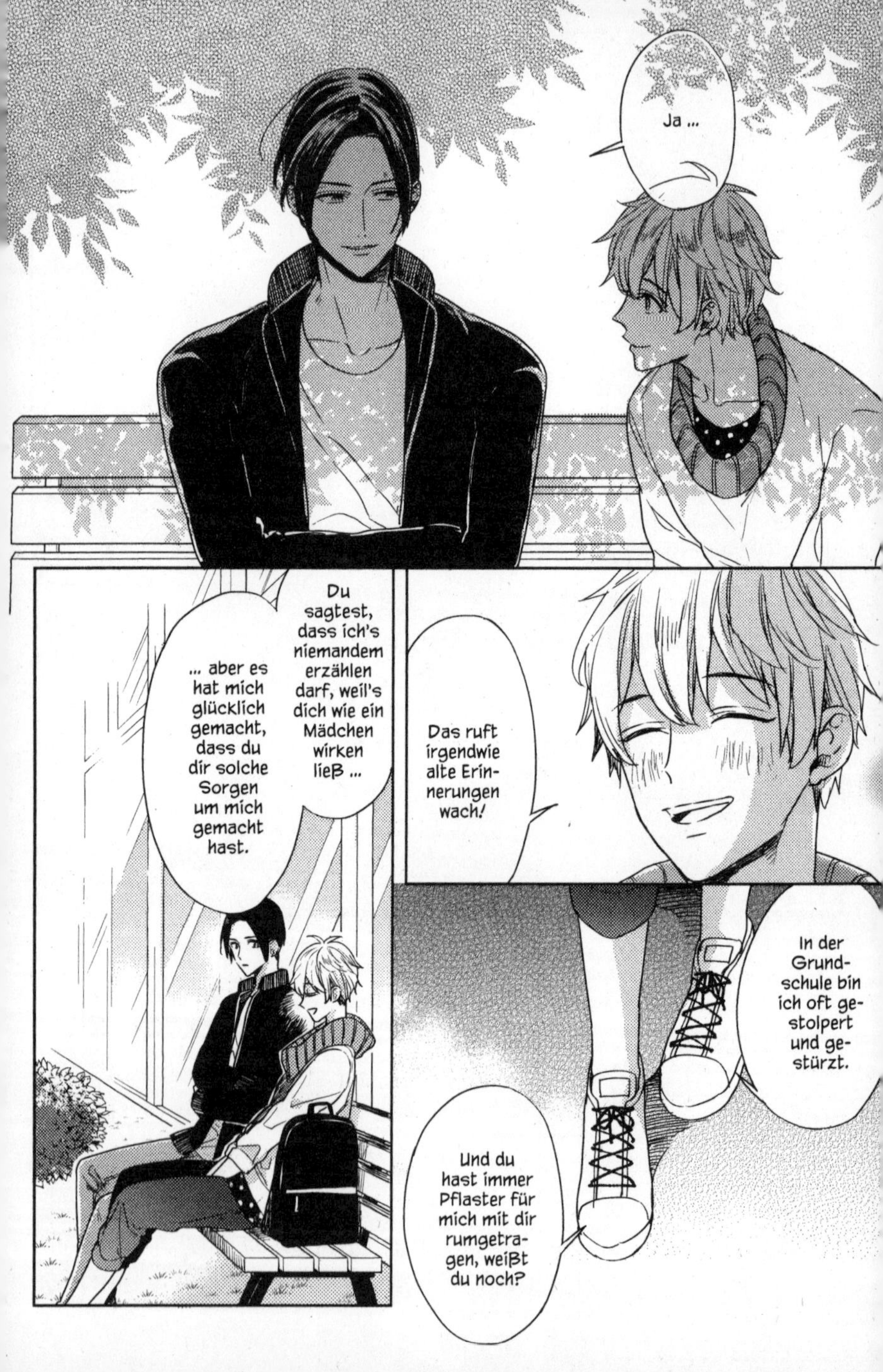
Ja ...
Das ruft irgendwie alte Erinnerungen wach!
In der Grundschule bin ich oft gestolpert und gestürzt.
Und du hast immer Pflaster für mich mit dir rumgetragen, weißt du noch?
Du sagtest, dass ich's niemandem erzählen darf, weil's dich wie ein Mädchen wirken ließ ...
... aber es hat mich glücklich gemacht, dass du dir solche Sorgen um mich gemacht hast.

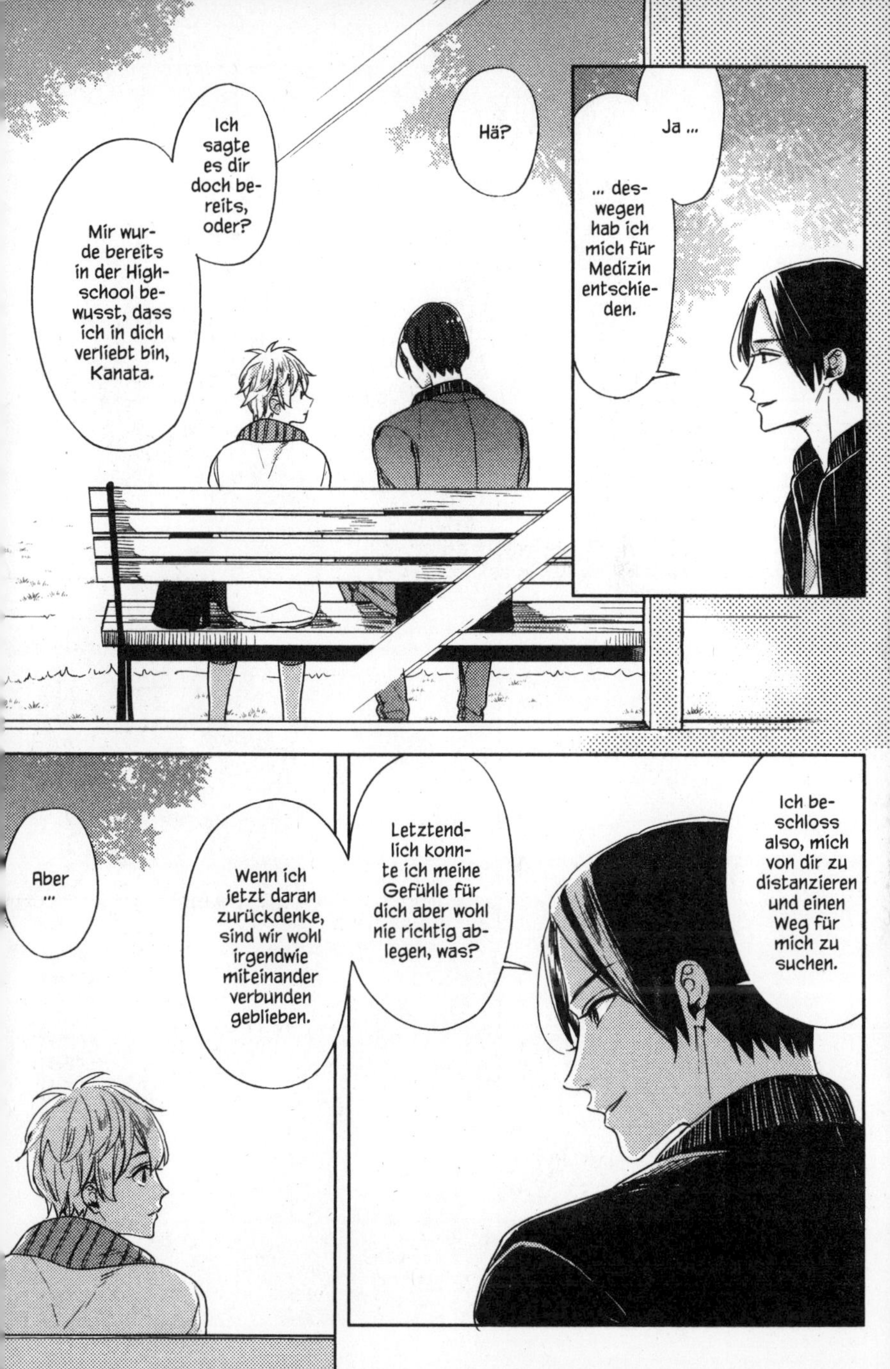
Ja ...
... deswegen hab ich mich für Medizin entschieden.
Hä?
Ich sagte es dir doch bereits, oder?
Mir wurde bereits in der Highschool bewusst, dass ich in dich verliebt bin, Kanata.
Ich beschloss also, mich von dir zu distanzieren und einen Weg für mich zu suchen.
Letztendlich konnte ich meine Gefühle für dich aber wohl nie richtig ablegen, was?
Wenn ich jetzt daran zurückdenke, sind wir wohl irgendwie miteinander verbunden geblieben.
Aber ...

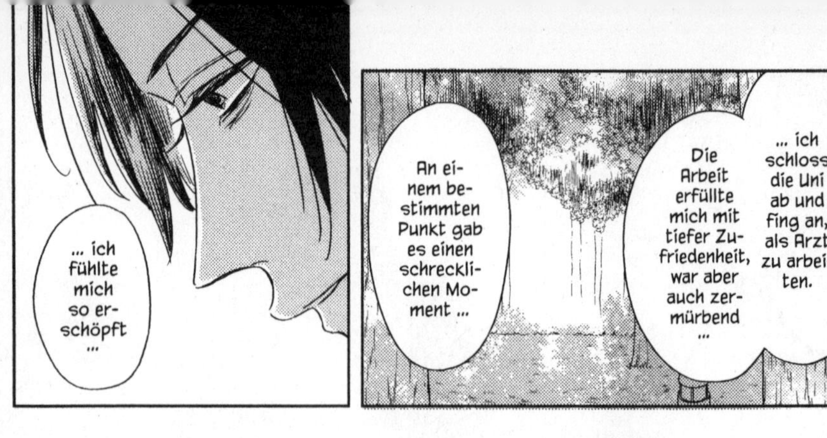

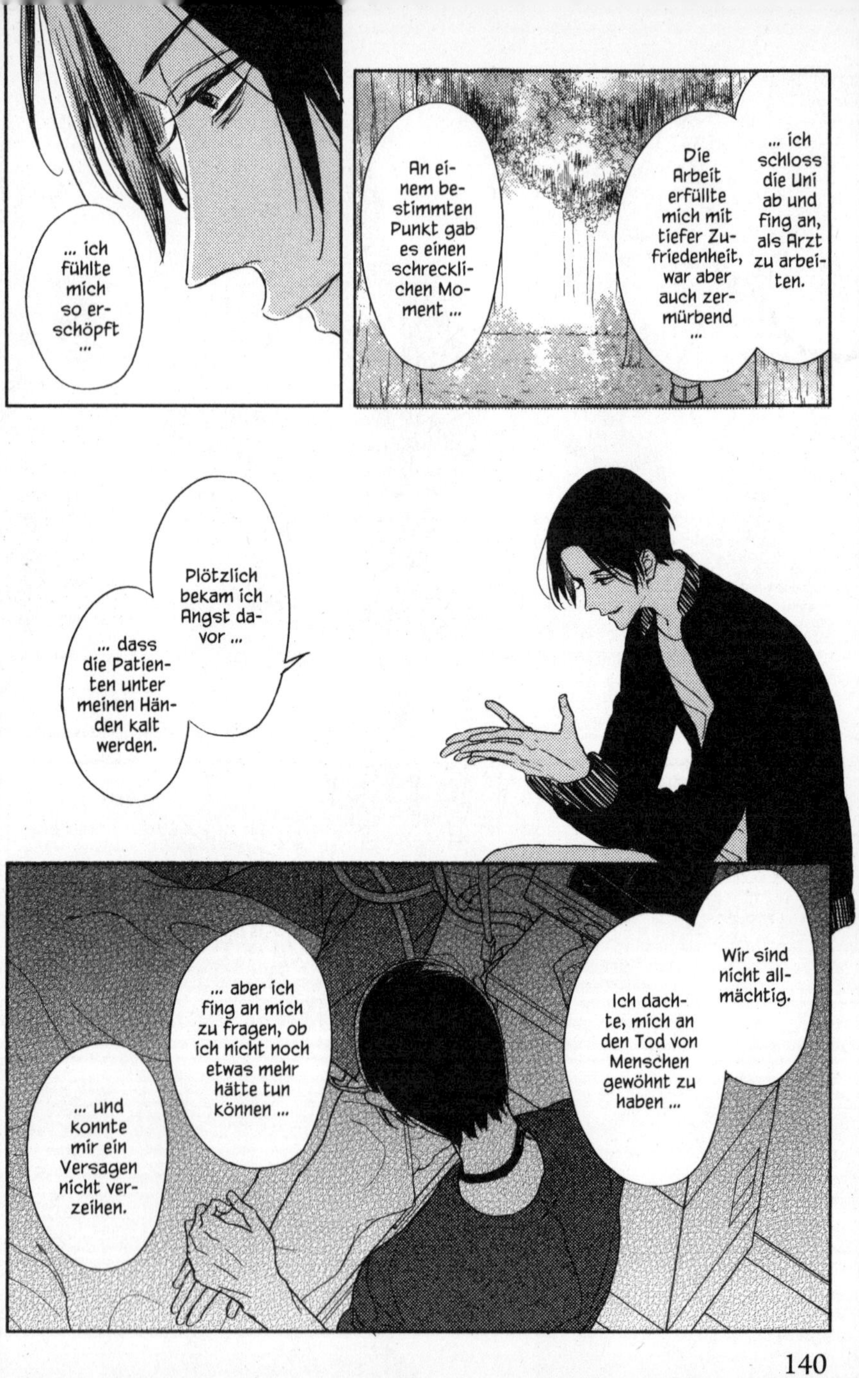

Plötzlich bekam ich Angst davor ...

... dass die Patienten unter meinen Händen kalt werden.

Wir sind nicht allmächtig.

Ich dachte, mich an den Tod von Menschen gewöhnt zu haben ...

... aber ich fing an mich zu fragen, ob ich nicht noch etwas mehr hätte tun können ...

... und konnte mir ein Versagen nicht verzeihen.

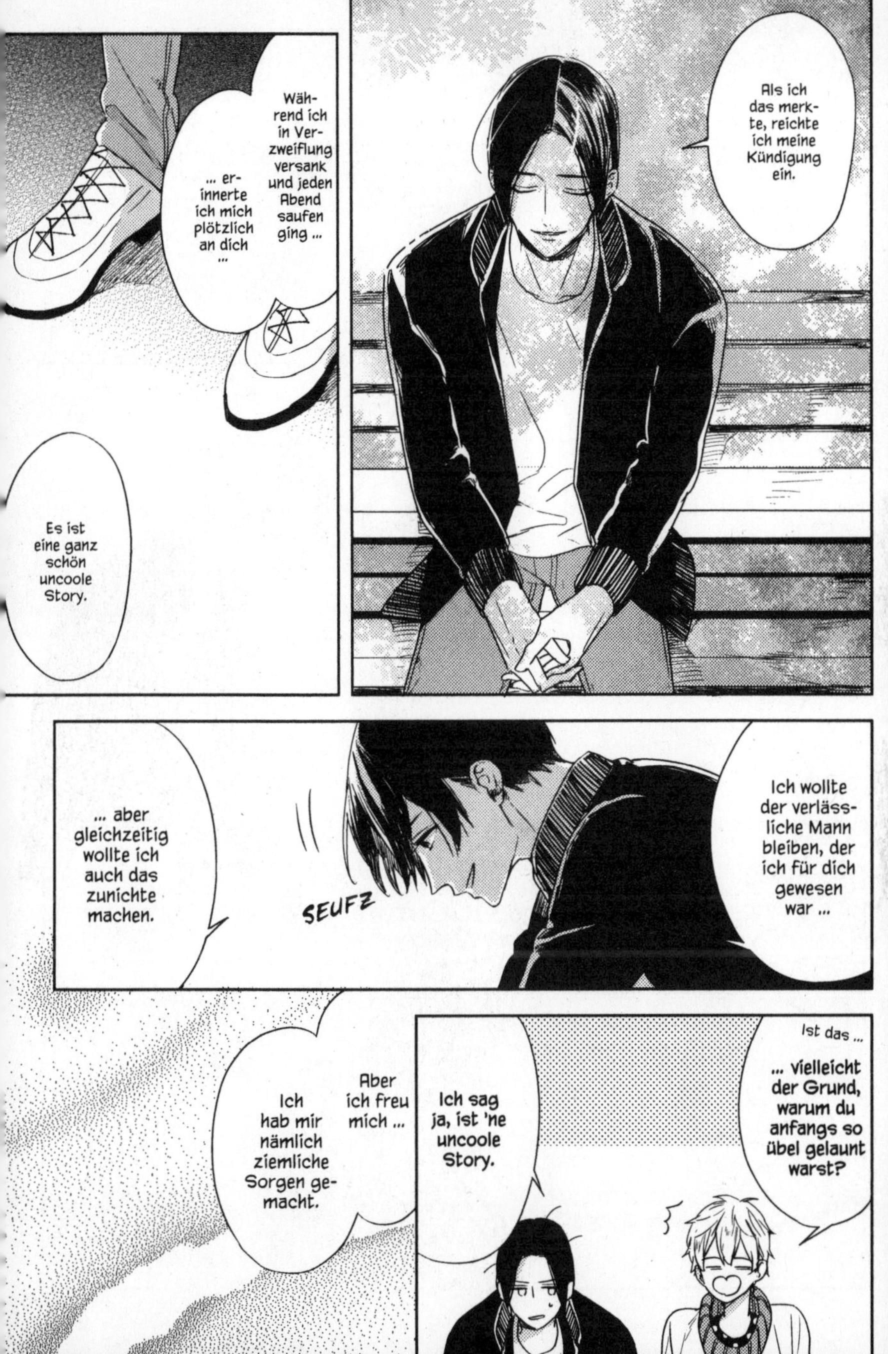
Als ich das merkte, reichte ich meine Kündigung ein.
Während ich in Verzweiflung versank und jeden Abend saufen ging ...
... erinnerte ich mich plötzlich an dich ...
Es ist eine ganz schön uncoole Story.
Ich wollte der verlässliche Mann bleiben, der ich für dich gewesen war ...
SEUFZ
... aber gleichzeitig wollte ich auch das zunichte machen.
Ist das ...
... vielleicht der Grund, warum du anfangs so übel gelaunt warst?
Ich sag ja, ist 'ne uncoole Story.
Aber ich freu mich ...
Ich hab mir nämlich ziemliche Sorgen gemacht.

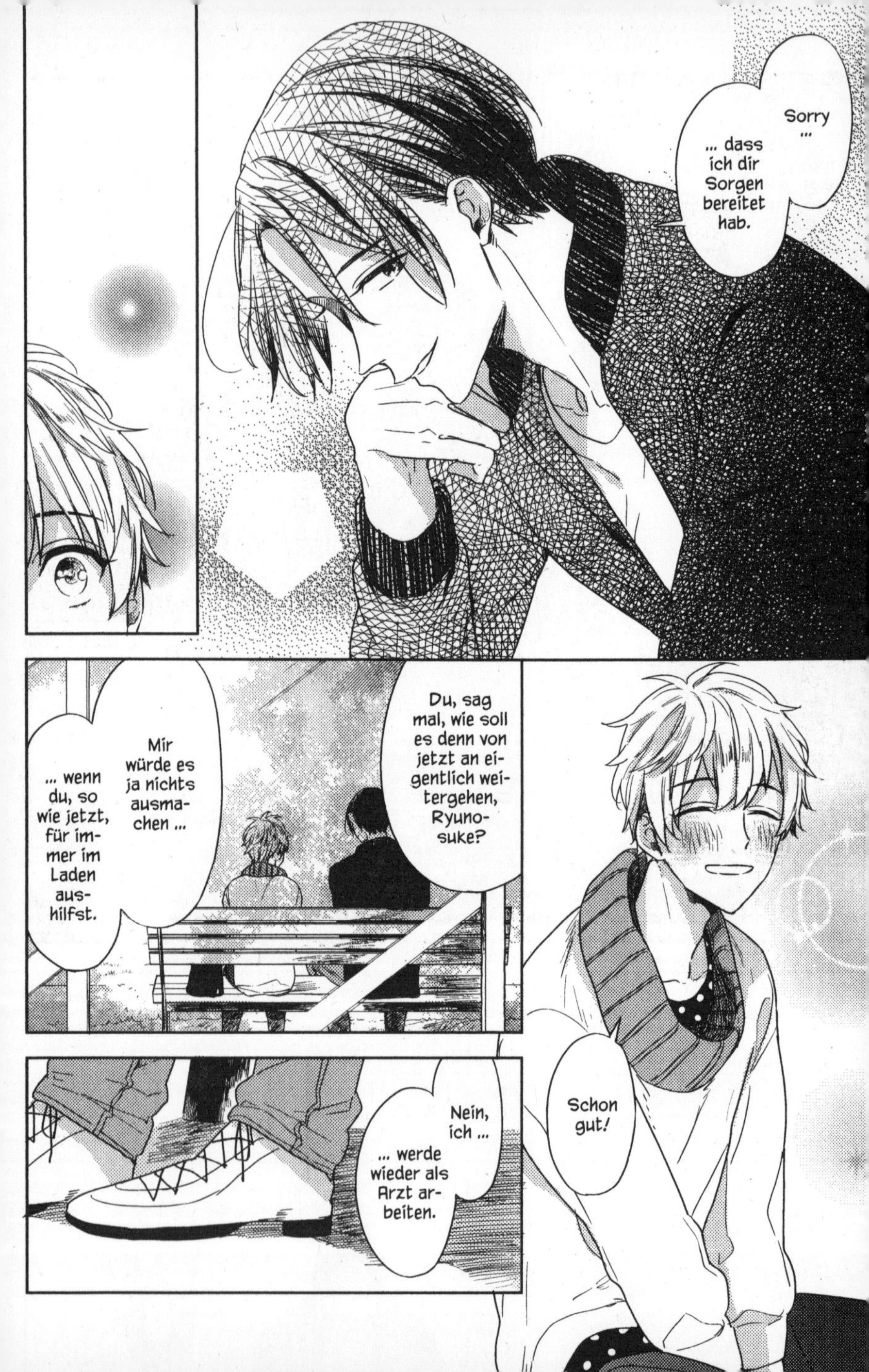
Sorry ...
... dass ich dir Sorgen bereitet hab.
Schon gut!
Du, sag mal, wie soll es denn von jetzt an eigentlich weitergehen, Ryunosuke?
Mir würde es ja nichts ausmachen ...
... wenn du, so wie jetzt, für immer im Laden aushilfst.
Nein, ich ...
... werde wieder als Arzt arbeiten.

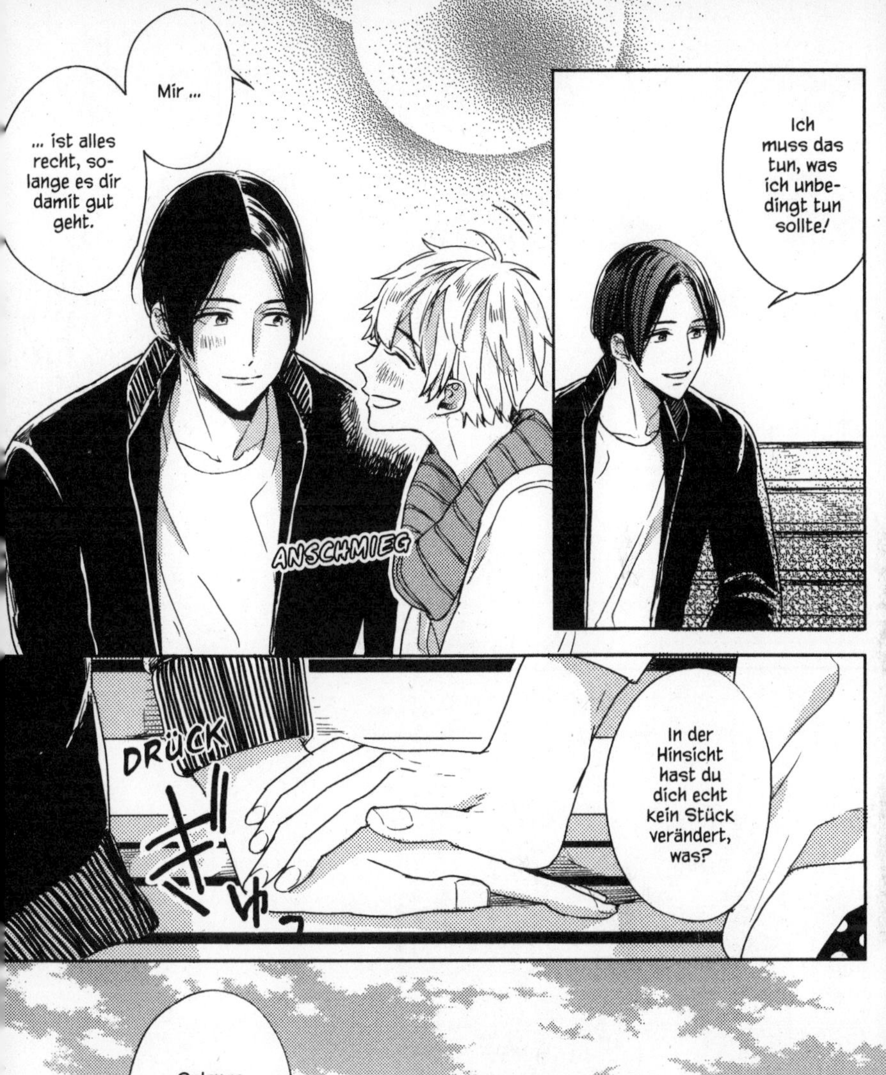

Ich muss das tun, was ich unbedingt tun sollte!
Mir ...
... ist alles recht, solange es dir damit gut geht.
ANSCHMIEG
In der Hinsicht hast du dich echt kein Stück verändert, was?
DRÜCK
ぎゅっ
Solange ich dich hab, geht es mir gut, Kanata!

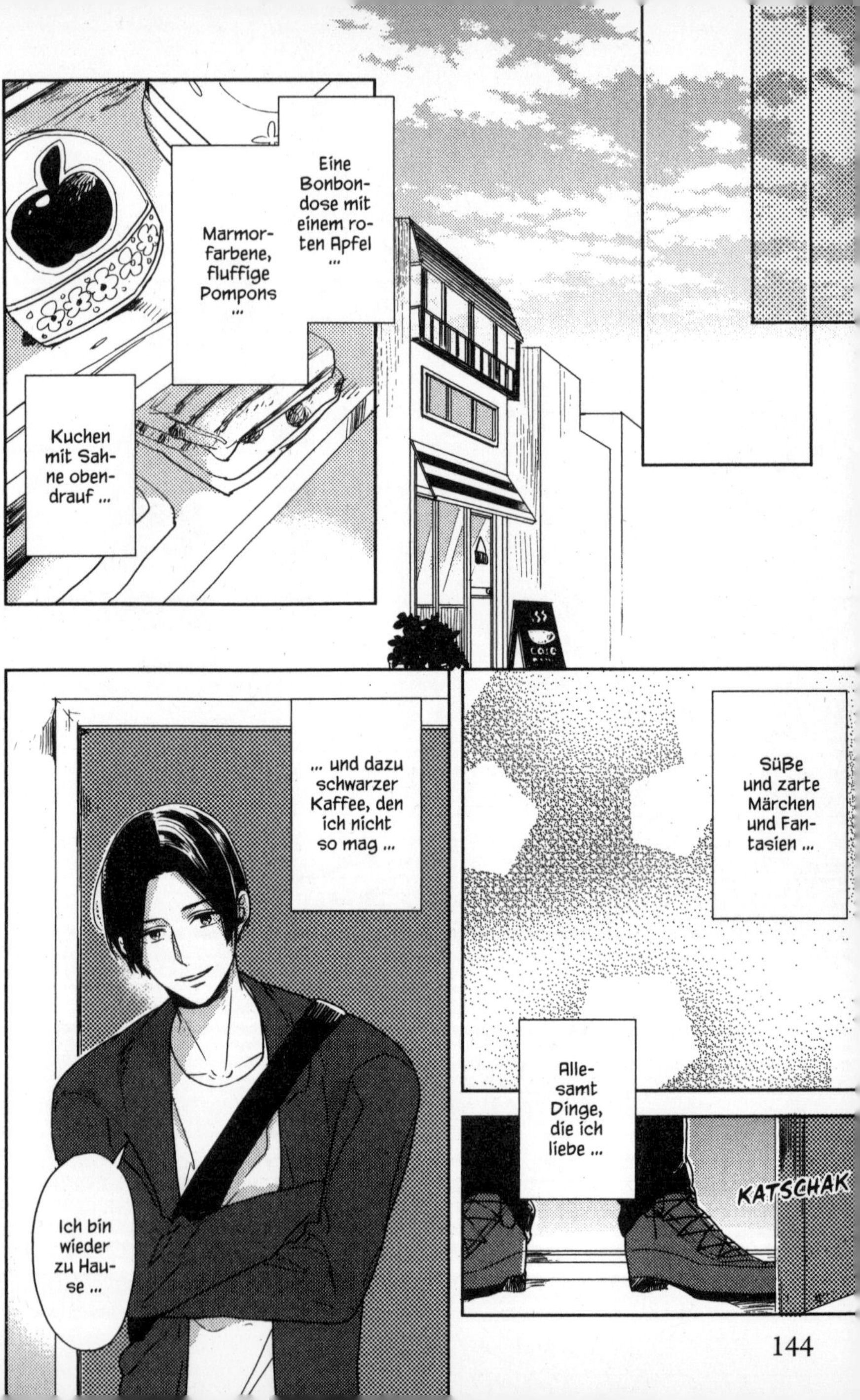

Eine Bonbondose mit einem roten Apfel ...

Marmorfarbene, fluffige Pompons ...

Kuchen mit Sahne obendrauf ...

Süße und zarte Märchen und Fantasien ...

Allesamt Dinge, die ich liebe ...

KATSCHAK

... und dazu schwarzer Kaffee, den ich nicht so mag ...

Ich bin wieder zu Hause ...

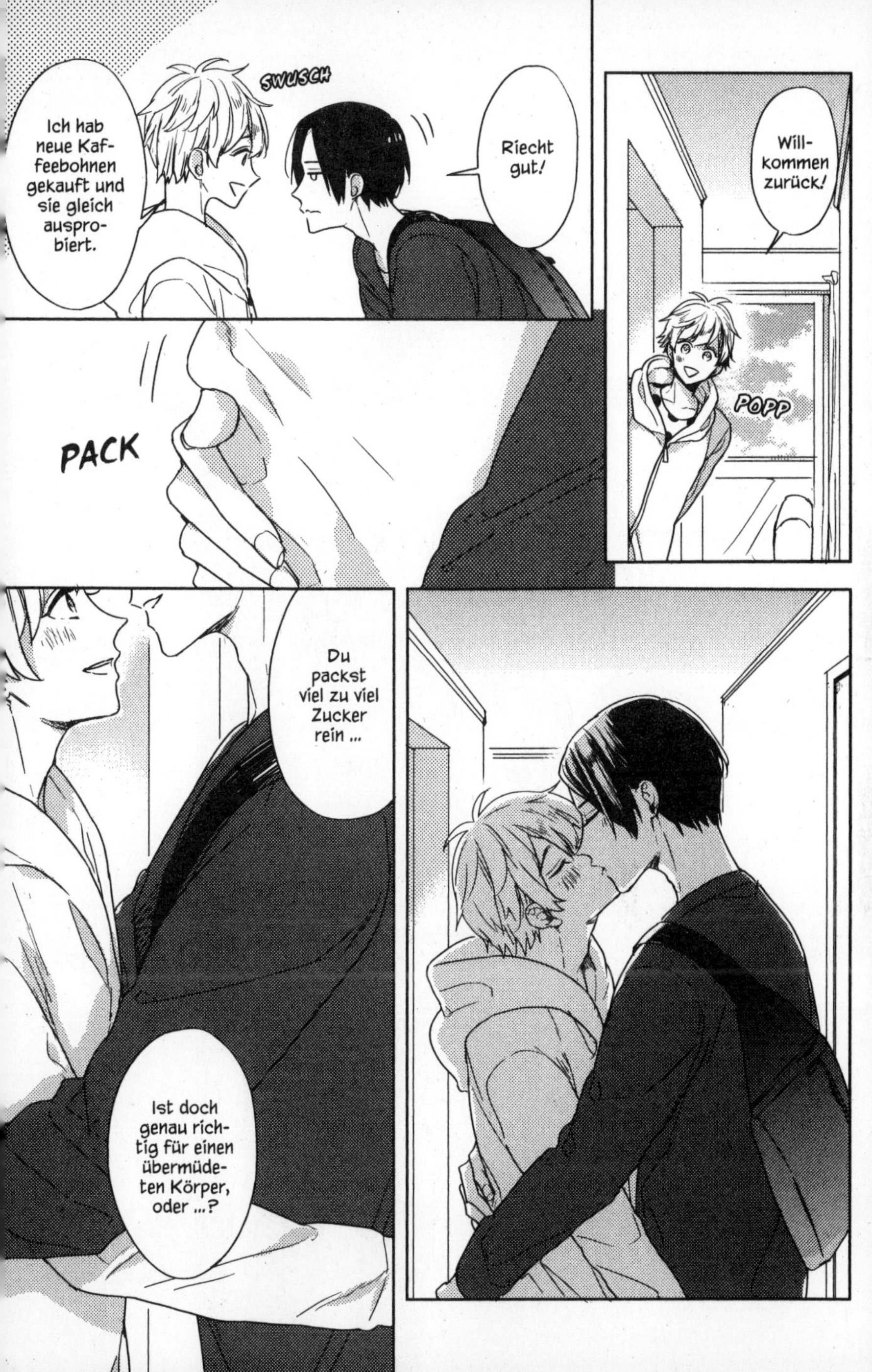
Willkommen zurück!
POPP
Riecht gut!
SWUSCH
Ich hab neue Kaffeebohnen gekauft und sie gleich ausprobiert.
PACK
Du packst viel zu viel Zucker rein ...
Ist doch genau richtig für einen übermüdeten Körper, oder ...?

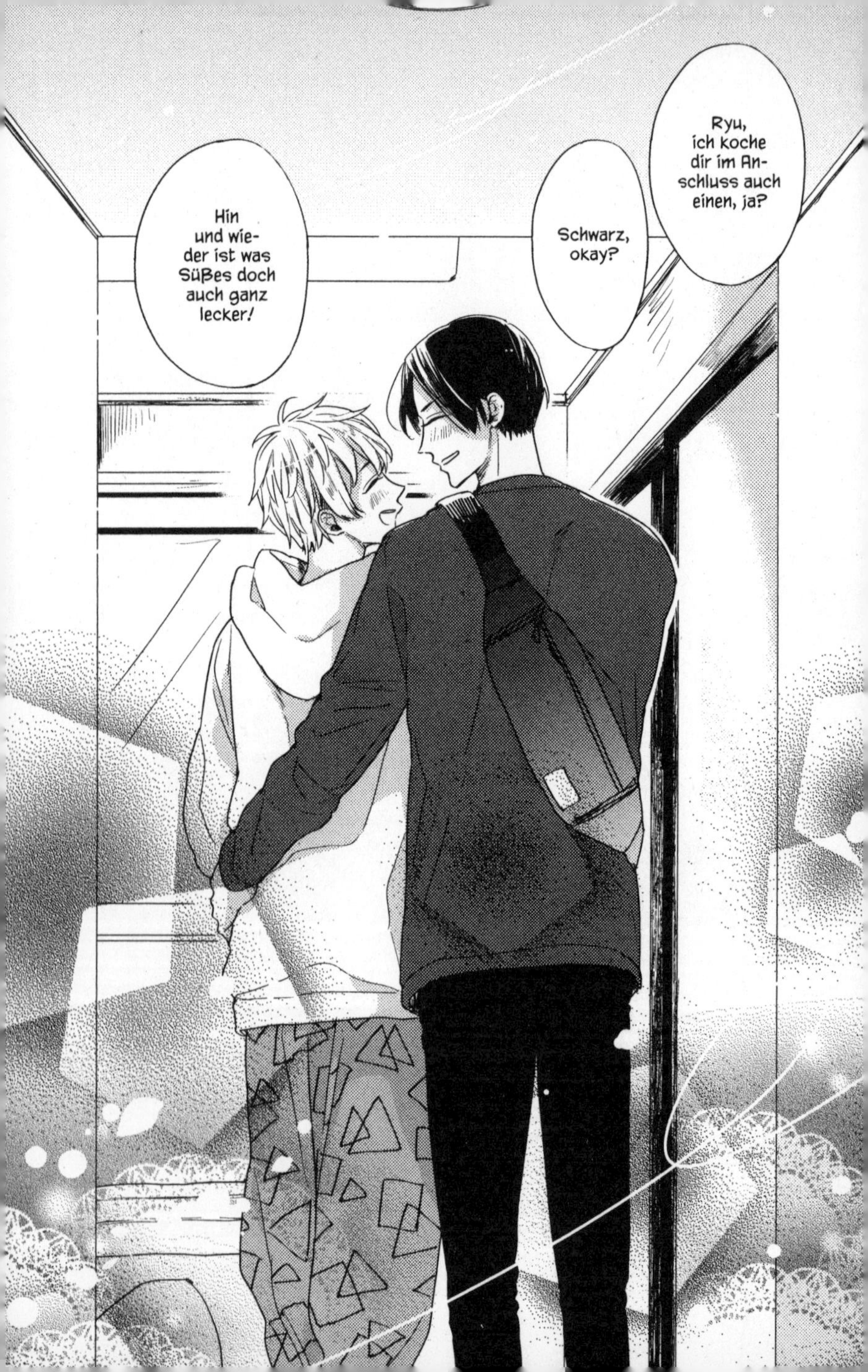
Ryu, ich koche dir im Anschluss auch einen, ja?
Schwarz, okay?
Hin und wieder ist was Süßes doch auch ganz lecker!

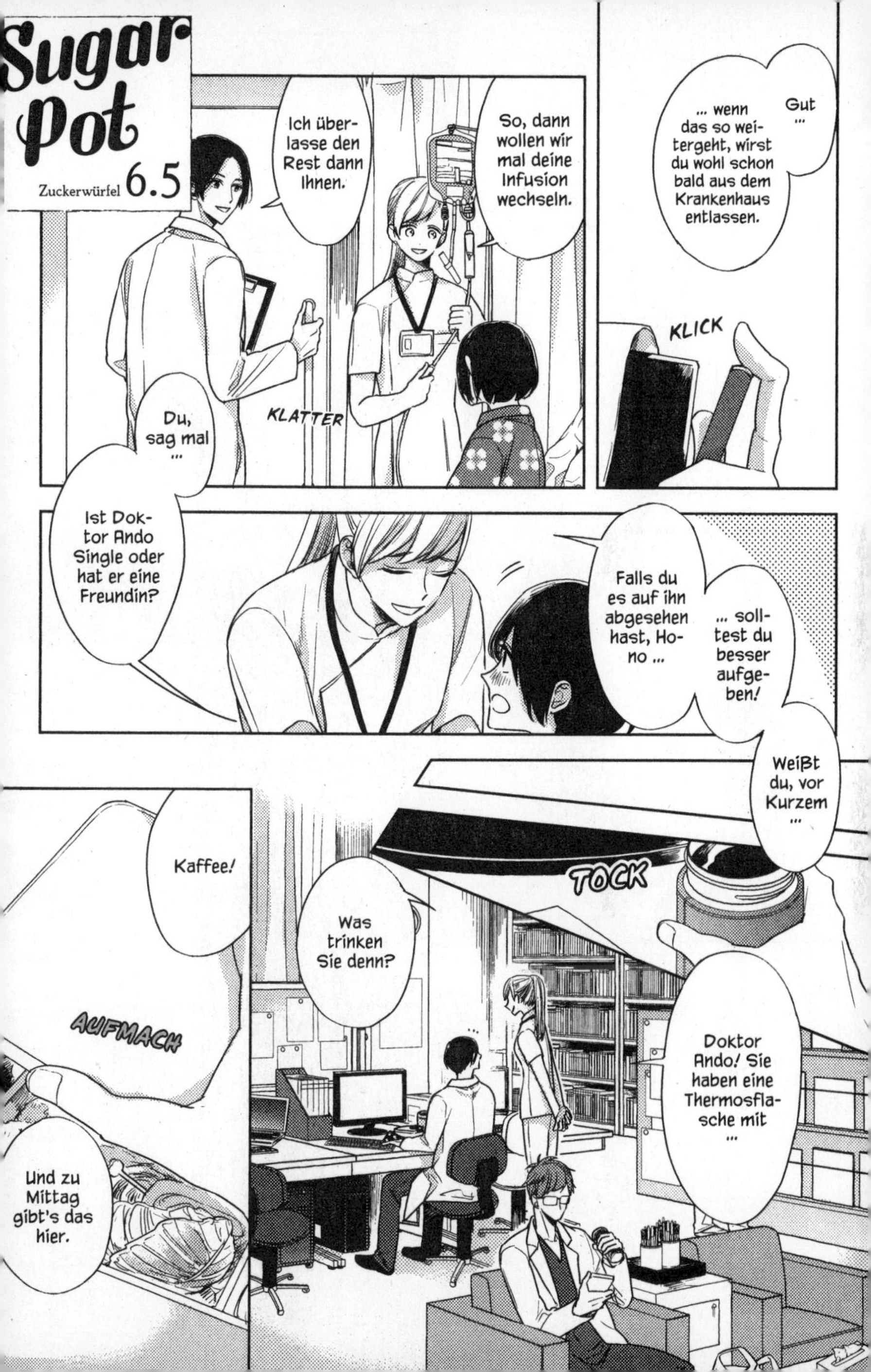
Sugar Pot
Zuckerwürfel 6.5
Gut ...
... wenn das so weitergeht, wirst du wohl schon bald aus dem Krankenhaus entlassen.
KLICK
So, dann wollen wir mal deine Infusion wechseln.
Ich überlasse den Rest dann Ihnen.
KLATTER
Du, sag mal ...
Ist Doktor Ando Single oder hat er eine Freundin?
Falls du es auf ihn abgesehen hast, Hono ...
... solltest du besser aufgeben!
Weißt du, vor Kurzem ...
TOCK
Doktor Ando! Sie haben eine Thermosflasche mit ...
Was trinken Sie denn?
Kaffee!
AUFMACH
Und zu Mittag gibt's das hier.

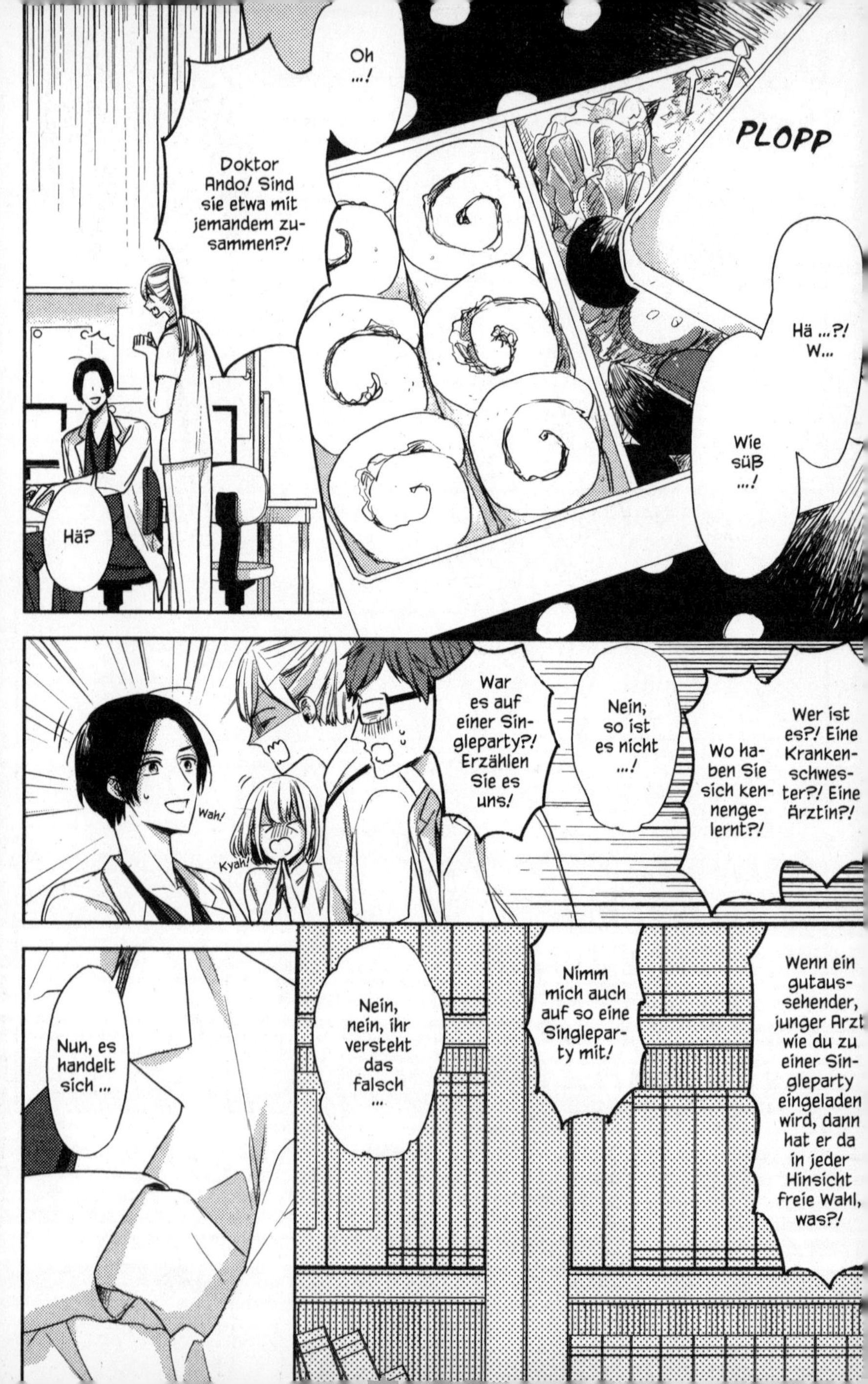
PLOPP
Hä ...?! W...
Wie süß ...!
Oh ...!
Doktor Ando! Sind sie etwa mit jemandem zusammen?!
Hä?
Wer ist es?! Eine Krankenschwester?! Eine Ärztin?!
Wo haben Sie sich kennengelernt?!
Nein, so ist es nicht ...!
War es auf einer Singleparty?! Erzählen Sie es uns!
Wah!
Kyah!
Wenn ein gutaussehender, junger Arzt wie du zu einer Singleparty eingeladen wird, dann hat er da in jeder Hinsicht freie Wahl, was?!
Nimm mich auch auf so eine Singleparty mit!
Nein, nein, ihr versteht das falsch ...
Nun, es handelt sich ...

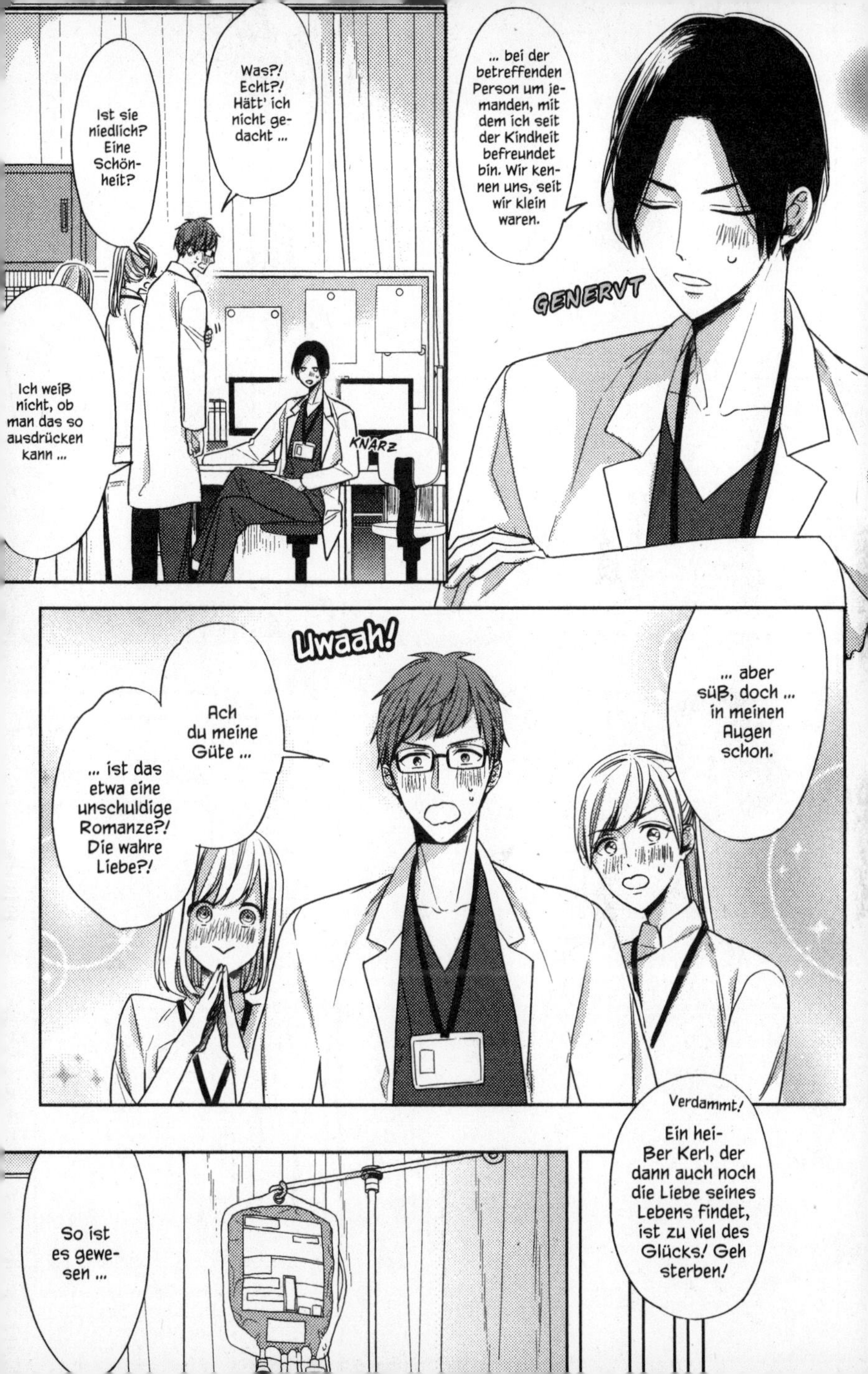
... bei der betreffenden Person um jemanden, mit dem ich seit der Kindheit befreundet bin. Wir kennen uns, seit wir klein waren.
GENERVT
Was?! Echt?! Hätt' ich nicht gedacht ...
Ist sie niedlich? Eine Schönheit?
KNARZ
Ich weiß nicht, ob man das so ausdrücken kann ...
... aber süß, doch ... in meinen Augen schon.
Uwaah!
Ach du meine Güte ...
... ist das etwa eine unschuldige Romanze?! Die wahre Liebe?!
Verdammt!
Ein heißer Kerl, der dann auch noch die Liebe seines Lebens findet, ist zu viel des Glücks! Geh sterben!
So ist es gewesen ...

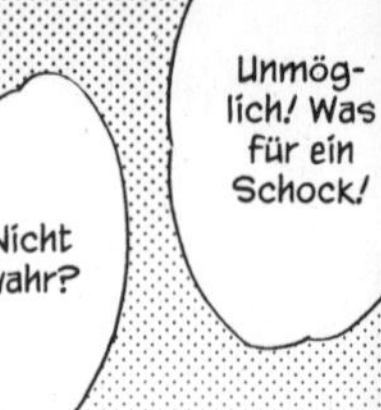
Unmöglich! Was für ein Schock!
Nicht wahr?

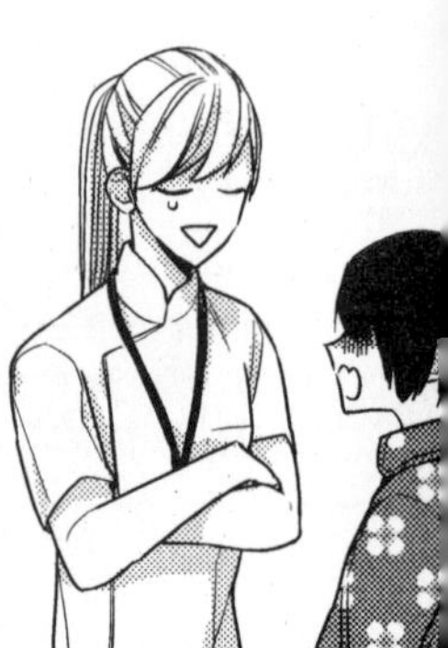

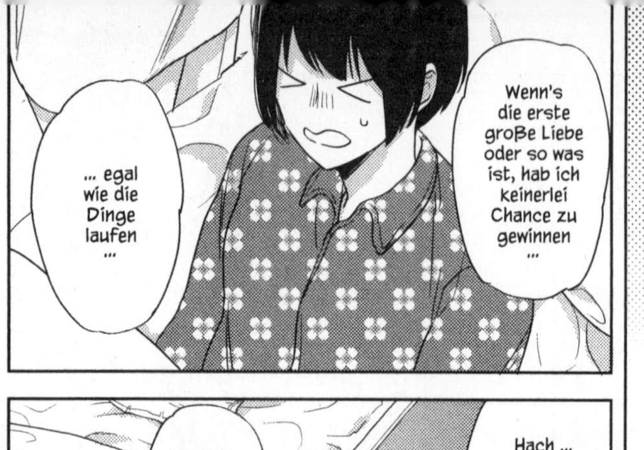
Wenn's die erste große Liebe oder so was ist, hab ich keinerlei Chance zu gewinnen ...
... egal wie die Dinge laufen ...

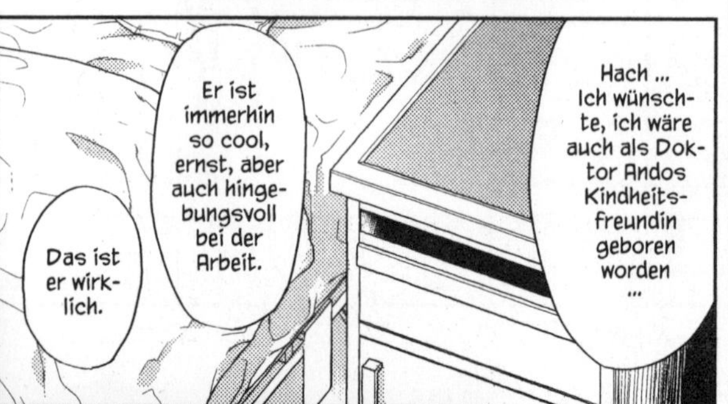
Hach ... Ich wünschte, ich wäre auch als Doktor Andos Kindheitsfreundin geboren worden ...
Er ist immerhin so cool, ernst, aber auch hingebungsvoll bei der Arbeit.
Das ist er wirklich.

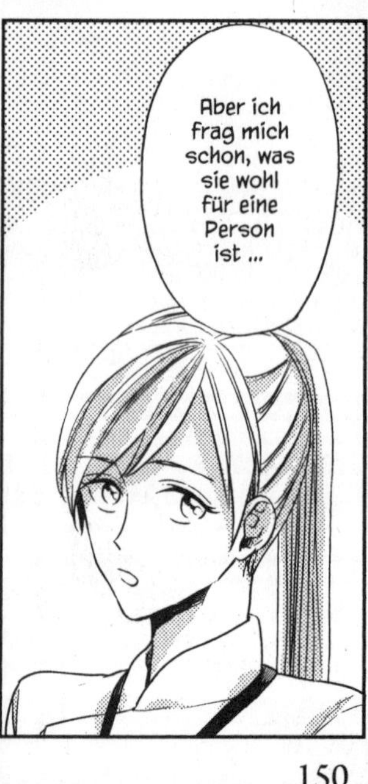
Aber ich frag mich schon, was sie wohl für eine Person ist ...

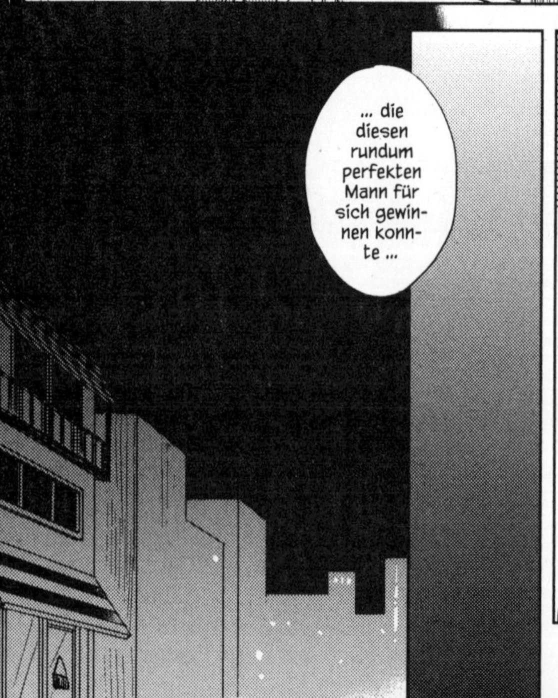
... die diesen rundum perfekten Mann für sich gewinnen konnte ...

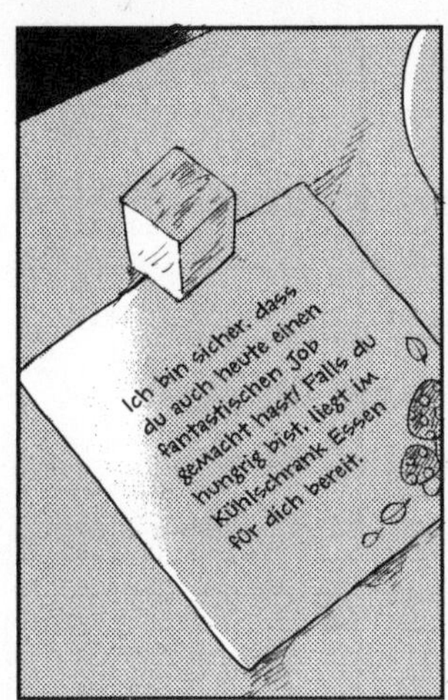
Ich bin sicher, dass du auch heute einen fantastischen Job gemacht hast! Falls du hungrig bist, liegt im Kühlschrank Essen für dich bereit.
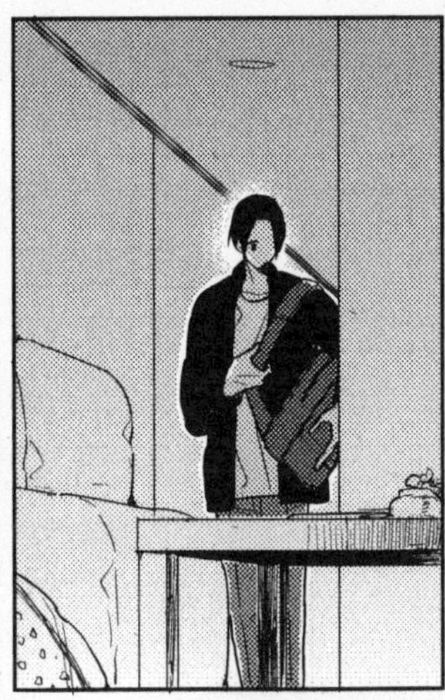
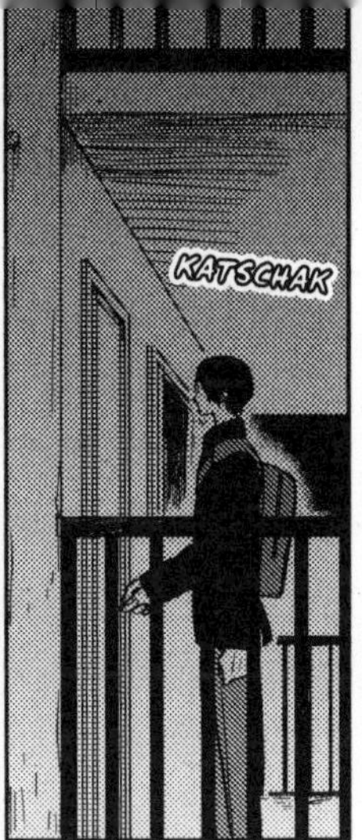
KATSCHAK
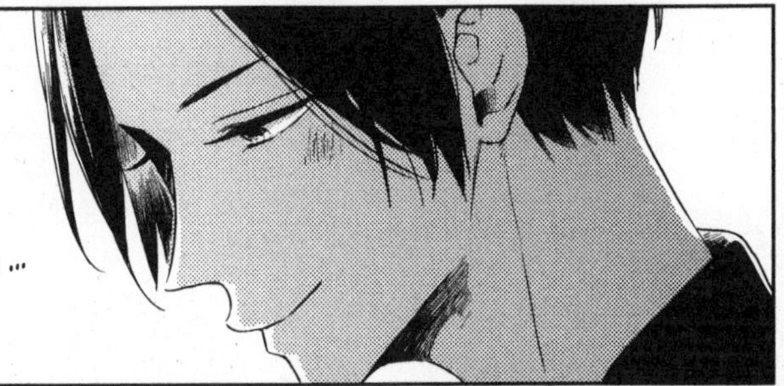
He ...
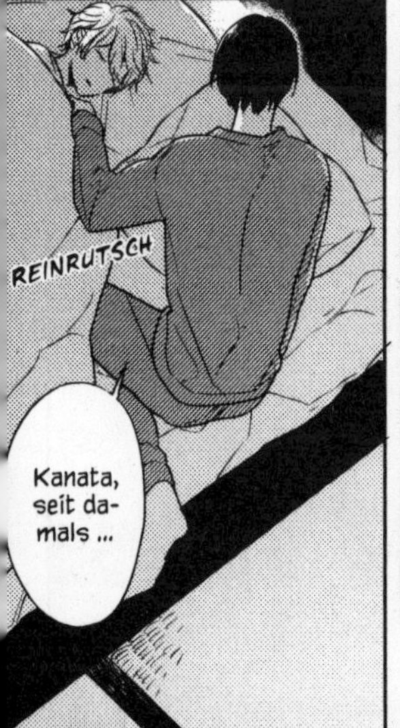
REINRUTSCH
Kanata, seit damals ...
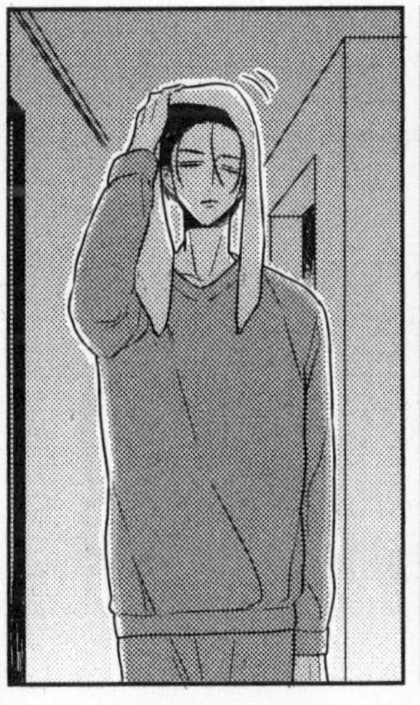
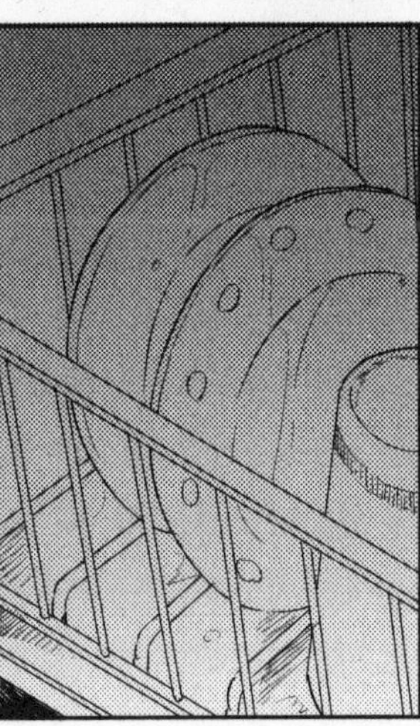

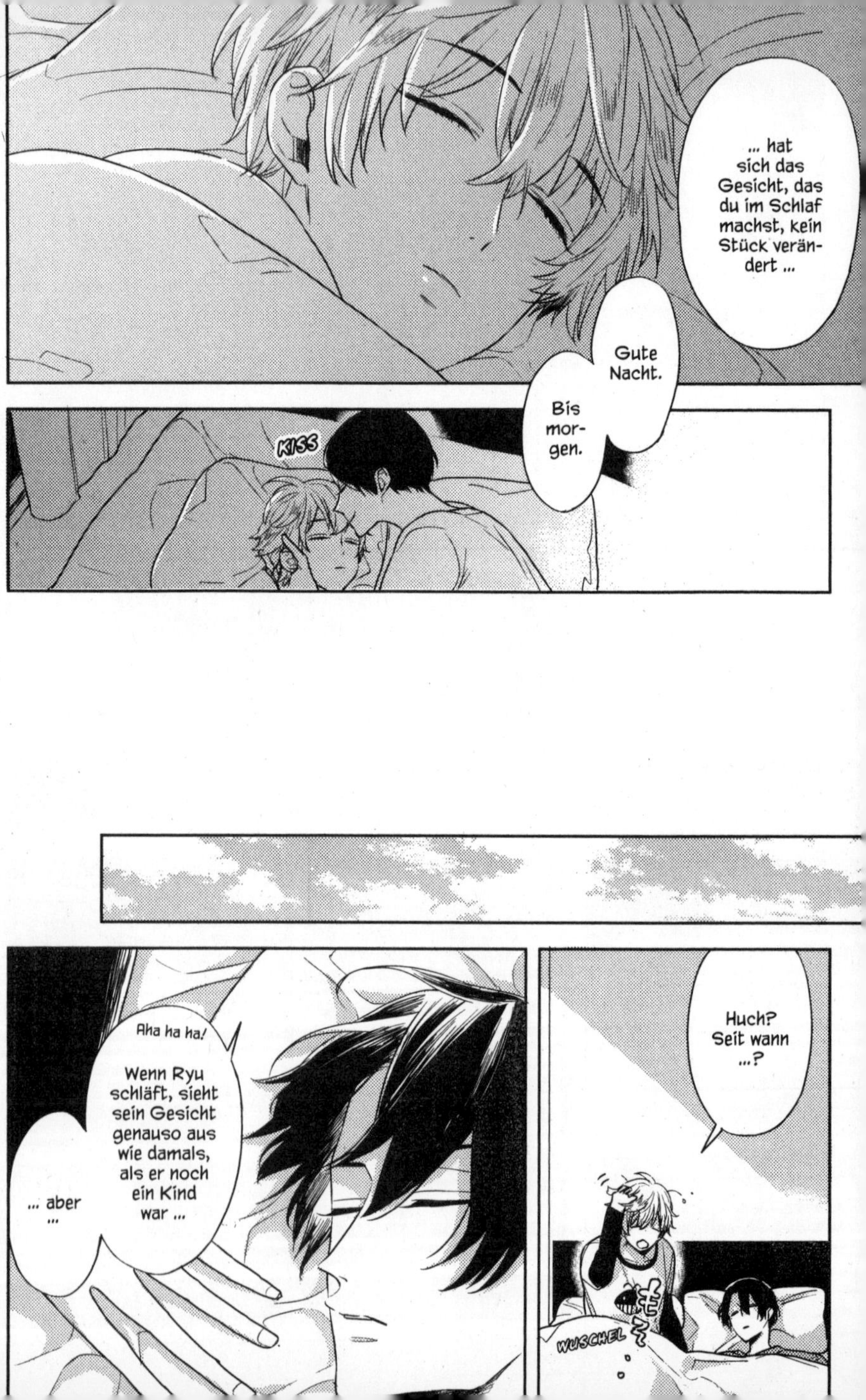

... hat sich das Gesicht, das du im Schlaf machst, kein Stück verändert ...

Gute Nacht.

Bis morgen.

KISS

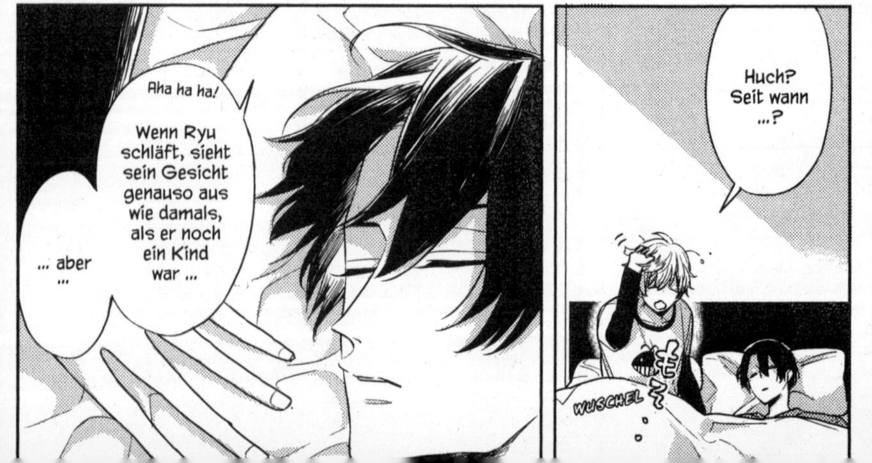

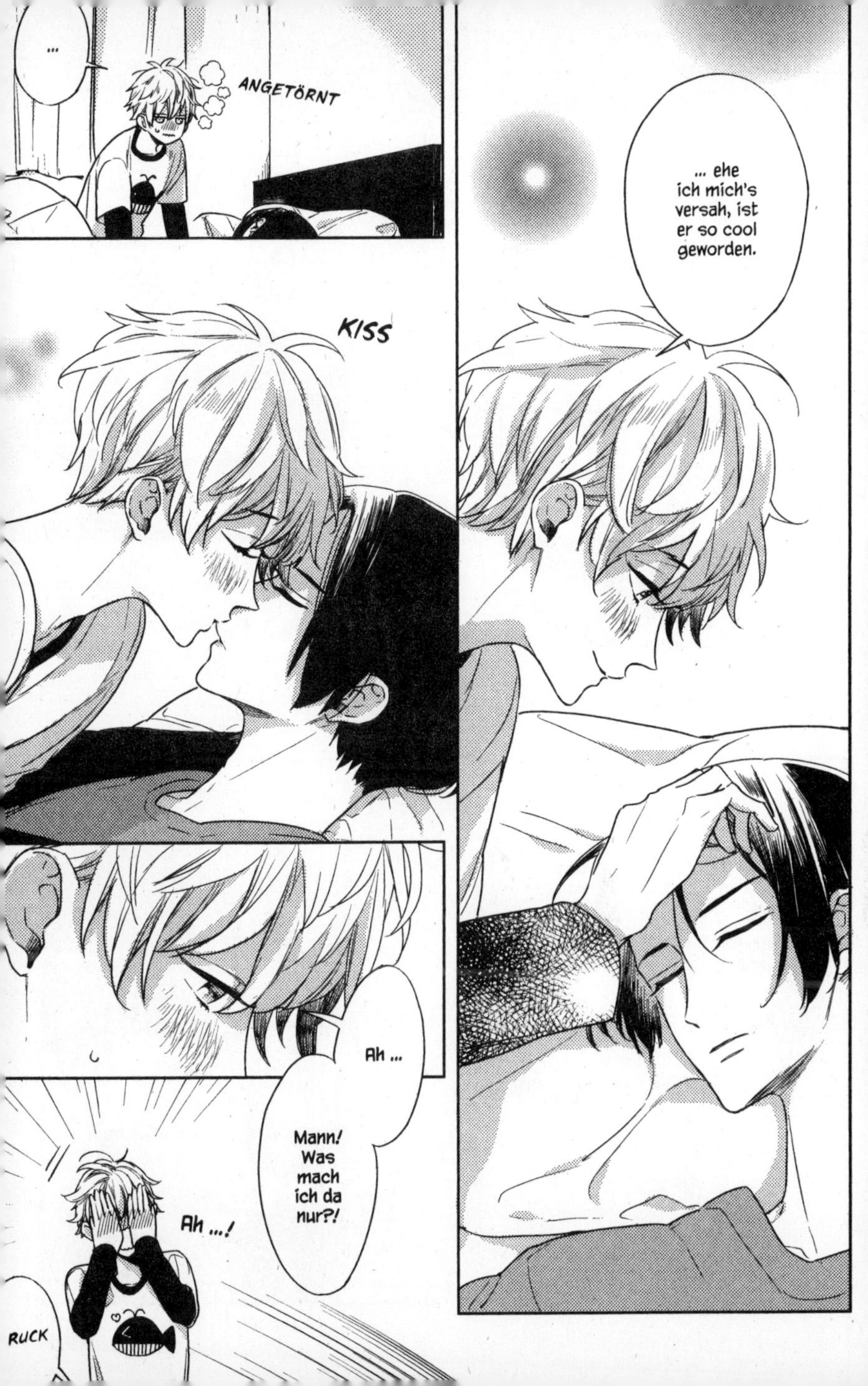
... ehe ich mich's versah, ist er so cool geworden.
...
ANGETÖRNT
KISS
Ah ...
Mann! Was mach ich da nur?!
Ah ...!
RUCK

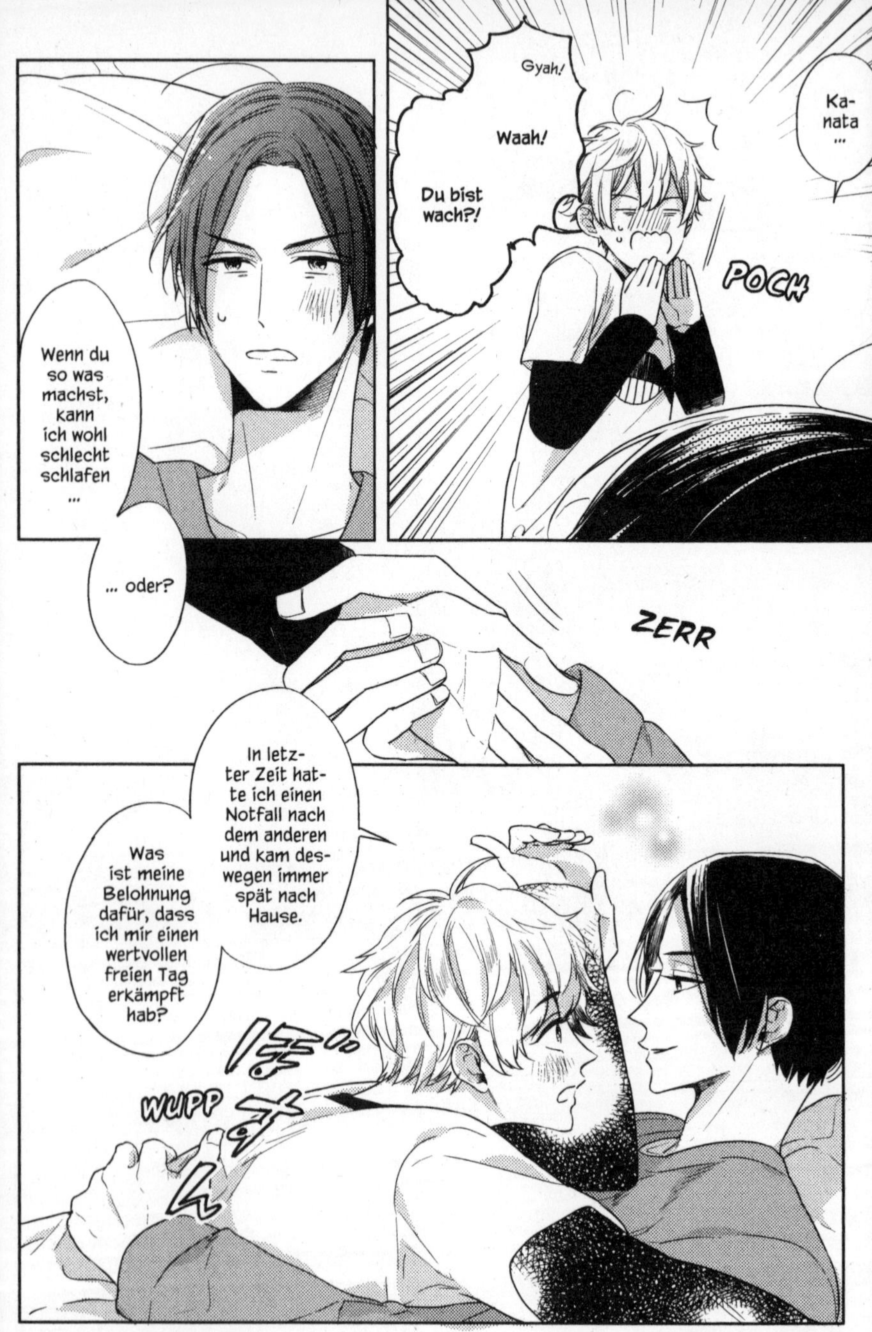
Kanata ...
Gyah!
Waah!
Du bist wach?!
POCH
Wenn du so was machst, kann ich wohl schlecht schlafen ...
... oder?
ZERR
In letzter Zeit hatte ich einen Notfall nach dem anderen und kam deswegen immer spät nach Hause.
Was ist meine Belohnung dafür, dass ich mir einen wertvollen freien Tag erkämpft hab?
WUPP

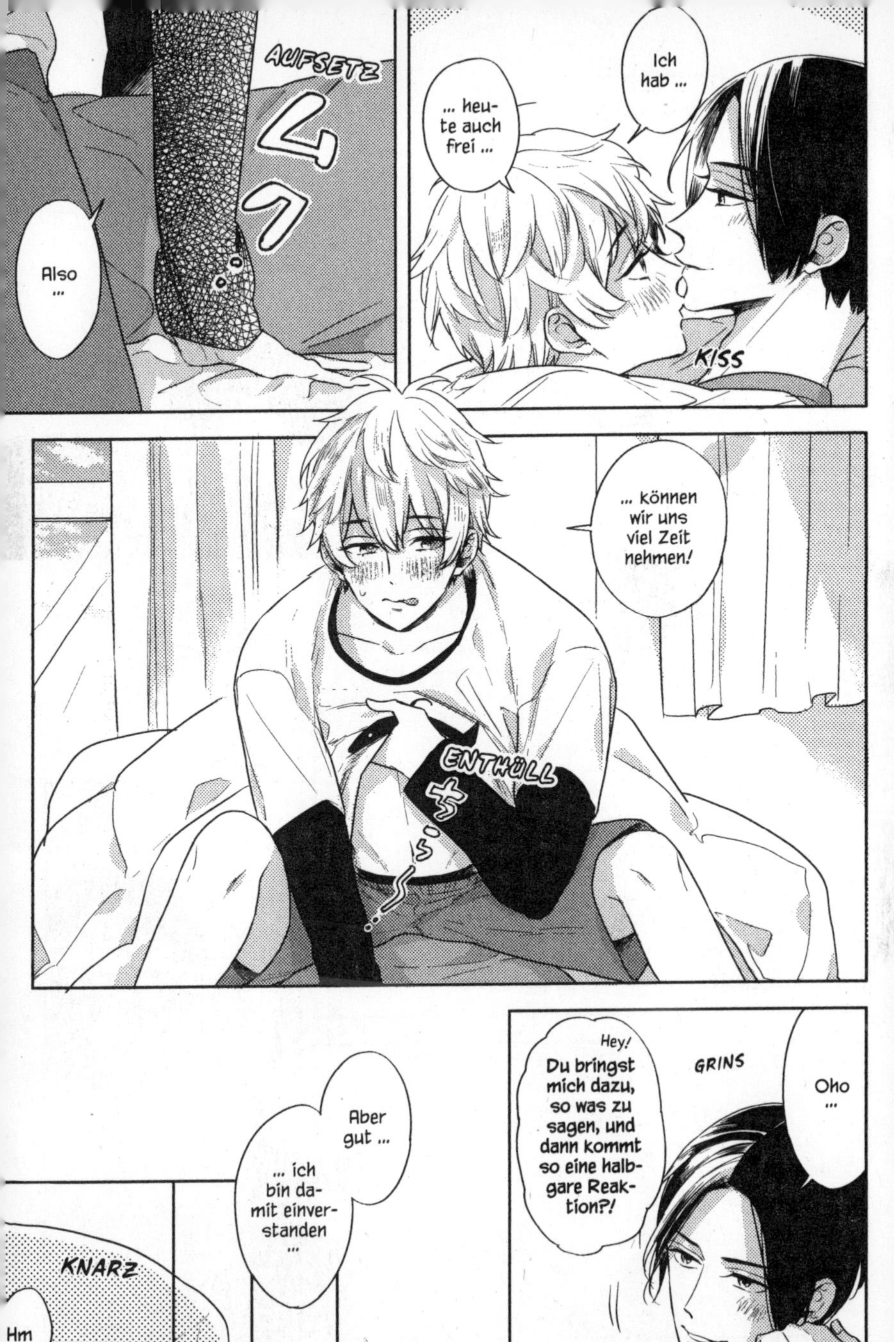
Ich hab ...
... heute auch frei ...
KISS
AUFSETZ
Also ...
... können wir uns viel Zeit nehmen!
ENTHÜLL
Oho ...
GRINS
Hey! Du bringst mich dazu, so was zu sagen, und dann kommt so eine halbgare Reaktion?!
Aber gut ...
... ich bin damit einverstanden ...
KNARZ
Hm ...

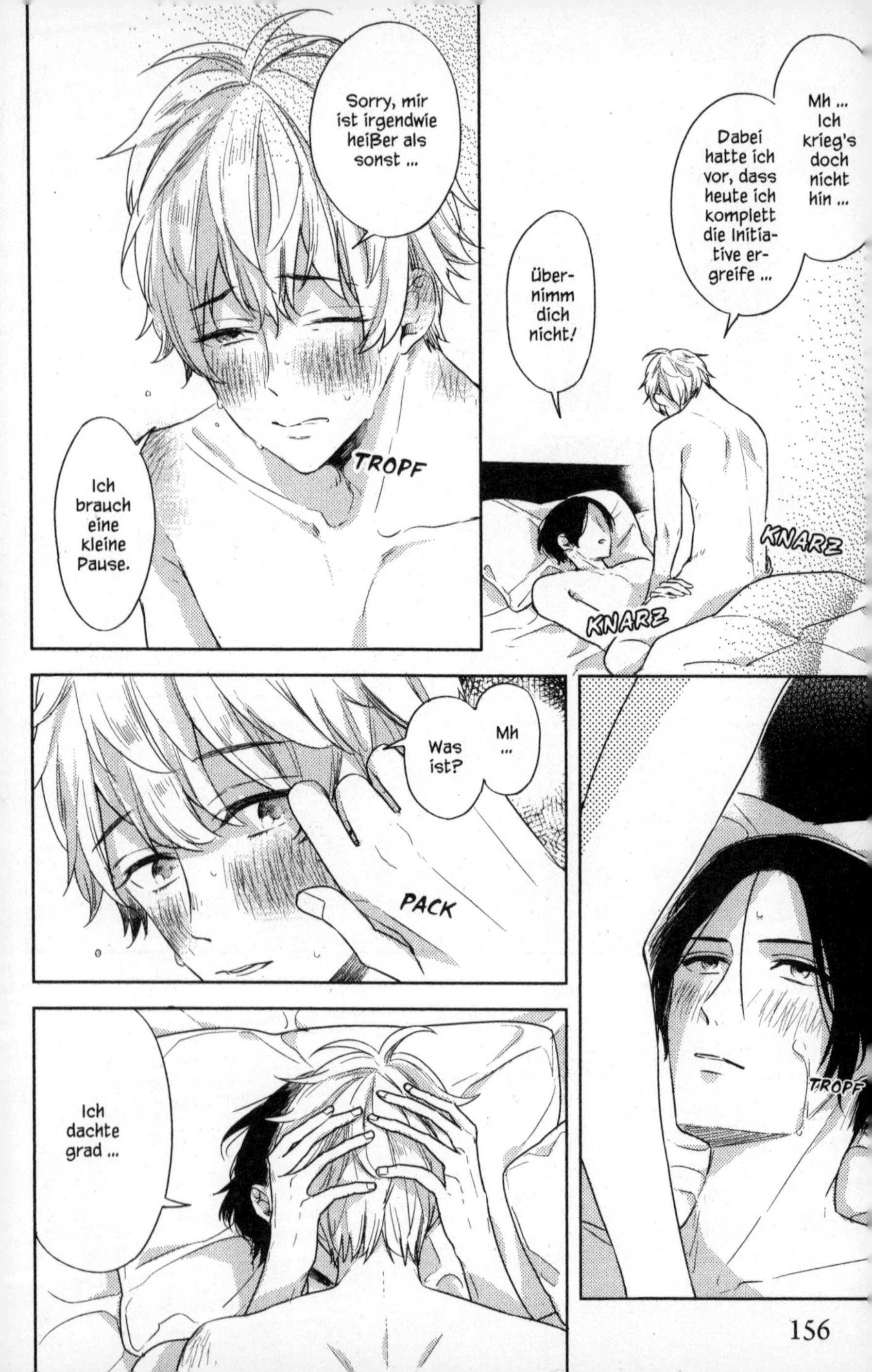

Mh ... Ich krieg's doch nicht hin ...
Dabei hatte ich vor, dass heute ich komplett die Initiative ergreife ...
Übernimm dich nicht!
KNARZ
KNARZ
Sorry, mir ist irgendwie heißer als sonst ...
TROPF
Ich brauch eine kleine Pause.
TROPF
Mh ...
Was ist?
PACK
Ich dachte grad ...

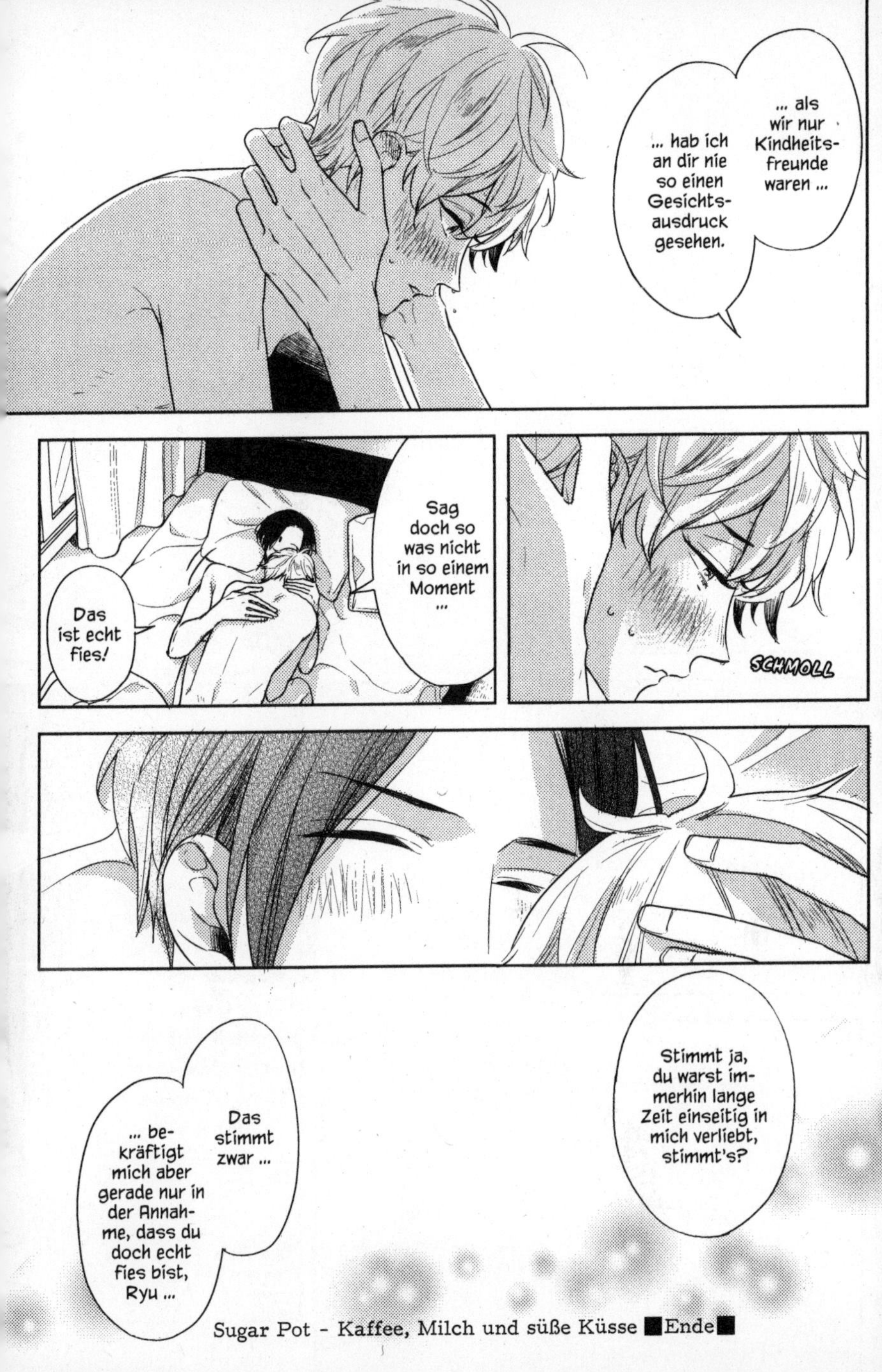

Sugar Pot - Kaffee, Milch und süße Küsse ■Ende■

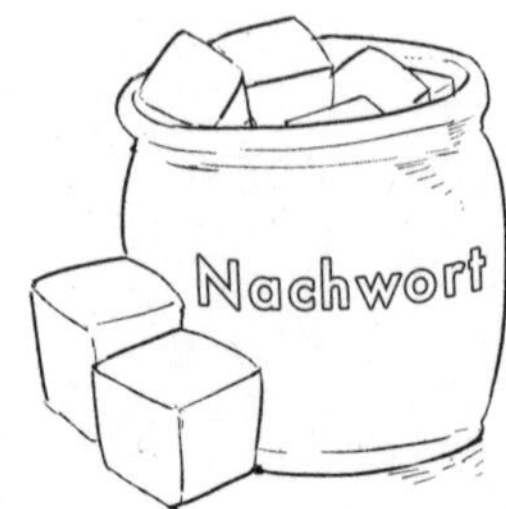

Vielen Dank, dass ihr Sugar Pot – *Kaffee, Milch und süße Küsse* gekauft habt! Da es sich dieses Mal um ein Pairing, bestehend aus zwei zusammenlebenden Kindheitsfreunden, handelt, wollte ich ein niedliches Pärchen zeichnen, aber letztendlich ist der Uke* Kanata noch naiver und dümmlicher geworden, als ich angedacht hatte ...! (Lach)
Für ihr Alter benehmen sie sich wohl ziemlich unbefangen, da es aber sehr heitere Charaktere sind, hat's Spaß gemacht, sie zu zeichnen. Es würde mich sehr glücklich machen, wenn sie auch für meine Leser ein entspannendes, natürlich erfrischendes Pärchen geworden sind! Angefangen bei meinem Redakteur und Designer, möchte ich mich bei allen, die an diesem Werk beteiligt waren, und vor allem auch bei meinen Lesern ganz herzlich bedanken!

Special Thanks Der lieben **M.**, **H.**, **A.** und Frau **S.**, ich danke euch ganz herzlich für alles!

*passiver Part in einer homosexuellen Beziehung

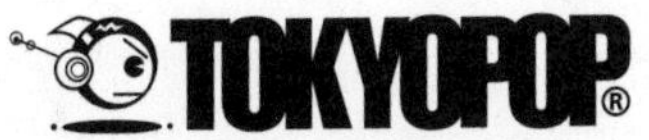

TOKYOPOP GmbH
Hamburg

TOKYOPOP
1. Auflage, 2021
Deutsche Ausgabe/German Edition

Aus dem Japanischen von Iga Marta Handtke

SUGERPOT SINJYU

First published in Japan in 2017
by KADOKAWA CORPORATION, Tokyo.
German translation rights arranged with
KADOKAWA CORPORATION, Tokyo
Through TUTTLE-MORI AGENCY, INC., Tokyo.

Redaktion: Natalie Tonak, Lisa Duty
Lettering: Vibrant Publishing Studio
Herstellung: Mathias Neumeyer
Druck und buchbinderische Verarbeitung:
CPI–Clausen & Bosse GmbH, Leck
Printed in Germany

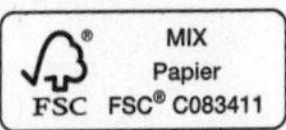

Wir achten auf die Umwelt.
Dieses Produkt besteht aus FSC®-zertifizierten und anderen kontrollierten Materialien.

ISBN 978-3-8420-6788-2

www.tokyopop.de

STOPP!

**Dies ist die letzte Seite des Buches!
Du willst dir doch nicht den Spaß verderben
und das Ende zuerst lesen, oder?**

Um die Geschichte unverfälscht und originalgetreu mitverfolgen zu können, musst du es wie die Japaner machen und von rechts nach links lesen. Deshalb schnell das Buch umdrehen und loslegen!

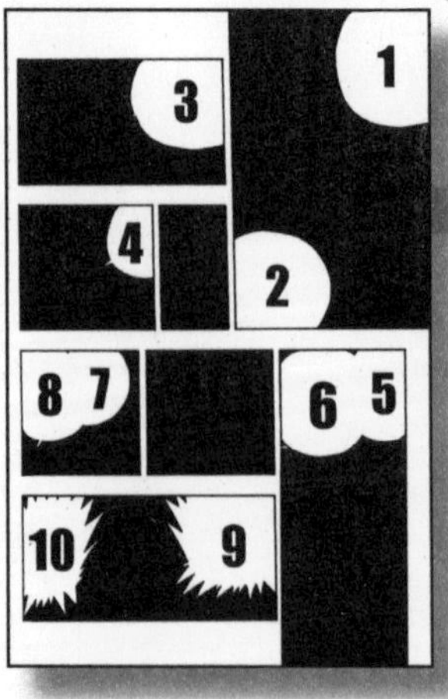

So geht's:

Wenn dies das erste Mal sein sollte, dass du einen Manga in den Händen hältst, kann dir die Grafik helfen, dich zurechtzufinden: Fang einfach oben rechts an zu lesen und arbeite dich nach unten links vor. Viel Spaß dabei wünscht dir TOKYOPOP®!